성균관대 융복합 특강

○ 소통을 넘어 **공감**의 시대로

성균관대 융복합 특강

공성훈 외 11인 지음
성균관대 학술정보관 엮음

성균관대학교
출 판 부

성균관대학교 학술정보관에서는 2013년부터 매 학기 인문학 특강과 융복합 특강 시리즈를 진행해 왔습니다. 인문학 특강을 왜 하는지, 융복합 특강이 무엇인지 잘 모르시는 분도 계실 겁니다. 인문학 특강은 인문 사회과학캠퍼스 교수들의 지원이 필요하다는 자연과학캠퍼스 교수들의 요청으로 2013년 자연과학캠퍼스에서 시작되었습니다. 인간과 사회를 도외시한 기술만을 익히는 자연과학캠퍼스가 되어서는 안 된다는 것이 인문학 특강 시리즈를 기획하게 된 계기였습니다. 특히 이공계 대학생들이 인문 정신을 향유할 줄 아는 예비 과학자, 엔지니어로 성장할 수 있는 프로그램이 될 수 있도록 심혈을 기울였습니다.

자연과학캠퍼스의 특강 이후 인문사회과학캠퍼스 학생들의 사고의 폭을 넓혀주기 위해서는 자연과학적 이해가 필요하다는 인문사회과학캠퍼스 교수들의 요청이 있었고, 2014년부터는 양 캠퍼스에서 교차하는 융복합 특강을 운영하게 됐습니다. 2013년 1학기 "Scientific Imagineer(과학적 상상공학자)를 꿈꾸다" 시리즈 8강, 2013년 2학기 "인문공감 토크콘서트 Human Scientist를 향하여" 시리즈 8강, 2014년 1학기 "Homo Sapiens, Humaneer를 꿈꾸다" 시리즈 10강에 총 스물여섯 전공 연구자들이 특강을 진행했습니다. 특강에 참여하지 못한 학생들도 온라인으로 수강할 수 있도록 강연을 모두 촬영하여 저작권이 해결된 동영상은 학술정보관과 오거서 누리집에 탑재해 놓았으며, 우리 대학 구성원뿐 아니라 외부 사람들도 볼 수 있습니다.

특강 하나하나가 대학 내 일반 강의실에서는 물론 다른 곳에서도 듣기 어려운 좋은 내용을 핵심적으로 축약한 것이었고, 이 책은 특강의 내용 중 일부를 책으로 엮은 것입니다. 인문학적 사유와 과학적 지식이 만나는 자리를 만들어 인문학도에게는 자연과학에 대한 이해를, 자연과학도에겐 인문학에 관한 이해를 돕고자 기획한 것입니다. 보석 같은 내용의 특강 하나하나를 전부 이 책에 엮어내고 싶었으나 책자가 갖는 형식의 제한으로 다 담아내지 못한 것이 아쉽습니다. 강의 형태에 맞추어 구성된 내용을 책의 형태로 전환하는 데서 비롯된 미진한 부분은 전적으로 엮은이의 책임입니다. 필자분들과 독자의 혜량을 바랍니다. 2014년 2학기에 진행하고 있는 "르네상스 스스로 보기" 시리즈 10강을 마치면 조금 더 고민해서 또 다른 그릇을 만들어 미처 담아내지 못한 다른 내용들을 채우려고 합니다.

특강에 참여한 학생은 물론, 참여하지 못한 많은 학생들이 이 책을 통해, 소통을 넘어 공감의 시대로 나아갈 수 있기를 바랍니다. 이 책으로 좀 더 알찬 대학 생활을 설계하는 데 보탬이 되기를 소망합니다. 교육과 연구에 집중하기에도 부족한 시간을 쪼개 강연을 해주시고, 책으로 엮도록 허락해 주신 필자분들께 감사드립니다. 이 책이 나오기까지 수고해준 성균관대학교 학술정보관 오거서 담당팀, 출판부, 교육지원팀, LINC사업팀 실무자 여러분께도 고마움을 전합니다.

2014년 12월
성균관대학교 학술정보관장
고영만

차례

책을 엮으며…   4

제1강
자연과 인간 그리고 과학 – 이덕환   10

제2강
대중지성의 시대, 젊은 자연과학도에게 건네는 한 인문학도의 말 – **천정환**   32

제3강
인문학적 공감의 탄생―재난 시대의 치유 아이콘 – **홍덕선**   54

제4강
영화로 살펴보는 법의 정신과 정의 – **김성돈**   86

제5강
에너지와 사람, 그 관계의 역사 – **권영욱**   112

제6강
생태계와 인문학적 상상력―숲의 언어와 먹거리의 미로 – **김원중**   146

제7강

현실 속의 작가, 작가 속의 현실 – **공성훈** 174

제8강

뇌＝1.4kg의 우주 – **서민아** 204

제9강

영화, 스토리텔링의 미학 – **변혁** 224

제10강

세상 속의 복잡계—물리학으로 살펴본 인간 그리고 사회 – **김범준** 248

제11강

과학기술로 사회문제 해결하기 – **송위진** 260

제12강

포스트휴먼의 도래와 인간의 미래 – **이종관** 280

과학적 지식과 인문학적 사유가 만나다

"Scientific Imagineer(과학적 상상공학자)를 꿈꾸다"
Scientific Imagineer

"인문공감 토크콘서트 Human Scientist를 향하여"
Human Scientist

"Homo Sapiens, Humaneer를 꿈꾸다"
Homo Sapiens, Humaneer

소통을 넘어 공감의 시대로

이덕환 교수

서강대학교 화학과/과학커뮤니케이션 교수
전 (사)대한화학회 회장
미국 코넬대학교 화학과 박사

주요 저역서: 『거의 모든 것의 역사』
『물리학으로 보는 사회』
『이덕환의 사이언스 토크토크』
『상상과 증명, 그리고 소통』
『양자혁명』

자연과 인간 그리고 과학

오늘날 지구촌의 인구는 70억 명을 넘는다. 인구만 늘어난 것이 아니다. 평균 수명도 70세를 넘어섰다. 우리나라의 경우도 사정이 다르지 않다. 3·1운동이 일어났던 1919년 우리나라 인구는 2천만 명 수준이었다. 이제 남북한을 합치면 그 당시보다 인구가 4배 가까이 늘어났고, 지난 60년 동안 평균 수명도 무려 30세나 늘어났다. 그동안 우리나라에 살았던 사람들은 2년마다 1년씩 더 살게 되었다는 뜻이다. 1970년대까지만 해도 심각한 문제였던 콜레라와 같은 감염성 질병에 의한 피해도 크게 줄어들었다. 그야말로 진시황이 원했던 무병장수(無病長壽)의 꿈이 우리의 현실 세계에서 실현되고 있는 셈이다. 오늘날 우리는 인류 역사상 가장 풍요롭고, 건강하고, 민주적이고, 안전한 삶을 살고 있다. 물론 모든 것이 산업혁명 이후로 눈부시게 발전한 현대 과학과 기술에 의해 가능해진 것이다.

그렇다고 문제가 없는 것은 아니다. 많은 사람들이 오늘날의 삶에 만족하기는커녕 오히려 과거와 비교할 수 없을 정도로 심한 불안을 느끼고 있는 것도 사실이다. 우리의 식생활은 몰라볼 정도로 개선되었지만 이제는 과식과 편식에 의한 비만과 생활습관병이 우리를 괴롭히고 있다. 한편으로는 최소한의 먹거리도 부족해서 굶주림에 허덕이는 사람도 많지만, 다른 한편에서는 환경을 오염시키는 음식물 쓰레기가 넘쳐나서 고민하고 있다. 어렵게 알아낸 과학과 새로운 과학을 기반으로 개발한 기술이 결국 우리로 하여금 성스러운 신(神)의 영역을 침범하도록 만들었고, 편안하고 안락한 보금자리인 자연을 마구 파괴하고 정복해버리겠다는 검은 야욕(野慾)에 사로잡히게 만들어버렸다는 불편한 주장이 힘을 얻고 있다.

우리에게 득이 될 것으로 믿었던 기술이 오히려 우리의 미래를 위협하는 심각한 위험 요인으로 변해버렸다는 인식도 빠르게 확산되고 있다. 화석 연료의 지나친 사용에 의한 지구 온난화가 우리의 생존을 위협하는 상황도 벌어지고 있다. 현대 과학과 기술 탓에 우리가 상상하지 못했던 위험 사회(risk society)에 살게 되었다는 일부 사회학자들의 주장이 엄청난 설득력을 발휘하고 있다. 그래서 현대 과학과 기술을 모두 포기하고 '자연으로 돌아가자'는 어설픈 주장이 힘을 얻고 있는 형편이다.

오늘날 우리 사회는 현대 과학과 기술에 대한 부정적인 인식으로 몸살을 앓고 있다. 1990년대부터 급속하게 진행되었던 우리 사회의 사회·정치적 민주화가 상황을 더욱 어렵게 만들고 있다. 권위주의 청산이라는 정치 문제에 집중되어 있던 국민의 관심이 환경·복지·이념 등의 복잡한 문제로 다양해졌고, 인터넷을 기반으로 하

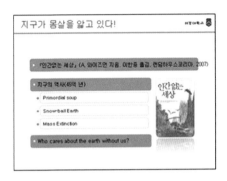

는 새로운 사회적 소통의 수단이 확대되면서 국민들의 사회 참여도 활발해졌다. 모든 것을 일방적으로 결정하던 정부의 자세도 달라졌다. 결과적으로 환경과 대형 국가 개발 사업이 사회적으로 심각한 갈등과 분열 요인으로 자리를 잡았다. 원전의 방사성 폐기물을 저장하고 처리하기 위한 시설 건립이 어려워지고, 고속철이나 대규모 간척 사업의 추진도 어려워져버렸다. 대형 국책 사업을 추진하는 과정에서 사회가 부담해야 하는 비용이 크게 늘어나고 있다. 인구의 증가와 경제 규모의 확대, 그리고 삶의 질 향상에 따라 필요하게 된 국토 개발 사업이 현대 과학과 기술에 대한 부정적인 인식과 정면으로 충돌하면서 새로운 갈등의 요인이 되고 있는 것이다.

우리가 경험하고 있는 갈등과 부작용은 1950년대 영국의 과학철학자 스노(C. P. Snow) 경이 주장했던 '인문문화'와 '과학문화'의 단절에 의한 것이라고 볼 수 있다. 우리 사회에서 인문학과 과학의 관계 단절은 심각하다. 인문학은 '인간'을 대상으로 한다는 주장을 앞세워 '물질'을 연구하는 과학의 진정한 가치를 인정하지 않고, 과학은 인문학이 비생산적이고 소모적이라는 부정적인 인식을 고집하고 있다. 학생을 '문과'와 '이과'로 구분해서 가르치는 비정상적인 교육이 인문학과 과학의 대립을 더욱 심각한 상황으로 몰아가고 있다. 결과적으로 우리 사회에서 인문학과 과학은 치열하게 대립하게 되었고, 그런 대립이 과학과 인문학 모두에게 치명적인 피해를 주고 있다. 대학에 진학하는 학생들은 서로 치열하게 대립하면서 갈등하고 있는 인문학과 과학을 모두 외면해버렸다. 과학계에서 우려하는 청소년의 이공계 기피와 인문학계에서 걱정하는 인문학의 위기가 바로 과학과 인문학의 심각한 대립과 갈등의 결과이다.

과학과 인문학은 인류 문명을 떠받들고 있는 중요한 두 기둥이다. 과학과 인문학은 '우리가 어디에서 어떻게 살고 있는 누구인가'라는 우리 모두의 궁극적인 문제를 해결하기 위한 노력에서 얻어낸 결과다. 어느 것이 다른 것보다 더 중요하거나 덜 중요하다고 할 수도 없고, 어느 하나만으로 우리의 문명 생활을 유지할 수도 없다. 우리의 문화적 생존과 번영에는 과학과 인문학이 모두 필요하다는 뜻이다. 우리가 삶의 터전으로 삼고 있는 자연과 우리 스스로에 대한 과학적 이해가 없으면 우리 스스로의 정체와 삶의 의미와 궁극적인 목적을 찾으려는 인문학적 노력도 불가능해진다. 인문학의 대상인 인간은 자연을 떠나서 존재할 수가 없고, 그런 자연은 과학을 통해서만 정확하게 이해할 수 있기 때문이다.

1. 현대의 심각한 사회 문제

만물의 영장(靈長)이라고 뽐내고 있는 우리 인류는 사실 지금까지 지구상에 번성했던 수많은 생물종 중에서 가장 독특한 존재임에 틀림이 없다. 똑바로 서서 두 발로 걷는다는 사실을 빼고 나면 인간은 육체적으로 다른 짐승보다 조금도 나을 것이 없는 연약한 동물이다. 체력이 뛰어난 것도 아니고, 빨리 달릴 수 있는 것도 아니고, 날카로운 손톱이나 발톱을 가지고 있는 것도 아니다. 추위나 더위를 이겨낼 수 있는 능력조차 가지고 있지 못한 형편이다. 그래서 다른 짐승과 달리 거추장스러운 옷을 입어야만 변화무쌍한 자연 환경에서 생존이 가능하다. 몸집에 비해서 뇌가 크다고 하지만 실제로 인간의 뇌가 유별나게 크다고 하기도 어렵다.

그런 우리도 처음에는 여느 짐승과 크게 다르지 않은 삶을 살았었다. 인류가 짐승과 같은 삶에서 벗어나 인간다운 삶을 시작한 것은 1만 2천여 년 전이었다. 그렇다고 우리의 삶이 처음부터 지금처럼 풍요롭고 화려했던 것은 아니었다. 지금과 같은 물질적·정신적 풍요를 누리기 시작한 것은 18세기 말의 산업혁명부터였다. 특히 지난 한 세기 동안 지구상의 인구는 10배 이상 늘어났고, 평균적인 삶의 질도 놀라운 수준으로 향상되었다. 오늘날 우리의 풍요롭고 화려하고 넉넉한 삶은 우리 스스로의 힘으로 발전시킨 현대의 과학과 기술에 의한 것이다. 우리가 놀라운 발전을 이룩한 것은 사실이다. 그렇다고 우리가 꿈속에서 그리던 유토피아를 건설한 것은 아니다. 우리 삶의 질이 향상된 것은 분명하지만, 그에 따라 우리가 해결해야 할 새로운 문제도 끊임없이 불거지고 있다.

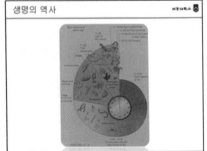
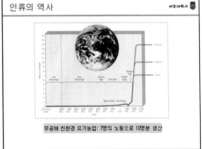

　　우리가 직면하고 있는 문제는 결코 쉽게 해결할 수 있는 것이 아니다. 우리의 생존에 필수적인 식량 문제부터가 그렇다. 지난 반세기 동안 진행된 '녹색혁명'으로 식량 생산이 크게 늘어난 것은 사실이다. 그러나 지구촌에는 여전히 굶주림에 허덕이고 있는 사람이 적지 않은 것도 역시 사실이다. 현재의 상황에서는 식량 생산이 부족한 것은 아니지만, 정치·경제적 이유 때문에 어렵게 생산한 식량의 공급이 원활하게 이뤄지지 못하고 있다. 더욱이 식량 생산을 위한 기술 혁명이 언제까지나 계속될 것이라고 확신하기도 어려워지고 있다. 이미 화학비료와 농약에 의존하는 현대적 화학농업의 부작용이 심각해지고 있고, 과도한 농경목축에 의해 생물종 다양성에서도 심각한 문제가 발생하고 있다. 전 세계적으로 조류 독감이나 구제역과 같은 감염성 질병이 심각해지고 있는 것도 그런 이유 때문이다. 새로운 생명공학 기술을 이용한 유전자 변형 기술에 대한 사회적 거부감도 극복하기 어려운 형편이다.

　　보건·의료 분야의 상황도 어려워지고 있다. 질병을 조기에 정확하게 진단할 수 있도록 해주는 기술이 획기적으로 개선되었고, 합성 의약품이 대량으로 생산되어 누구나 현대 보건 · 의료 기술의 혜택을 받을 수 있게 된 것은 사실이다. 그러나 아직도 당뇨, 암, 심장 질환, 비만, 노인성 치매를 비롯한 난치병을 극복하지 못하고 있고, 후천성면역결핍증(AIDS), 급성중증호흡기질환(SARS), 에볼라 바이러스와 같은 새로운 감염성 질병도 끊임없이 등장하고 있다. 전 세계적으로 평균 수명은 크게 길어지고 있지만 질병의 고통에 대한 불만은 오히려 더 심각해지고 있는 것이 사실이다.

자연 환경의 악화에 의한 수질과 대기 오염과 생태계의 교란도 문제가 되고 있다. 특히 생물종 다양성이 줄어들게 되는 것은 지구상에서 지금까지 진행되어 왔던 생물의 진화에 엄청난 충격이 될 것이 분명하고, 결국에는 인간의 생존도 심각하게 위협하는 요인이 될 것이다. 특히 최근에는 전 지구적으로 빠르게 진행되는 환경 변화에 대한 우려의 목소리가 높아지고 있다. 20세기에 들어서 화석 연료의 소비가 급속하게 늘어나면서 지구 온난화가 가속되고 있다는 지적이 설득력을 얻고 있다. 기상 이변과 바닷물의 수위 상승에 따른 환경의 훼손이 심각한 문제가 되고 있다.

인구가 늘어나고, 급속한 산업화와 도시화가 진행됨에 따라 우리의 생활환경도 심각하게 악화되고 있다. 건축 자재의 고급화와 에너지 공급이 원활해지면서 현대의 주거 환경은 크게 개선되었다. 그러나 택지의 공급이 극도로 제한되어 있는 대도시에서는 그런 혜택을 충분히 누리지 못하고 있는 주민도 늘어나고 있다. 대도시의 인구 집중으로 발생하는 혼잡과 교통 체증도 심각하고, 깨끗한 수돗물의 공급이나 분뇨 · 쓰레기의 처리도 간단한 문제가 아니다. 대도시에서는 충분한 녹지 공간을 마련하는 일도 쉽지 않다. 인구의 집중에 따라 범죄와 대형 사고의 가능성도 높아지고, 빈번한 주거 이동과 바쁜 경제 활동으로 가족이나 이웃 관계에도 문제가 생기고 있다.

사회적 격차와 국제적 갈등도 심각한 문제가 되고 있다. 경제적 상황이 개선되면서 민주화가 빠르게 확산되고 있는 것은 사실이지만, 경제적 불안과 불평등에 대한 사회적 불만은 오히려 더욱 늘어나고 있는 실정이다. 우리의 경우에도 '양극화'가 심각한 사회 문제가 되고 있다. 이념적 대립이 사라지고, 교통과 통신의 발달로 국가 간의 교류가 활발해지면서 급속한 세계화가 진행되고 있음에도 불구하고 지역 분쟁이나 자원 확보를 위한 국가 간 갈등은 오히려 더욱 심각한 수준으로 심화되고 있다. 핵무기와 생화학 무기를 비롯한 대량살상무기가 상황을 더욱 악화시키고 있다.

삶의 질 향상의 결과가 언제나 긍정적인 것도 아니다. 한동안 산아제한으로 인구의 가파른 증가의 억제에 성공했던 국가들이 이제는 절대 인구의 감소와 인구의 급격한 노령화로 심각한 고민에 빠져버렸다. 특히 1960년대 이후로 산아제한 정책을 가장 성공적으로 실시했던 우리나라의 경우에는 사정이 더욱 심각하다. 오늘날 우리 사회는 세계에서 가장 낮은 출산율과 가장 빠른 노령화 속도를 기록하고 있다. 2020년이면 우리의 실질적인 절대 인구가 감소하게 될 것으로 예측되고 있다. 급격한 인구의 감소와 노령화는 사회의 경제력과 국방력을 약화시키는 심각한 사회적 불안 요인이 되고 있다. 지금까지 아무도 인구의 감소와 노령화에 대응하기 위한 현실적인 대안을 제시하지 못하고 있는 형편이다.

대형 사고와 재난에 대한 불안감도 증폭되고 있다. 인구의 증가와 함께 인공 시설물의 규모와 수가 늘어나면서 사고와 재난에 의

한 피해도 늘어나는 것이 당연하다. 현대 사회를 '위험 사회'라고 인식하는 것도 그런 이유 때문이다. 물론 사고와 재난을 예방하기 위한 기술이 빠르게 개발되고 있기는 하지만 안전을 위한 충분한 투자는 누구에게나 심각한 부담이 될 수밖에 없다. 기술에 대한 과도한 기대도 안전에 대한 불안을 증폭시키는 요인이 되고 있다. 사고와 재난을 예측하고, 피해를 예방하는 기술이 아무리 발전한다고 하더라도 완벽한 예측과 예방은 불가능한 것이 현실이다.

오늘날 우리가 직면하고 있는 문제들은 모두가 매우 심각하고, 해결하기 어려운 과제들이다. 확실한 해결 방법을 찾기도 어렵고, 자칫하면 우리의 생존 자체를 위협할 정도로 증폭될 가능성이 큰 것도 사실이다. 그렇다고 현대 사회의 모든 문제가 현대 문명을 가능하게 만들어준 현대 과학과 기술 때문이라는 비판은 옳다고 보기 어렵다. 우리가 처해 있는 현실을 정확하게 파악하고 보다 적극적인 자세로 문제를 해결하려는 노력이 필요하다.

2. 안락한 자연에 대한 환상

우리는 언젠가부터 자연을 우리의 '안락한 안식처'로 인식하기 시작했다. 자연에서 생산되는 '천연물'이 우리에게 좋은 것이라는 인식도 빠르게 확산되고 있다. 우리에게 치명적인 독성을 나타내는 천연물의 존재가 지극히 자연적인 것이라는 사실은 애써 무시되고 있다. 많은 문학 작품과 언론 보도가 자연의 정체에 대해 극도로 왜곡된 낭만적인 인식과 함께 현대 과학과 기술에 대한 부정적인 인식을 확산시키는 역할을 하고 있다.

자연에 대한 긍정적인 인식은 우리도 역시 자연의 일부라는 소박한 생각에서 비롯된다. 자연이 자연을 구성하는 가장 중요한 주체인 인간을 공연히 괴롭힐 이유가 없다는 것이다. 그러나 그런 소박한 인식은 약육강식(弱肉强食)과 적자생존(適者生存)이 자연 생태계의 기본 원칙이라는 진실을 무시한 것이다. 지구상의 생태계는 근원적으로 태양에서 일어나는 핵융합 반응에서 방출되어 빛의 형태로 지구에 전달되는 빛(光) 에너지에 의해 유지된다. 지구상의 모든 생물은 서로 먹고, 먹히는 복잡한 먹이사슬을 구성한다. 생태계의 먹이사슬은 녹색식물이 광합성을 통해서 어렵게 생산한 영양물질과 산소를 기반으로 한다. 지구상의 다양한 생물은 극도로 한정된 자원을 서로 차지하기 위해 치열한 경쟁을 벌일 수밖에 없다. 생태계의 일부에서 발견되는 상호보완적이고 평화적인 공생(共生) 관계는 지극히 예외적인 것이다. 개체의 수준에서는 지극히 잔인한 생존경쟁이 생태계의 수준에서는 더욱 높은 수준의 진화를 촉진시키는 요인으로 작용한다. 자연의 모든 생물이 우리 인간을 위해 존재한다는 생각은 지극히 이기적이고 자의적인 착각이다. 자연에서 생산되는 천연물은 원칙적으로 생물이 스스로의 생존을 위해 어렵게 만든 것이다. 그런 천연물이 우리를 위해 만들어진 것이라는 생각은 지극히 순진한 환상이다.

지구는 우리가 지금까지 밝혀낸 우주 공간에서 생물이 존재하는 유일한 행성이다. 지구에 생물이 존재하게 된 것은 기적과도 같은 일이다. 지구라는 행성이 태양으로부터 적당한 거리에 있고, 달이라는 적당히 큰 규모의 위성을 가진 덕분이다. 지구의 크기도 결정

자연이 좋다!

자연은 넉넉한 보금자리!

대규모 거주 가능 지역: 육지의 14%

인간의 손길이 미친 생태계의 범위: 25%

적인 역할을 한 것으로 보인다. 지구의 중심이 무거운 철(鐵)로 구성되어 있고, 뜨겁게 녹아 있는 외핵에서 끊임없이 핵분열 반응이 일어나고 있다는 사실도 생물에게 필요한 적절한 서식 환경에 중요한 의미를 가지고 있다. 지구가 생명의 존재를 위해 특별한 환경을 갖추고 있는 것은 사실이다. 그렇다고 지구가 인간에게 가장 안전한 자연 환경을 제공하고 있는 것은 아니다.

우선 지구상에서 인간이 대규모로 정착해서 생활할 수 있는 지역의 면적은 육지의 14퍼센트에 지나지 않는다. 지구 전체 면적의 4퍼센트 정도에만 인간이 생존할 수 있다는 뜻이다. 육지의 대부분은 인간이 살기에 너무 덥거나, 춥고, 메마르고, 거친 곳이다. 우리가 필요로 하는 깨끗한 물을 충분히 얻을 수 있는 지역도 드물다. 아마존의 밀림이나 대륙의 상당한 부분을 차지하고 있는 사막과 황무지, 그리고 아시아 대륙의 내부에 위치한 거대한 산악지방이나 북쪽의 툰드라 지역은 사람이 안전하게 살 수 있는 곳이 아니다. 지구의 자연 환경이 거친 것은 우리 인간의 탓이 아니다. 오스트레일리아 대륙은 인간이 진출하기 오래전부터 지금처럼 황량한 대륙이었다. 황사도 어제오늘에 시작된 문제가 아니다.

대기의 순환도 우리의 생존을 심각하게 위협하는 요인이다. 일상적인 기상 변화는 태양의 에너지가 지표면과 대기를 통해 재분배되는 과정에서 나타나는 자연 현상이다. 그러나 대기의 순환은 근원적으로 매우 불안정할 수밖에 없다. 태풍이나 토네이도(회오리바람)는 대기 중의 불안정한 에너지 분포에 의해서 발생한다. 전(全)지구적인 기후가 지극히 안정적이라는 믿음도 크게 잘못된 환상이다. 지구의 역사에서 2천 년 가까이 온난한 기후가 유지되었던 적은 매우 드물었다. 빙하가 적도 부근까지 내려왔던 대규모 빙하기도 여러 차례 있었고, 생물종의 대규모 멸종을 가져올 정도로 엄청난 규모의 지진·해일·화산 폭발도 많았다. 지구상에서 기상이변은 인간에 의해 촉발된 재앙이 아니라 지구에 내재된 지극히 일상적인 자연 현상인 경우가 훨씬 더 많았다.

인간을 포함한 지구상의 모든 생물은 끊임없이 이어지는 극심한 자연 환경의 변화에 적응하고, 살아남기 위해 부단히 노력해야 하는 연약한 존재일 수밖에 없다. 실제로 지구의 역사에서 생존하던 생물종의 95퍼센트가 멸종을 해버렸던 역사적 흔적만 해도 다섯 차례가 넘는 것으로 알려져 있다. 생명의 존재를 심각하게 위협했던 대규모 자연 재앙이 생물의 진화를 가속시키는 요인으로 작용했다는 주장도 있다. 최근에는 인간의 활동이 자연의 변화를 가속시키는 요인이라는 주장이 제기되고 있다. 인구가 늘어나고, 산업 활동이 활발해지면서 그런 가능성을 부정하기는 어려운 것이 사실이다. 그렇다고 인구 증가나 산업 활동을 무작정 탓하기는 어렵다. 인구의 감소에 담겨 있는 잔인한 의미를 외면할 수도 없고, 문명을 포기하고 야생의 거친 삶으로 돌아가자는 주장도 반(反)인간적인 것이기 때문이다.

3. 풍요로운 야만인에 대한 환상

우리 인간은 지구의 거친 자연 환경에서 어렵게 생존하는 생물 종 중에서 가장 최근에 등장한 막내이다. 인간이 오늘처럼 번성할 수 있었던 것은 명백한 기적이다. 초기 인류는 수렵과 채취에 의존하는 생활을 했던 것이 분명하다. 먹을 것을 찾지 못하면 굶어야 했고, 별다른 방어 능력도 없으면서 맹수와의 치열한 생존 경쟁을 이겨내야만 하는 짐승과 다름이 없는 거칠고 위험한 생활을 했다. 기껏해야 십여 명이 집단을 이루어 불안하게 살아야만 했던 초기 인류에게는 늙고 병든 가족을 돌볼 수 있는 인간적인 여유와 능력이 없었다. 이런 초기 인류에게 50만 년 전부터 불과 함께 초보적인 도구를 사용할 수 있었던 것이 큰 도움이 되었다.

수렵채취 시대에 지구상의 인구는 7천만 명 수준이었고, 평균 수명은 17세 정도였던 것으로 추정된다. 수렵과 채취 시대의 원시 인류의 삶은 일부에서 주장하는 '풍요로운 야만인'으로 미화시켜서는 안 된다. 오늘날 오지(奧地)에서 원시생활을 하고 있는 부족들의 삶이 그런 사실을 명백하게 보여준다. 야생에서 어려운 원시생활을 하는 사람들이 자연과 더불어 평화롭고 행복한 삶을 누리고 있다는 일부 사회학자들의 주장은 선뜻 받아들이기 어려운 억지이다.

인간이 처음으로 인간답게 살 수 있게 된 것은 1만 2천 년 전에 시작한 농작물을 재배하는 농경과 가축을 기르는 목축의 기술을 찾아낸 덕분이었다. 우리가 원하는 형질을 가진 식물과 동물을 인공적으로 선택해서 유전자를 변형시키는 육종(肉腫) 기술과 계절을 예측할 수 있도록 해주는 천문 관측 기술이 그 핵심이었다. 그리고 농기구와 관개 기술의 개발로 농경과 목축의 생산성은 더욱 향상되었고, 그에 따라 인구도 늘어나기 시작했다.

많은 사람이 집단을 이루어 생활을 하면서 사회적 계급의 출현이라는 새로운 문제가 나타났다. 육종과 천문 관측 기술을 가지고 있거나 힘이 센 소수가 지배 계급을 형성했고, 그런 능력을 갖지 못한 대부분의 사람은 노동력을 제공하는 힘들고 어려운 생활을 감수할 수밖에 없는 상황이 시작되었다. 산업혁명으로 사회의 생산성이 크게 향상되기까지는 사회 계급에 따른 극심한 차별이 계속될 수밖에 없었다. 산업혁명이 시작되기 전까지의 농업 사회에서는 인구의 70퍼센트가 극심한 사회적 차별을 견뎌내면서 노동력을 제공하는 '노예'의 신분을 감수해야만 했다. 거친 자연 환경에 대한 두려움을 극복하고, 집단의 결속을 다지기 위한 수단으로 등장한 종교도 사회적 차별을 더욱 악화시키는 요인이 되기도 했다.

또 다른 한편에서는 대규모 집단생활과 목축으로 감염성 질병이라는 새로운 문제가 발생했다. 가축에서 박테리아나 바이러스와 같은 미생물이 대규모 집단을 통해 빠른 속도로 많은 사람에게 전염되기 시작했다. 원인을 알 수 없는 전염병은 자연 재난만큼이나 두려운 것이었다. 흑사병과 같은 치명적인 감염성 질병이 발생하면 인구가 크게 줄어들 수밖에 없었다. 1919년 겨울에 전 세계를 휩쓸었던 '스페인 독감'은 적어도 전 세계적으로 1억 명에 가까운 사람을 희생시켰다. 우리나라의 3·1운동도 스페인 독감과 무관하지 않을 것이다. 엄청난 희생을 치른 대가로 전염병에 대한 내성(耐性)을 확보한 집단만이 살아남을 수가 있었고, 그렇지 못한 집단은 끔찍한 희생을 치러야만 했다. 일찍부터 집단생활을 시작했던 아시아와 유럽 사람들을 처음 만났던 잉카 제국과 아메리카 인디언이 힘없이 무너졌던 것도 천연두를 비롯한 전염병 때문이었다. 오늘날 신비화되고 있는 '전통 의학'도 큰 도움이 되지 못했다. 신생아 10명 중에서 7명이 성인으로 성장하지 못했고, 평균 수명도 40을 넘기지 못하는 힘든 현실이 이어졌다.

우리 선조들이 자연과 더불어 '안전하고 풍요로운' 삶을 살았다는 주장은 그런 현실을 무시한 환상이다. 그런 환상은 지배 계급의 생활을 중심으로 서술된 왜곡된 역사 기록 때문에 생겨난 것이다. 실제로 농경과 목축의 낮은 생산성 때문에 산업혁명이 일어나기 전까지 지구상의 인구는 5억 명을 넘지 못했다. 과거 인류는 자연의 품에서 안락한 삶을 누렸던 것이 아니라 거친 자연 환경에서 극심한 굶주림과 질병과 사회적 차별을 견뎌내야 하는 힘들고 어려운 삶을 살았다.

4. 현대 사회에서 과학의 중요성

인류 문명의 발달로 단순히 농업과 목축의 생산성만 향상된 것이 아니다. 오늘날 우리의 풍요로운 삶은 현대 기술을 바탕으로 하는 산업 기술의 발달 덕분에 한정된 자연 자원을 효율적으로 활용할 수 있게 되었고, 에너지를 활용하게 됨으로써 가능해진 것이다. 높은 생산성으로 가능해진 물질적 풍요는 사회적 차별을 제거하는 결과로 이어졌다. 프랑스 혁명을 계기로 개인의 자유와 평등을 핵심으로 하는 인권(人權) 의식이 전 세계로 확산됨에 따라 오늘날 대부분의 사회가 자유민주주의를 향유할 수 있게 되었다.

현대 과학과 기술은 우리를 자연에 대한 두려움과 공포로부터 해방시켜준 것은 분명한 사실이다. 이제 우리는 화산이 폭발하고, 지진과 해일이 일어나고, 태풍이 닥쳐오는 이유가 신(神)의 노여움 때문이라는 두려움에 떨지 않게 되었다. 비록 완벽하지는 않지만 자연 재앙의 발생과 진행 과정을 실시간으로 확인함으로써 자연 재앙에 의한 피해를 최소화할 수 있는 능력도 갖추게 되었다.

세계화의 물결이 아니더라도 사회의 경제적 성장의 의미는 결코 평가절하할 수 없다. 물론 과학과 기술에 의한 산업화가 언제나 긍정적인 역할만 했던 것은 아니다. 급격한 산업화에 의한 사회적 문제가 심각한 것은 사실이다. 그렇다고 산업화를 포기하고 200년 전의 삶으로 돌아갈 수는 없다. 산업화를 포기하려면 인구가 현재의 10퍼센트 수준으로 줄어들어야만 한다. 만약 농경과 목축까지 포기하고 진정한 의미에서 자연과 더불어 살아가려면 지구촌의 인구가 1퍼센트 수준으로 줄어들어야 한다. 산업화에 의한 부작용이 감당하기 어렵다고 해서 구체적이고 확실한 대안도 없이 현대 과학과 기술을 포기하고 무작정 자연으로 돌아가자고 주장하는 것은 비현실적이다. 현대 과학과 첨단 기술을 바탕으로 하는 산업화는

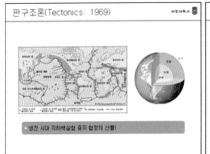

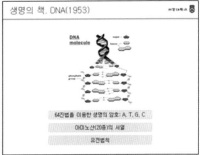

우리가 가볍게 포기할 수 없는 것이다.

과학은 개인의 자유와 평등을 핵심으로 하는 민주 사회의 실현에 꼭 필요한 것이기도 하다. 고대 농경 사회에서 주술사들은 자신의 기술을 소수의 지배 계층이 권력을 유지하는 수단으로 사용했다. 인류 문명이 발달하면서 기술의 위력은 더욱 강화되었다. 천문 관측 기술을 독점하고 있던 중국이 막강한 영향력을 행사했던 것도 그런 경우다. 새로운 농경 기술, 전쟁 무기 생산 기술, 장거리 항해 기술이 모두 그런 목적으로 활용되었다.

국민의 과학에 대한 관심은 사회의 민주화에 따라 더욱 중요한 역할을 하게 되었다. 민주화된 사회에서는 새로운 기술을 개발하고, 국토를 활용하는 결정은 정부의 일방적인 결정이 아니라 국민의 합의에 의해 이루어진다. 문제는 새로운 기술의 개발과 국토 개발 사업을 이해하기 위해서는 상당한 수준의 과학 상식과 합리적인 사고방식이 필요하다는 것이다. 민주화된 사회에서 과학은 소수의 과학자나 지배자의 전유물이 아니라 모든 국민이 반드시 알아야 하는 필수 상식이라는 뜻이다. 과학 상식이나 합리적인 사고

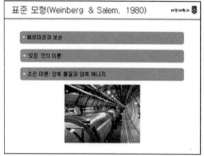

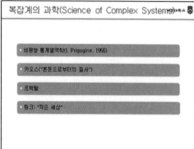

방식을 갖추지 못하면 자신의 독자적인 판단을 할 수가 없게 되어
다른 사람의 선동적인 주장에 휩쓸릴 수밖에 없다.

　현대의 과학은 개인의 건강과 안전을 지키는 수단이기도 하다.
오늘날 우리는 첨단 기술에 의존해서 살아갈 수밖에 없는 입장이
되었다. 건강을 지키는 일도 의사들이 확보하고 있는 첨단 의학에
의존할 수밖에 없다. 물론 그런 기술을 활용하기 위해서는 상당한
대가를 치러야만 한다. 문제는 우리의 건강과 안전을 보장하기 위
해서는 자신에게 맞는 적절한 기술을 현명하게 가려낼 수 있는 능
력이 필요하다는 것이다. 무작정 자신의 경제적 이익만을 추구하
는 잘못된 상술에 속아넘어갈 경우에는 경제적 손실만이 아니라
자신의 건강과 안전까지 위험하게 된다. 어떤 기술을 어떻게 활용
하고, 어느 정도의 대가를 지불할 것인지를 가려내는 일은 온전히
개인의 몫이고, 그런 일은 충분한 과학 상식과 비판적인 사고방식
을 갖추어야만 가능한 것이다.

　현대의 과학과 기술은 우리가 직면하고 있는 가장 어려운 문제
인 환경과 자원 고갈을 해결하는 유일한 가능성이기도 하다. 오늘

날 우리가 걱정하고 있는 환경 파괴와 자원 고갈의 가장 근원적인 원인은 인구의 급격한 팽창이다. 지난 한 세기 남짓한 기간 동안 지구상의 인구는 10배 이상 늘어났을 뿐만 아니라 개인이 일상생활에서 활용하는 자원의 양도 크게 늘어났고, 에너지의 사용량도 100배가 넘게 늘어났다. 인구 증가 때문에 자연에 주어지는 부담이 한 세기 동안 수천 배가 늘어났다는 뜻이다. 그렇다고 환경 보존과 자원 개발이 말로만 이루어지는 것은 아니다. 자연을 지키고, 자원과 에너지의 사용을 줄이는 노력도 중요하지만 오늘날의 문제는 그런 소극적인 수단으로 해결할 수 있는 단계를 넘어섰다. 보다 적극적인 대안이 필요한 상황이다.

자연 환경을 유지하고, 에너지와 자원을 더욱 효율적이고 지속 가능한 방법으로 활용하는 기술을 개발하기 위한 노력이 더욱 절박한 상황이다. 환경에 영향을 적게 주는 물질을 더욱 안전하게 생산하는 '녹색화학' 기술을 적극적으로 개발해야만 한다. 환경에 영향을 적게 주면서 지속 가능한 방법으로 활용할 수 있는 새로운 에너지도 개발해야만 한다. 물론 우리가 애써 확보한 삶의 질은 반

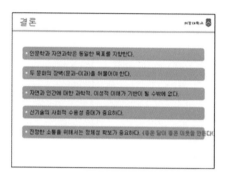

드시 유지되어야만 한다. 건강하게 오래 사는 꿈이나 인구의 증가도 결코 포기할 수 없는 꿈이다. 오늘날 우리가 누리고 있는 혜택은 어느 것도 포기할 수 없는 셈이다. 결코 쉬운 일은 아니다. 사실 우리의 그런 꿈이 불가능한 욕심일 수도 있다. 그렇다고 모든 것을 포기해버릴 수는 없다. 결국 현대의 과학을 더욱 높은 수준으로 발전시키고, 더욱 효율적이고 안전한 기술을 개발하기 위한 노력만이 우리의 지속적인 생존과 번영을 보장해줄 수 있다.

현대 과학과 첨단 기술은 우리가 자연과 우리 스스로를 더욱 분명하고 정확하게 이해할 수 있고, 우리 스스로의 존엄성을 지키기 위해 반드시 필요하다. 수천 년의 인류 문명을 통해서 오늘날 우리는 역사상 처음으로 우주가 어떻게 탄생해서, 우리가 이룩한 문명이 어떤 과정을 거쳐 진화해왔는지를 이해하게 되었고, 생명의 정체가 무엇이고, 어떤 진화의 경로를 통해 지금에 이르게 되었는지를 밝혀낼 수 있게 되었다. 우리의 가장 궁극적인 의문을 해결할 수 있게 된 것이다. 물론 지금까지 우리가 알아낸 모든 것은 우리의 적극적인 노력으로 발전시킨 현대 과학의 힘 덕분이다. 그렇다고 과학이 우리의 모든 문제를 해결해주는 것은 아니다. 과학적으로 모든 것을 밝혀낸다고 하더라도 우리 인간의 자유 의지와 윤리는 과학적 해석의 범위에 포함될 수 없을 것이 분명하다. 우리가 힘들게 알아낸 자연과 우리 자신에 대한 지식을 어떻게 수용하고, 활용해서 우리 스스로 어떤 삶과 미래를 추구할 것인지는 온전하게 인문학의 몫으로 남게 될 것이다.

천정환 교수

성균관대학교 국어국문학과 교수
글로컬문화콘텐츠 · 비교문화협동과정 주임교수

주요 저역서:『근대의 책 읽기』,『대중지성의 시대』,
『시대의 말, 욕망의 문장』,『자살론』,
『조선의 사나이거든 풋뽈을 차라』,
『근대를 다시 읽는다』(공저),
『1960년을 묻다』(공저)

대중지성의 시대,
젊은 자연과학도에게 건네는
한 인문학도의 말

이 강연 시리즈에 "Human Scientist를 향하여"라는 거창한 제목이 붙었습니다. '휴먼'이란 말은 아마도 휴머니스트, 즉 인문학을 지시하는 말인 듯하네요. '누가 이런 제목을 지었을까, 왜 이렇게 붙였을까' 생각해봤습니다. 여러분이 '인간'이 아니라서 '휴먼'이 되자는 것인지?(웃음), 아니면 이제부터 무언가 새로운 차원의 인문학적인 것과 과학의 결합을 도모하기 위한 것인지? 아마도 이 제목은 '지금 이곳'에서도 여전한 '한국식 두 문화'를 의식하고 있는 것이 아닐까 싶습니다.

제가 성균관대학교에서 근무한 지 10년이 다 되어 가는데 자연과학캠퍼스에 방문한 것은 이번이 딱 두 번째입니다. 자연과학도와 인문학도는 서로 무관심합니다. 제가 학생 시절일 때, 당시 대학의 문화나 분위기는 지금과 사뭇 달랐습니다. 나와 같은 수업을 듣는 학생 중에는 자연과학이나 공학을 전공하던 친구도 있었고, 절친한 선배 중 한 분은 화학공학을 전공했습니다. 다양한 전공을 가진 학생들이 섞여서 이야기를 나누고 만남도 가지고 간혹은 다른 전공, 문과나 이과를 뛰어넘는 수업을 들은 적도 있습니다. 그런 일이 일상이었습니다. 제가 자연과학적 소질이 있다든지 공학을 자세히 아는 것은 아니지만 그럼에도 불구하고 그런 경험을 통해서 소통하고 배운 게 많았던 것 같습니다.

한국식 두 문화라는 것은 인문·사회과학을 하는 사람과 자연과학·공학을 하는 사람이 서로 말이 통하지 않을 뿐만 아니라 정서와 삶을 생각하는 방법과 느끼는 방법이 완전히 다르고, 고등학교 때부터 '문과·이과'로 나뉘어 전혀 소통하지 못한다는 것입니다. 알다시피 '두 문화'는 이미 1950년대에 영국의 학자에 의해 제기된 문제입니다. 대중지성과 관련하여 이야기할 때 다시 나오겠지만 사실은 자연과학·공학 vs 인문·사회과학만 말이 통하지 않는 것이 아니고 점점 더 세분화·전문화되어가는 이 앞의 영역들 때문에 인문과 자연 영역 안에서도 말이 통하지 않는 경우도 더 많습니다. 그 가운데에서 우리는 문과와 이과를 구분하기 때문에 더 말이 통하지 않는 상황이 만들어졌고, 성균관대의 경우 특히 서울과 수원으로 캠퍼스가 나뉘어져 전혀 다른 공간과 문화 속에서 살고 있기 때문에 그 간극이 더욱 큽니다. 아마도 그래서 'Human Scientist'라는 강좌가 특별히 필요했을 듯합니다. 아마 자연과학캠퍼스에서 과학사나 과학철학 같은 것을 공부하는 분들도 있을 테고 그러한 강좌도 있겠지만요.

학문의 체계는 계속해서 변하기 때문에 어떤 학문들은 생겨나기도 하고 없어지기도 합니다. 조선시대와 지금을 비교해보면 정말 엄청나게 큰 변화가 있었습니다. 조선시대의 지식인, 또는 고등

교육을 받았던 지성인은 모두 '성리학'이라는 철학을 공부해야만 했습니다. 어릴 때 천자문, 소학, 사서삼경 같은 것을 공부했고 크면 더 본격적인 한문학과 성리학을 공부한 후 선비나 관료가 되었는데, 적어도 '양반'은 아무도 여러분이 지금 공부하고 있는 학문을 공부하지는 않았습니다. 물론 동양에서도 오래 전부터 자연과학과 수학이 존재했지만 그것을 진정한 지식인이 세상을 경륜하기 위해 공부해야 하는 과목이라고 아무도 생각하지 못했습니다. 아예 공학 자체가 없었다고 해도 됩니다.

제가 대학에 다닐 즈음에는 중어중문학이라는 학과가 지금처럼 인기 있는 학과가 되고 수없이 많은 학생이 그 과에 진학할 줄은 아무도 몰랐습니다. 중국과의 국교가 없을 때입니다.

그런가 하면 사회학이나 인류학, 지리학과 같은 사회과학의 대부분은 영역 자체가 생긴 지 약 100년에서 150년 정도밖에 되지 않았습니다. 반면 의학은 오래 됐지만, 그 안에서 지식의 패러다임 같은 것도 계속 변해왔습니다. 정신의학 같은 학문도 생긴 지 얼마 되지 않습니다. '신경정신과'라는 단어를 알고 있겠지요? 불과 몇 년 전까지도 그 학문과 진료 과목을 말하는 공식적인 명칭은 신경정신과였는데 지금은 그 용어가 폐기되었습니다. 대신 '정신의학과'라는 말을 쓰게 되었는데 공식적으로 한국정신의학회에서 채택해 쓰기로 한 것은 불과 몇 년밖에 되지 않았습니다. 그 이유는 인간의 마음과 신경을 공부하는 것에 대한 패러다임이 변했기 때문이라고 합니다.

복잡한 여러 가지 상황 때문에 지식문화, 얼마나 많은 사람이 무엇을 전공하는지 왜 공부하고 있는지와 같은 문제가 계속 변해갑니다. 현대에서는 자본주의의 영향을 받아서 지식의 배치가 달라지고 공부하는 사람들의 숫자도 달라졌는데, 보통의 사람들은 본질적인 사회적 유용성보다는 단시일 내에 '돈 되는 것'을 중요시합니다. 그래서 과연 내 아들을 국어국문학과에 보내도 되는지, 물리학과나 화학과를 보내도 되는지 고민하는 것입니다. 또는 반대로 '골프경영학과' '휴대폰학과'와 같이 새로 생긴 학과도 있습니다. 그런데 대개 그런 판단은 단견입니다. 미래를 멀리 내다보지 못한다는 뜻이죠.

『대중지성의 시대』는 그런 지식의 분화와 변화, 그리고 소통의 가능성에 대하여 이야기한 책입니다. 아마도 그런 문제를 다룬 사람이 많지 않고 제가 그 문제에 대하여 조금 공부했기 때문에 강의를 맡게 된 것이 아닌가 생각합니다.

저는 전통적인 의미의 '국어국문학'이 아니라, 현대성(모더니티)이 무엇인지, 왜 지금 우리는 전통시대나 조선시대 사람처럼 생각하고 살지 않는지, 자본주의와 국민국가가 이 땅에서 뿌리내렸을 때 어떤 변화가 있었는지에 대한 것들을 연구하는 것을 기본으로 상당히 다양한 문화사적 연구를 했습니다. 참고로 『조선의 사나이거든 풋뿔을 차라』라는 책은 한국에서 어떻게 근대 스포츠와 스포츠 민족주의가 발생했는가를 논했습니다. 1936년에 신의주의 가난한 조선 청년 손기정이 베를린 올림픽에 가서 일장기를 달고 마라톤에서 우승을 해서 세계를 제패했는데, 과연 어떻게 그런 일이 가능했는지, 또 그것이 어떤 문화적·민족적 파급효과를 발휘했는지를 쓴 책입니다. 『1960년을 묻다』라는 책은 박정희시대와 현재의 관계에 대해 쓴 책인데, 박정희에 대한 평가라든가 박근혜정부의 통치성에 대해 관심이 있으면 읽어볼 것을 추천합니다.

Human Scientist(휴먼 사이언티스트)?

0. 한국식 두 문화—성균관대식 두 문화
1. 인간을 위한 과학은 가능한가?
2. 인문학은 뭘 하는 것인가?
3. 대중지성의 시대

　오늘 크게 세 가지 이야기를 할 것인데, 모두 중요한 이야기입니다. 여러분이 자연과학도·공학도로서 인문학도들과의 소통의 가능성을 조금이라도 열고 또 한국의 지식문화에 대하여 조금 더 넓은 인식의 지평을 가질 수 있는 시간이 되었으면 좋겠습니다.

　먼저 성균관대식 두 문화에 대해 이야기해보죠. 많은 사례가 있겠지만 대부분의 성균관대 학생은 인문사회과학캠퍼스와 자연과학캠퍼스 간 거리상의 장애와 상호연결 시스템의 부족으로 인해 서로 만나지도 못하고 어떤 공부를 하는지도 전혀 모릅니다. 대학, 즉 University라는 것은 '모든 것'들이 같이 포함되고 소통할 수 있어야 하는 보편성의 장소인데, 대학을 다니는 수년 동안 '대학로' 한번 가보지 못하고 율전에서만 사는 학생도 많습니다. 저 또한 그런 '두 문화'의 당사자로서, 나름 대학사회와 대학문화에 대한 관찰자를 자처해 왔지만, 자연과학도와 공학도와는 거의 이야기해볼 기회가 없었습니다. 사회자 한지훈 군 같은 예외적인 경우에만 가끔씩 만나고 있습니다.

　최근에 인문학의 중요성이 부각되어 박근혜 대통령이 창조경제

의 새로운 역량으로 인문학을 지목하고, 스티브 잡스(Steve Jobs)라
는 인물 때문에 마치 '기술적 혁신'이 가능하기 위해 인문학이 대
단한 실제적인 역할을 해야 하는 것처럼 이야기합니다. 그러나 이
는 뭘 잘 몰라서 하는 말에 가깝습니다. 여러 가지 이유에서 전국
대학과 대학원에서는 인문학이 죽어가고 있습니다. 인문사회과학
계열에서 인문·사회과학 대학원의 규모가 제대로 유지되는 학교
가 전국적으로 많지 않습니다. 내가 전공한 국어국문학만 하더라
도 한국학과 연결되는 인문학의 가장 중요한 영역인데도 서울의
몇 개 대학과 지역의 국립대학 몇 곳을 빼고는 거의 과 자체가 없
어져 갑니다. 철학이나 몇몇 인문학 분야는 그런 현상이 더욱 심합
니다. 그럼에도 불구하고 대학 바깥에서는 몇 년 전부터 'CEO를
위한 인문학', 여러 기관에서 운영하는 주부와 노인, 청소년을 위한
인문학 등이 많이 느는 등 사회적 수요가 실제로 늘고 있습니다.
그 영향은 학내에도 영향을 미쳐 제가 맡은 〈인문학 명저 산책〉 같
은 과목도 근래에는 인기가 좀 있습니다.

　그러니까 인문학 열풍 중에는 허구인 것도 있고 거품도 끼어 있
는 것입니다. 오히려 사회적으로 '해악'에 가까운 지식이나 강연이,
인문학 바람을 타고 돌아다니는 것도 있습니다. 물론 이 열풍은 실
제로 현대를 살아가는 모든 사람들에게 정말 인문학이 필요하고,
특히 사람들이 맞닥뜨린 오늘날의 신자유주의가 야기하는 인간적
한계상황 때문에 인문학을 공부할 필요성이 있기에 가능한 거겠지
만요. 그러나 인문학은 기본적으로 '사업'과 별 관계가 없고 현실비
판적이며 이상주의적입니다.

　『대중지성의 시대』는 제가 원래 관심을 갖던 지식문화나 지식인

문제를 특히 2008년에 '촛불시위'를 보면서 쓴 책입니다. 집합지성이나 다중지성과 같은 말을 들어봤는지요? 인터넷 시대가 되면서 그런 개념이 새삼 발견되고 사회화되었습니다. 이는 현대 민주주의 사회를 살아가는 여론과 문화의 집합적인 주체, 그리고 그들이 누리는 앎과 전문가적 지성과의 관계를 집중적으로 다룬 것입니다. 쉽게 말하면 '대중'을 어떻게 규정하고 판단하는지 살펴본 것입니다.

인간을 위한 과학은 가능한가? 우선, 과학을 둘러싼 여러 가지 인식의 스펙트럼 가운데 가장 극단적인 양극에 있는 과학주의와 과학 혐오에 대해서 살펴보죠. 과학주의는 과학으로 모든 것을 다 할 수 있다는 사고방식 또는 그런 생각 때문에 오히려 더 과학이나 과학자를 '국가 발전'과 '경제발전'에 동원해야 하는 존재 이상으로 생각하지 못하는 그런—우리나라에서 가장 상식적이면서 동시에 가장 이상하고 천박한—식의 생각들입니다. 황우석 사태를 생각해 보면 됩니다. 황우석 박사는 그런 국가-과학주의를 역이용해서 영달을 꾀한 경우입니다. 국가-과학주의는 우리나라에서는 상식이며 과학의 숙명 같은 거지만, 과연 그것이 올바른 것인가? 과학자가 될 여러분들 스스로 답을 해봐야 합니다.

인간을 위한 과학은 가능한가?

- 과학자와 공학도의 소외는 더 심해지고 있는가?
- "인문학의 위기" & "이공계의 위기", "기초과학의 위기"
- 과학주의 또는 과학 혐오
- 공학자의 자기의식, 자아정체성

한편 과학기술은 제2차 세계대전 이후에 늘 의심받는 '악'으로 간주되기도 하죠. 과학이 엄청나게 큰 규모로, 그것이 화학이든 생리학이든 어떤 영역이건 간에 관료제나 독재와 결합하면서 인류를 완전히 절멸시키는 범죄에 결부될 수도 있다는 것을 사람들이 깨달았습니다. 유대인 절멸에 나섰던 나치뿐만이 아니라 나치를 물리친 미국도 마찬가지였습니다. 미국은 원자폭탄을 개발해서 일본에 두 방을 터트렸는데, 민간인들까지 수십만 명을 살해했어요. 그렇게까지 해야 했는지 아인슈타인을 비롯하여 원자탄을 개발한 과학자들에게서도 바로 제기되었습니다. 사실 독일이나 일본뿐 아니라 미국도 허다한 전쟁범죄를 저질러왔습니다. 제2차 세계대전 때도 무차별 폭격을 가해 수많은 민간인을 죽였고, 한국전쟁 때도 북한 지역을 융단폭격 했습니다. 어쨌든 계속된 원자력이나 다량살상 전쟁무기 개발이나, 환경오염 등등으로 인해서 과학은 언제나 의심받는 '유주얼 서스펙트'가 되었습니다. 그래서 한편으로는 생태주의자나 진보적인 이념을 가진 사람들 중에 과학(자)을 마치 사이코패스처럼 바라보는 경우도 있습니다. 그러니까 두 가지, 과학기술을 국가-경제주의와 전쟁을 통해 남을 죽이고 이기기 위한 도구로밖에 생각 못하거나, 반대로 과학기술을 평화와 인류 행복과 화합의 주요한 방해물로 생각하는 것, 이 두 가지 구도가 존재하는 것입니다. 이에 대해 어떤 대안과 어떤 관점이 필요할까? 여기에 대해서도 과학자들 스스로의 대답이 반드시 필요합니다. 왜냐하면 과학자들은 돈과 권력에 의해 머슴처럼 고용되고 버려지기 때문입니다.

'인문학의 위기'라는 말을 많이 합니다. 인문학 대학원생들이 없어져 가고 또한 인문학의 가치를 돈 문제에 비추어서만 판단하는 것을 인문학 위기의 현상이라고 말할 수가 있겠는데 그것뿐만이 아니라 '이공계의 위기', '기초과학의 위기'라는 말도 인문학의 위기처럼 많이 떠돌아다닌다고 들었습니다. '닭튀김 수렴공식'이라는 말을 들어보았는가요? 한국의 개발자와 과학자들이 누구나 할 것 없이 결국 치킨집 사장이 될 운명이라는 말입니다. 컴퓨터 공학뿐만이 아니라 전자공학, 기계공학, 화학이나 수학 등의 어떤 전공을 하더라도, 심지어 연구소장 같은 과학자로서 중요한 지위에 오르더라도 결국은 40, 50대에 퇴출되어 영세 자영업자가 된다는 세태를 풍자적이고 비관적으로 보는 이야기입니다.

그런데 사실 '닭튀김 수렴공식'은 비단 과학자나 자연과학도, 공학도에게만 적용되는 것은 아닙니다. 외국에 나가봤던 사람은 알겠지만 서울 시내를 보면 치킨집이 너무나도 많습니다. 오늘날 한국의 고용불안과 경제 구조를 잘 보여주는 사실입니다. '좋은 대학'을 나온 자연과학도나 공학도들은 대기업 정규직으로 취직할 가능성이 많지만, 그들 중 상당수도 기업에 의해서 소모되고 결국 버려지는 존재가 됩니다. 직장 생활하며 돈 얼마 모은 것 가지고 다른 할 일이 없기 때문에 치킨집을 열게 된다는 것인데, 여기서 중요한 것은 그것이 공학도만의 문제가 아니라 우리나라 직장인·노동자들 공통의 위기라는 것입니다. 인문·사회과학도 중 소위 '비인기학과' 출신은 정규직으로 나갈 기회를 얻지도 못하거나 '안 좋은' 대학을 나오면 더 못한 경로를 통해 노동자나 자영업자가 됩니다. IMF 경제위기와 신자유주의 이후에 기업·시장 대 인간의 관계가 너무 악화돼 버렸습니다. 그야말로 을(乙)인생, 임금노예가 보통의 삶입니다. 너무 쉽게 사람을 도구로 쓰고 버립니다.

인문학이란 무엇인가?

- 문/사/철/예
- 문화/정치
- 통섭적 영역들~
- 사회과학 · 근대자본주의~

인문학이 다루는 것 또는 인문학의 영역

1. 분과학: '박태원 소설의 서사기법 연구', '에른스트 블로흐의 예술철학 연구' 기타 등등
2. 공통적인 것: 공통성 자체, 그리고 공통적인 앎과 삶에 대한 것, 사회, 역사, 문화…교양과 반교양
3. 근본적인 것: 생 · 장 · 로 · 병 · 사/사랑/세계 · 국가 · 개별자(자아)/자연과 시공/종교
4. 예술적인 것: 진과 선, 그리고 미, 초자본주의, 기예(art)
5. 덧) 인문학의 비판성: 2, 3으로부터의 필연, 인문학의 계통성과 합리성

　　다시 '인문학이란 무엇인가'로 돌아가자면 인문학이란 굉장히 포괄적이고 폭이 넓은 학문과 앎의 영역의 이름입니다. 그래서 어떤 것이 인문학이 아닌가를 설명하는 게 빠를지도 모릅니다. 인문학은 경영학 · 자연과학 · 공학 같은 것과는 거리가 꽤 있지만, 사회과학과 늘 어깨를 겹치고 있고 예술과도 한 허리를 안고 있습니다. 특히 사회과학은 근대 자본주의와 제국주의 때문에 19세기 이후에 발생한 학문입니다. 법학과 여성학 등과도 가깝습니다. '문 · 사 · 철 · 예'는 아주 전통적인 의미의 인문학 내부 분야로서 문학, 역사, 철학, 예술 등의 제 영역을 말합니다. 그 다음으로는 문화와 정치가 인문학의 또 하나의 중요한 주제입니다. 그리고 통섭적 영역들이 쭉 있습니다. 인문학은 '생 · 장 · 로 · 병 · 사'라는 인간 존재

의 근본에 관계된 것을 다룹니다. 인간이라는 존재가 아이에서 어른으로 자라나고 늙고 죽는 과정에서 겪는 모든 문제들, 그리고 인문학은 세계 및 국가와 개별자 자아들의 관계나 심리학, 그리고 종교를 포함한 근본적인 것들도 다룹니다.

그런데 모든 인문학이 언제나 근본적인 문제를 다루지는 않습니다. 인문학 자체는 한 학문 분과의 이름이기도 하고 분과들의 총합이기도 한 것입니다. 예컨대 「박태원 소설의 서사기법 연구」라는 논문이 있습니다. 박태원은 1920년대부터 1980년대까지 활동한 소설가로 1934년에 『소설가 구보씨의 하루』라는 작품을 발표합니다. 이 작품은 한국 문학사에서 굉장히 중요한 작품인데 앞서 말한 논문은 그 작품에 쓰인 소설 창작의 방법, 즉 서사시간을 어떻게 배분하고 서술자는 어떠한가에 관한 것을 연구한 논문입니다. 이런 것이 인간의 '생장로병사'와 관계가 있는가? 혹은 사람, 국가와 사회, 인간의 근본 같은 것들과 관계가 있는가? 이런 작은 소설의 기법 같은 작은 문제조차 앞에서 예시한 '문사철예'와 인간의 근본 문제와 관련이 있다고 믿는 데 인문학의 출발이 있습니다.

또 중요한 것은, 대체로 모든 영역에서의 인문학은 계몽적이며 비판적인 성격을 띠고 있다는 점입니다. 즉 삶에 대해 누군가들을 일깨워주려고 하고 '삶은 이런 것이(어야 한)다'와 같은, 규범적인 성격을 띱니다. 자연과학이나 공학처럼 가치중립적인 지식이 아니죠. 규범적이거나 비판적인 인문학은 근대 이전부터 지금껏 이어지는 특징입니다. 그러한 근본적이고 비판적인 특징 때문에 인문학은 자본주의와 별로 사이가 좋지 않습니다. 때문에 현대의 인문학은 현실과도 일정한 거리가 있습니다. 그래서 스티브 잡스가 그

대중지성론의 문제의식
....

- 이 책은 '모름'과 앎의 부분성으로부터 앎의 문제를 제기하는 것이다. 즉 이 책에서 가장 관심이 가는 지(知)는 바로 무지(無知)이며, 이 책의 출발점은 '대중의 무지'뿐 아니라 특히 소위 '지식인'과 '전문가'의 무지이다.
- 앎의 두 분기 방향
- 전문가주의의 문제점
  '원자력 마피아' '황우석 사건'

런 기술혁신을 해서 세상을 바꾸고 돈을 많이 번 데 '인문학'이 핵심적 역할을 했다는 말은 일부만 맞습니다. 잡스가 이룬 업적들과 그의 특이하고 대단한 개성과 창발성은 공학이나 경영학에서 나온 것이라 보기 어렵겠지만 결과적으로만 인문학과 연결됩니다. 그의 유별남이나 남들과 다른 경험과 상처, 그런 것을 승화해내고 창발적인 아이디어를 조직하는 어떤 '전체성'에 인문학이 관계있는 것입니다. 잡스의 이노베이션 방법 자체에 인문학의 단지 한 분과나 인문학 아이디어 한두 개가 결부된 것이 아닐 것입니다.

가끔 외부 강의에서 언급하는 한 가지 주제는 독서입니다. 실제로 인문사회과학캠퍼스에서 하는 〈인문학 명저 산책〉이라는 수업에서 저는 독서지도 프로그램을 하기도 합니다. 왜 독서해야 할까요? 인간이라는 존재는 불완전하기 때문입니다. 여러분 대부분이 좋은 부모를 만나서 잘 자라 오늘 이 자리에 있겠지만 그럼에도 불구하고 인간은 근본적인 유한성과 저마다의 한계와 상처를 가지고 있습니다. 자연과학·공학, 경영학은 아쉽게도 그런 문제를 전혀 해결해주지 못합니다. 그래서 다양한 책을 봐야 하고 사유해야 합니다.

대중지성이라는 개념을 설명할 때 언급했지만 앎이란 것은 너무나도 넓어서 이 시대가 가지고 있는 공통된 최소한의 앎도 터득하지 못하는 경우가 있습니다. 앎은 끝없이 분화되어가고 매일 매일 수많은 전문지식이 생산됩니다. '구텐베르크의 우주(책의 우주)'라는 표현이 있듯이 정말 수많은 책들이 도서관에 있습니다. 국립중앙도서관에는 6백만 권 정도, 구글북스에는 수억 권이 있다지요. 거기다 수없이 많은 논문과 박사논문이 어떤 분야에 계속 쌓이고

결론

공통의 앎과 통섭:

과학사, 과학학, 과학철학

"과학은 컴퓨터나 인공위성 같은 도구나 주변기기가 아닌 세상을 바라보는 또 하나의 눈이고 생각이다. 그 성능과 위력은 두말할 것 없다. 과학은 우리에게 단순한 도구 이상이다. 남들보다 풍부한 삶을 살고자 한다면 오늘부터라도 과학에 말을 걸어야 한다. 과학은 우리에게 무한한 지식과 낭만, 상상의 언어로 화답할 것이다." – 장대익, 「인간에 대하여 과학이 말해준 것들」

cf) 이영준, 「기계비평」

"엄밀히 말해 그(스티브 잡스)가 반복적으로 강조한 것은 인문학만이 아니라 핵심 교양이었다. 그는 역사와 철학이 하이테크와 만나야 한다고 말하지 않았다. 핵심 교양이 만나야 한다고 했다. 그렇다면 핵심 교양이란 무엇인가? 그것은 적어도 인간과 사회, 그리고 자연에 관한 당대 최고의 신빙성 있는 지식이어야 할 것이다. 그렇다면 우리 시대 최고의 핵심 교양은 되레 과학이어야 한다. 수많은 유형의 지식 중에서 현대과학만큼 합리적 절차를 통해 얻어진 신뢰할 만한 지식은 없기 때문이다. 실제로 잡스가 언급한 '리버럴 아트'는 현재 대학의 학문 체계에서도 '인문학'만을 지칭하지 않는다. 그것은 과학, 인문학, 사회과학, 심지어 예술까지도 포함한다. 그렇다면 사용자의 경험과 인간의 직관을 강조한 잡스의 고백은 '테크놀로지와 인문학의 결합'이라기보다는 '인간에 대한 과학적 이해와의 결합'을 뜻하는 것이라고 읽혀야 한다."

있을 것입니다. 백사장의 모래알만큼 쌓이고 쌓입니다. 그 중에 저와 여러분들이 아는 것은 몇 개의 모래 알갱이밖에 되지 않을 것입니다. 박사논문을 쓴다는 것이 얼마나 어려운 것인지 아는지 모르겠으나 그런 박사논문 쓰기도 광대한 지식의 우주에서 마치 큰 해수욕장 백사장에 작대기 하나 꽂는 것 정도 될 것입니다.

지식은 계속 그렇게 분화·전문화되어 왔습니다. 그런데 다른 한 편으로는 공통의 앎이 있습니다. 그것을 상식이라 부르기도 하고 교양이라고 부르기도 하는데 그와 같은 앎의 공동경비구역이 있어서 사람을 소통하게 만들고 한 국가, 한 사회의 원리로 삼게끔 만들며 인간으로서의 삶을 풍요롭게 만드는 것입니다. 그래서 우리는 어떤 분야의 전문지식 모두를 알지 못해도 문제를 해결할 수 있습니다. 전문화와 공통화, 앎의 두 방향 중에서 한 방향만 생각해서는 안 되고 두 방향이 어떻게 어울려야 되는지 생각해야 합니다. 따라서 집합지성이나 대중지성이 필요하며 언제나 여론이라는 것을 통해 토론해나가야 합니다.

Q 1 융복합이라는 거창한 단어나 창조경제라는 이색적인 용어를 만들 정도로 서로간의 소통과 교류가 중요하게 대두되는 시점이기에 이번 토크 콘 서트가 열린 것인데 그럼에도 불구하고 불편을 느끼지 않기 때문에 괴리감을 느낀 채 따로따로 살고 있는 경우가 많습니다. 학생들 중 스스로 그것을 극복 하고자 노력하는 사람도 많이 있을 것이지만 교수님들끼리 소규모 모임을 활 성화한다든가 하는 방안을 제시해서 본보기를 보이면서 학생들에게 기회를 제공하는 것도 하나의 의무가 아닌가 생각합니다.

A 1 저는 우리 학술정보관의 오거서 활동에 관심이 많아 간혹 오 거서의 독서리뷰를 봅니다. 사실 깜짝 놀랄 만큼 자연과학대 학생들이 좋은 감상문을 올리는 경우도 많은 것 같습니다. 하지만 저는 자연과학 캠퍼스에서 강의를 한 적이 없고, 자과캠에 개설되어 있는 교양이나 인 문학·사회과학 과목도 제 분야와는 거리가 있습니다. 서울대학교의 장 대익 교수님이 쓴 책 중에 "과학은 우리에게 단순한 도구 이상입니다. 남들보다 풍부한 삶을 살고자 한다면 오늘부터라도 과학에 말을 걸어 야 한다. 과학은 우리에게 무한한 지식과 낭만, 상상의 언어로 화답 할 것입니다."라는 구절이 있습니다. 단지 인문학만이 아니고 예술·문 화·정치·철학을 공부해야 한다는 것을 양방향에서 말한 것이라 이해 해봅니다. 한 방향은 자연과학도나 공학도들이 왜 인문학을 위시한 핵

심교양과목을 공부해야 하는가에 관한 고찰이고, 다른 한 방향은 컴퓨터라든지 자연과학이나 공학이 만들어낸 문명의 이기뿐 아니라, 인간의 현실이나 문화 자체가 자연과학이나 공학에 의해 재구조화되기 때문에 인문학도들 또한 그것을 잘 알아야 한다는 말입니다. 실제로 그런 교류가 일어날 수 있도록 학술정보관 오거서 프로그램이나 교양과목들을 통한 조정이 필요한 것 같습니다.

Q 2 인문학도는 대체로 이렇게 생각한다는 뜻은 아니고, '극단적이며 편견 덩어리'인 인문학도로서 생각을 말해보겠습니다. 스티브 잡스를 자연과학도로서 인문학적 감수성을 가진 대표적인 인물이라고들 하는데 스티브 잡스도 철학을 전공했습니다. 철학을 하다 사업에 뛰어든 사례로 어떻게 보면 뿌리는 인문학도입니다. 요지는 자연과학도는 감수성이 조금 부족하다, 떨어진다고 느낀다는 것인데 이에 대해 어떻게 생각하는지?

A 2 '감수성이 떨어진다'는 말은 두 가지로 생각해봐야 할 것 같습니다. 하나는 개인차가 있다는 것입니다. 지난 학기 문과대 전체 10개 학과 학생들이 듣는 수업을 강의했는데 3~4학년쯤 되면 학과별로 생각하는 방식이나 정체성이 달라진다는 것을 새삼 느꼈습니다. 당연히 경영이나 경제를 전공하는 학생들과 사회학이나 철학 하는 학생들의 마인드나 감수성도 다릅니다. 더 세밀하게 봐야 될 필요가 있다는 것입니다. 감수성이란 훈련해서 기를 수 있는 자질이고 환경 속에서 상호작용하는 경우가 많습니다. 공부하는 것이 다르면 당연히 다른 감수성을 갖게 되겠고, 그것을 낮다 못하다고 잘라 말하기는 힘듭니다. 두

번째는, 느끼는 것은 비슷한데 표현력과 표현방법이 다르다는 것입니다. 감수성이라는 말 안에는 표현력도 포함되어 있겠습니다. 자연대·공대생은 표현하는 방법을 그런 식으로 할 수밖에 없는 문화 속에 있는 것입니다. 그 문화를 살펴보고 고칠 필요가 있다면 고치는 것이 필요하다는 생각이 듭니다. 실제로 인문사회과학캠퍼스 학생들이 자연과학캠퍼스에 비해서는 언어도 풍부하고 표현력 자체가 강한 것이 대체로 사실이겠지만 그것도 외국 학생들에 비해서는 많이 떨어집니다. 나의 표현방법과 남들의 표현 방법이 어떤지 생각해보는 것이 좋을 것 같습니다.

Q3 서로에게 얼마나 많은 차이가 있느냐는 중요하지 않다고 생각합니다. 자라온 환경이나 과를 선택하는 과정에서, 그리고 교육받아온 모든 환경적인 면에서 그들이 각자의 길로 분화되게 성장할 수밖에 없습니다. 이 시점에서 양측이 얼마나 다른가에 집중하는 것이 아니고 다르다면 계속 달라야 하는가, 아니면 같아져야 하는가에 중심을 두었으면 좋겠습니다. 교합점을 찾으려고 하니 자연과학적 이성에만 치우쳐 있는 사람들은 조금 더 인문학에 관심을 가져야 되고 인문학도들은 공학이나 자연과학에 관심을 가져야 된다, 그것이 필요성이 있다면 어디서부터 느껴지는 것인가, 왜 그래야만 하는가를 알아야 할 것입니다. 공학도는 공학도 스스로를 위해서 인문학에 대한 관심이 필수적이라고 생각합니다. 단순히 어떤 기술을 해결하는 하청업자로서의 정체성이 아니고 자기가 어떤 사람에 대한 관심으로부터 출발해서 삶의 본질적 문제를 직접 해결할 수 있는 안목이 필요하다고 생각하기 때문입니다. 그렇다면 과연 인문학도들은 기술이나 자연과학에 왜 관심을 가질 필요성이 있는가에 대한 질문을 다시 하고 싶습니다.

A3   두 문화를 극복할 필요가 있다는 당위에 대한 근본적인 물음
이군요. 인문학 전공자나 인문학을 공부하는 사람들은 그들대로 뚜렷한
지평의 한계를, 과학도들은 사고방식의 지평의 한계를 가지고 있는 것
입니다. 그 한계는 각각 어떤 불구적인 앎과 삶을 만들어내는데요… 무
엇을 위하여 극복해야 하는가? '국가 발전'이나 '창조 경제' 같은 이유에
서가 전혀 아닙니다. 그것이 필요한 이유는 더 나은 공동체와 삶을 살기
위해서입니다. 우리 삶 자체의, 생각 방식의 한계나 관계의 협소함과 같
은 것들을 해결해야 합니다. 어쩌면 '두 문화'보다 더 무서운 것은 두 문
화를 시장과 경쟁원리로 만들어놓은 혼합물이 아닌가 싶습니다.

Q4   치킨집이 해외에 비하여 상당히 많다고 했는데 그것이 왜 우리 사
회의 문제점이 되는지?

A4   자영업자 800만, 비정규직 800만이 한국 경제의 현실입니
다. IMF 경제 위기 이후에 고용불안이 상시화되어 4~50대만 돼도 기업
에서 버려집니다. 그런 현실을 보여주는 것이 치킨집입니다. 치킨집을
경영한다는 것은 그 사람이 공부하고 닦았던 전문지식이나 경험과 같
은 것들을 정당하게 사회 전체의 생산성이나 자아실현을 위해서 쓸 수
없다는 말입니다.

Q5   '두 문화'의 해결방안으로 독서는 어떻게 생각하는지? 어떤 책을
읽어야 하는지에 대하여 많이들 궁금해합니다.

A5   출발은 자기자신입니다. 어떤 책을 읽어 왔는지, 내 진정한 관심사가 무엇인지, 지금 살면서 느끼는 괴로움은 무엇인지. 이런 것들을 묻는 게 진정한 독서를 출발하는 것입니다. 그에 대한 답을 얻는 것이 독서의 가장 궁극적인 목적일 것이고 그것이 인문학적 사유를 위한 길이기도 합니다. 세상을 어떻게 살 건지, 무엇이 옳은 건지, 수학책이나 공학 전공 책에는 전혀 나오지 않습니다. 단지 여러분에게만 하는 말이 아니고 인문사회과학캠퍼스도 마찬가지인데, 학생들의 반은 취업 때문에 경제학이나 경영학을 울며 겨자 먹기로 복수전공을 하고 있습니다. 때문에 오거서와 같은 학술정보관 프로그램과 새롭게 인문학 교육을 강화하는 것이 현실적으로 필요하다 봅니다. 무슨 책을 읽어야 하는지 궁금한 사람들은 더 적극적으로 인문학 수업을 들어보세요.

Q6   그렇다면 어떤 책을 읽어야 하나? 책 추천을 부탁드립니다.

A6   『대중지성의 시대』라는 책은 언급했듯이 한국 지식문화 속에서 대중지성이라는 새로운 앎의 주체가 무엇인지를 썼습니다. '대중'이란 흔히 덩어리진 무리로서 주관 없이 여기저기로 쏠리는 익명의 존재를 가리키지만, 이 책에서는 어떤 공통의 지성을 가지고 있어서 사회의 여러 가지 문제나 보편적인 문제에 대해서 발언권과 행동 가능성을 갖고 우리 사회를 좋게 바꿀 수 있는 존재로 '대중지성'을 설정했습니다. 논리적이며 동시에 역사적인 범주입니다. 여러분이 한국 사회를 좋게 바꿀 '대중지성'입니다. 저 또한 그렇습니다. 우리는 전문적인 지식을 조금 갖고 있지만, 그것을 사회와 우리 모두를 위해 사용해야 합니

다. 그때 필요한 것이 교양과 공통의 앎입니다.

　두 번째 자연과학도에게 권하고 싶은 책은 『이것이 인간인가』라는 책입니다. 프리모 레비(Primo Levi)라는 저자는 이탈리아에 있는 토리노 대학 화학과를 최우등으로 졸업한 사람이었는데, 제2차 세계대전 와중에 어설프게 레지스탕스에 가입했습니다. 그러다 잡혀서 아우슈비츠 수용소로 잡혀갔지만 결국 살아남습니다. 수만 명이 가스실과 즉결 처형으로 체계적이고도 무차별하게 살해당한 아우슈비츠라는 인간 절멸의 공간에서 어떻게 살아 돌아왔을까? 거기서 과연 뭘 보고 왔을까? 인간이란 얼마나 다양한 가능성을 가지고 있는 존재인지, 제목대로 인간성의 궁극에 대한 내용이 나오는 책입니다.

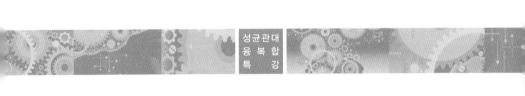

성균관대
융복합
특   강

홍덕선 교수

성균관대학교 영어영문학과 교수
현대영미소설학회 회장, 제임스조이스학회 회장 역임
미국 사우스캐롤라이나 주립대학 영문학 박사

주요 저역서: 『몸과 문화』(공저), 『제임스 조이스 문학 강의』,
『포스트모던 영국소설의 세계』,
『젊은 예술가의 초상』, 『훌륭한 군인』

인문학적 공감의 탄생
- 재난 시대의 치유 아이콘

    여러분과 함께 생각해볼 주제는 '공감'이다. '공감'에 대해서는 여러분이나 나나 그것이 무엇인지, 그것이 우리 생활에 얼마나 귀중한 것인지에 대해 대체로 잘 이해하고 있을 것이라 생각한다. 왜냐하면 공감에 관한 이야기들이 TV를 비롯한 언론 등에서 인문학을 주제로 논의할 때마다 꼭 끼어드는 내용이기 때문이다. 그만큼 공감은 살아가면서 힘들고 어려운 문제들과 마주칠 때마다 그 난관을 극복해 나가도록 해주는 유용한 도구인가 하면 또한 거칠어 보이는 세상을 하나로 묶어주는 유대의 끈이기도 하다.

    TV 프로그램 중에는 〈다큐 공감〉, 〈스페이스 공감 콘서트〉, 〈공감 특별한 세상〉 등이 있고, 『공감 경영』이라는 책도 출판되어 있듯이 공감에 대한 관심은 점점 높아지고 있다. 뿐만 아니라 자연과학에서도 어떤 대상을 관찰함에 있어서 공감의 중요성을 강조하기도 한다. 오늘 이 자리에 모인 여러분들이 대부분 자연과학도인 점을 고려해서 나도 이 강연을 하기 앞서 자연과학 분야에서도 공감

I. 공감의 시대: 치유의 아이콘

▪ 치유의 아이콘
  • 다큐 공감, 스페이스 공감 콘서트, 공감 특별한 세상, 공감 경영

▪ 공감(共感)이란?
  • "남의 감정, 의견, 주장 따위에 대하여 자기도 그렇다고 느낌. 또는 그렇게 느끼는 기분"
  • 동감(同感): "동일한 대상이나 사건에 남이 취하는 느낌이나 생각과 동일한 감정"
  • 사랑은 공감을 토대로 함

을 다루고 있는가 살펴보았더니, 리처드 도킨스가 쓴 『이기적 유전자』에서 공감에 대한 이야기들이 등장한다. 즉, 공감은 생존율을 더욱 높여주는 사랑의 유전자에 해당한다는 것이다.

이처럼 많은 사람들이 고통을 치유해주는 만능열쇠로서 공감을 내세우고 있는데, 이 공감에 도달한다는 것이 그렇게 쉽게 가능한 것일까? 나와 남이 어떤 감정을 동일하게 품는다는 것이 쉬운 일일까? 타자와 나 사이의 간극이 그렇게 쉽게 없어지는 것인가? 공감이란 내가 타인의 세계를 이해하여 이를 나의 것인 양 받아들이고 함께 공유하는 일인데, 이런 일이 과연 그렇게 쉽게 가능한지 의문을 던지는 데에서 오늘 여러분과 대화를 시작하고 싶다. 따라서 먼저 공감의 진정한 의미를 파악하고 공감에 가까이 가는 것이 얼마나 어려운가를 이야기해볼까 한다.

'공감'을 사전에서 찾아보면 'empathy'와 'sympathy'라는 두 단어로 함께 쓰이고 있다. 두 어휘 모두 똑같이 공감을 뜻하지만 그

- empathy—Einfühlung(G.)
  - ein-(in)+fühlung(feeling)
  - 감정이입, 공감
  - 타인의 입장이 되어 그들이 어떻게 느끼고 생각하는지 이해하는 것
  - 예: 제1차 세계대전 때의 크리스마스 트리

- sympathy:
  - sym-(together)+páthos(suffering, feeling)
  - 연민, 동정, 공명, 교감, 동감, 공감
  - 타인의 감정 상태와 동일하게 공유할 필요는 없고, 대신 타인의 행복과 복지에 관심을 표명

뉘앙스를 들여다보면 약간의 차이가 존재한다. 우선 empathy는 20세기에 들어서면서 'einfühlung'이라는 독어에서 도입된 말이다. 'ein'은 영어로 치면 'in'이다. 내부로 들어오는 것이고 'fühlung'은 'feeling'이다. 그래서 empathy는 감정이입의 뉘앙스를 지닌 공감이다. 감정이입은 나의 감정이 상대방의 감정 속에 들어가서 (in) 하나로 합일된다는 뜻이다. 그래서 타인의 입장이 되어 그들이 어떻게 생각하고 느끼는지를 이해하는 것이다. sympathy를 보면, 'sym'은 'together' 함께한다는 의미이고 'pathy'는 'feel' 남의 고통을 같이 느낀다는 것으로 보통 연민, 동정, 공명, 교감, 동감, 공감 등 여러 가지 표현으로 사용되지만 주로 쓰이는 것은 아마 연민이나 동정 같은 느낌으로 감정이입과는 조금 다르다. 왜냐하면 연민이란 감정은 타인의 감정 상태와 구별되어 함께 하나로 공유할 필요는 없고 대신 타인의 행복과 복지에 관심을 기울인다는 뉘앙스가 담겨 있다. 그래서 남의 고통에 나의 연민을 부여해주는 말이 sympathy다.

No Man's Land

No Man's Land in WWI(1914~1918)

　감정이입(empathy)의 뉘앙스를 지닌 공감의 대표적인 예는 제
1차 세계대전 때의 사건을 들 수 있다. 독일군과 영국군이 프랑스
북부평원지대로 원정을 와서 대치하고 있었다. 제1차 세계대전이
제2차 세계대전과 다른 점은, 제2차 세계대전의 경우 전투가 벌어
지는 최전선이 전투의 상황에 따라 계속 이동하면서 독일군을 향
해 옥죄어간 반면 제1차 세계대전에서는 4년 동안 최전선이 이동
없이 한군데에 고정되어 있었다. 그곳이 프랑스 북부의 플랑드르
평원으로 그곳에서 4년간 전투가 지속되었다. 평원에서 전투를 벌
이려면 군인들은 숨어서 은폐할 곳이 필요하므로 참호를 파기 시

작했는데 이 참호전이 제1차 세계대전의 특성이기도 하다. 북쪽의 해안선부터 남쪽의 알프스 산맥까지 영국은 S자 모양의 참호를 길게 팠고, 독일은 독일대로 참호를 또 팠는데 총 2,400km 정도였다. 영국군의 제1참호와 독일군의 제1참호 사이의 거리는 약 100m였다고 한다. 심지어 어떤 지역에서는 참호 사이의 거리가 50~60m 정도밖에 안 되는 곳도 있었다고 하는데, 그 당시의 장총으로 대낮에 상대방을 겨냥해서 쏠 수 있는 거리였다.

4년간의 제1차 세계대전 중 약 900~1,000만 명의 군인이 사망했는데 이렇게 많은 인명이 죽은 이유는 소위 19세기 산업혁명을 통해 발달된 기술이 전쟁에 바로 적용되었기 때문이다. 제1차 세계대전에서 처음으로 탱크가 사용되었고 독가스가 개발되었다. 독가스는 공기보다 무거워서 아래로 가라앉는다. 평원에서 독가스가 사용되면 자연히 가장 낮은 지역인 참호 안으로 가라앉게 되는데 이 참호를 따라 독가스가 퍼지는 것이다. 참호 속의 배수시설은 매우 나빠 여름에 장마가 오면 물이 빠지지 않고 시체들이 퉁퉁 불어 떠다니게 된다. 그러면 쥐들이 활개치고 죽은 동료들의 시체를 갉아먹는다. 거기다 최전선에서는 계속 상대방에 포탄을 쏘아대다 보니 그 당시에 많은 군인들이 포탄에 의한 노이로제로 후송되곤 했다.

약 100m 거리에서 전선의 움직임이 거의 없이 서로 포를 쏘아대고 독가스를 살포하며 죽이다 보니 전쟁이 끝난 후 그 공간은 그야말로 풀 한 포기 살아날 수 없는 땅이 되고 말았다. 그래서 그 지역을 'No Man's Land'라고 부른다. 생명의 어떤 존재도 남아 있지 않은 곳이라는 뜻이다. 이 시기에 나온 대표적인 시가 "4월은 가장 잔인한 달, 죽은 땅에서 라일락을 키워내고"라는 구절로 시작되는 그 유명한 T. S. 엘리엇(Eliot)의 『황무지(The Waste Land)』라는 장편시이다. 서구문명의 불모성을 노래한 이 시의 제목 "황무지"는 바로 'No Man's Land'를 암시하는 은유이다.

1914년 전쟁이 처음 발발한 7월에 영국군은 프랑스 지방으로 원정을 올 때 적 독일군을 악의 화신으로 간주해 악을 징벌하는 현대판 십자군의 기분으로 참전했다. 패기만만했던 영국군은 크리스마스 이전까지 전쟁을 완료하고 고국에서 크리스마스를 보낼 것으로 생각했다. 독일군은 그 나름대로 승리의 자신감을 가지고 크리스마스이브까지는 모든 것을 끝낼 것이라고 기대했다. 그러나 실제 전투가 벌어지자 참호 속에서 서로 총을 쏴대는 상황이 지속될 뿐 전선은 교착 상태에 빠졌다. 크리스마스 전에 귀향하기는커녕 6개월이 흘렀을 때 양편 모두 엄청나게 많은 사람들이 전사하는 끔찍한 상황이 벌어졌다.

그러던 1914년 12월 24일, 크리스마스이브에 추운 겨울을 간신히 버티며 대치하고 있던 중 독일군 쪽에서 갑자기 조그마한 트리에 전등이 들어오기 시작했고 독일군들은 〈고요한 밤, 거룩한 밤〉을 부르기 시작했다. 총을 겨누고 있던 영국군들은 갑자기 크리스마스 트리가 보이고 캐럴이 울려 퍼지니 자신들도 감동해 따라 부르기 시작했다. 100m 거리에서 캐럴 소리가 울려 퍼지자 갑자기 병사들은 참호 속에서 일어나 No Man's Land 지역으로 가서 서로 악수를 하고 담배를 나눠 피우며 가족사진도 서로 돌려보았다. 그런 기분의 연장으로 그 다음 날 크리스마스 때는 서로 축구 시합도 하고 시끌벅적 함께 어울렸다. 그곳에 몰려 있던 10만 명의 양측 병사들이 서로 엉켜 크리스마스 노래를 불렀다. 적군과 아군 할 것 없이 마음속에 가지고 있던 느낌들이 서로 공유될 수밖에 없었던 것이다. 물론 12월 26일이 되는 날에는 다시 자신들의 진영으로 돌아가 예전처럼 서로 총구를 겨누었다고 한다. 그때 크리스마스 캐럴을 함께 부를 수 있었던 것은 전쟁의 이념을 넘어서는 인간적 공감의 순수한 감정이 소통되었기 때문이다.

철학자 막스 셸러가 공감의 의미에 대해 쓴 두꺼운 책이 있다. 그 책에서 세세하게 분석된 공감의 의미를 요약해 보면, 공감이란 타자의 체험에 참여하려는 나의 의식적인 태도라고 말할 수 있고, 이성을 통해서는 파악할 수 없는 감정의 논리라는 것이다. 요즘에는 사람의 능력을 파악하기 위해 지능 검사뿐만 아니라 감성검사도 실시한다. 지능검사가 지적 능력의 중요성, 즉 이성의 능력을 중시하는 거라면, 감성지수를 측정하는 감성검사의 도입은 데카르트

- 공감의 의미 규정(Max Scheler)
  - 공감이란 타자의 체험에 참여하려는 나의 의식적 태도이다.
  - 이성을 통해서는 파악할 수 없는 감정의 논리
  - 타자와 나 사이의 간격과 거리, 분리를 전제한다.
  - 타자를 나와 똑같은 실제적 존재로 인정한다.

- 타자(Other)란?
  - 자아와 다른 ('different') 것
  - '나'라는 개념에 들어오지 않는 것이 타자
  - 배타성을 지닌 타자성은 타자의 특성에 의해 정해지기보다는 '나'라는 정체성을 세우기 위해 '나'와 차이를 보이는 것을 타자로 규정해서 배제

이후 무시되어왔던 감성이란 것이 이 세계를 인지하고 파악해나가는 데 중요한 역할을 한다는 것을 깨닫게 되었다는 증표이다. 공감이란 감성 세계의 핵심이다.

인문학에서는 '타자'라는 표현을 자주 쓴다. 어느 면에서 보면 20세기 포스트모더니즘의 가장 핵심어는 타자이다. 포스트모더니즘 이전의 세계에서는 '나'라는 주체가 어떻게 확립될 수 있을 것인가에 초점을 맞췄는데, 포스트모더니즘 세계에서는 나의 세계를 넘어서서 타자의 세계 또는 타자의 윤리의 문제가 중심 주제로 부각된다. 타자의 특성을 뜻하는 타자성은 나와 구별되는 차이성을 갖게 된다. 자연히 나는 나와 다른 차이점으로 인해 타자를 배제하게 된다. 그렇지만 엄밀히 살펴보면 타자의 타자성은 그 자체의 고유한 속성을 갖고 있는 것이 아니라 나를 중심에 놓고 나와 차이를 보이는 점을 타자성으로 규정하는 것이다. 그리고 타자성으로 규정함으로써 배제시키려 든다. 이 모든 사항은 나 중심에서 비롯되

- 나와 타자 간의 쉽게 넘을 수 없는 거리, 간극
  - "사람과 사람 사이에는 심연이 존재한다. 깊고 어둡고 서늘한 심연이다. 살아오면서 여러 번 그 심연 앞에서 주춤거렸다. 심연은 이렇게 말한다. '우리는 서로에게 건너갈 수 없다.'"
    (김연수, 『파도가 바다의 일이라면』)
  - "당신은 누구시길래 내 마음 가져갔나요
    당신 때문에 울고 있어요
    당신 때문에 웃고 있어요
    당신은 누구시길래 내 마음 애태우나요"
    (심수봉)

는 것이다. 그런 면에서 타자를 새롭게 인식하려는 포스트모더니즘은 나와의 차이로 인해 타자를 배제하는 것이 아니라 나 중심을 해체하고 타자를 내 중심으로 영입하는 방식에 깊은 관심을 기울인다. 타자를 내 중심으로 영입하든지 아니면 나를 해체하고 타자의 타자성 세계로 잠입하든지―그 어떤 방식을 취하든 타자의 세계로 접근해 들어가야 하며, 그 통로는 공감일 수밖에 없다.

중견 작가 김연수가 쓴 소설 『파도가 바다의 일이라면』의 앞부분에 이런 표현이 있다. "사람과 사람 사이에는 심연이 존재한다. 깊고 어둡고 서늘한 심연이다. 살아오면서 여러 번 그 심연 앞에서 주춤거렸다. 심연은 이렇게 말한다. '우리는 서로에게 건너갈 수 없다.'" 왜 이 작가는 나와 타인 사이에 심연이 놓여 있음을 강조하는 것일까? 심지어 이 심연을 건널 수 없다는 절망을 드러내며 상처의 아픔을 헤집는 것일까? 그의 말을 되짚어보면, 어쩌면 우리는 이 심연을 보잘 것 없는 깊이로 너무나 손쉽게 여기고 있는 것은 아닐까? 때로는 이 심연이 전혀 없는 척하는 것은 아닐까? 오히려 상대방과 나 사이의 심연을 인정해야 그 다음에 그것을 넘어갈 수 있는 길이 나오는 것은 아닐까? 때문에 나와 상대방 사이의 통로는 쉽게 이어질 수 없지만 어떻게 넘어설 수 있을 것인가가 바로 공감의 영역이다. 공감이란 sympathy와는 달리 적극적인 참여로 인해 관찰자가 깊이 다른 사람의 경험의 일부가 되어 그들의 경험에 대한 느낌을 공유하는 것이다. 자의식과 자아인식은 다른 사람과의 관계 짓기에 전적으로 의존한다. 공감 능력을 향상시킨다는 것은 결국 자신의 자아의식을 확대시킬 수 있는 성숙으로 이끈다는 말이다.

그렇다면 어떻게 해야 공감 능력을 향상시킬 수 있을까? 대표적인 것 중 하나가 문학작품을 읽는 것이다. 「링컨」이라는 영화를 알고 있을 것이다. 링컨을 연기한 배우는 다니엘 데이 루이스인데, 특이한 것은 그가 링컨을 연기하기 위해 수염도 기르고 링컨의 기억과 경험 세계를 따라가기 위해 링컨의 모든 삶을 따라하려 했다는 점이다. 그것을 'Method Acting'이라고 하는데, 그것은 바로 공감의 한 방법이다.

문학작품, 예술작품 또한 마찬가지이다. 김연수라는 작가가 한 여성 인물을 주인공으로 삼는다고 해보자. 김연수는 여성이 아니고, 여성으로 살아본 적도 없다. 그럼에도 여성의 심리 속으로 뚫고 들어갈 수 있는 공감의 세계를 만들어야 여성인물을 창출해낼 수 있다. 독자도 마찬가지이다. 예를 들어, 남성 독자는 여성 등장인물의 심리를 이해해야만 작품에서 감동을 받을 수 있다. 마찬가지로 여성 독자는 남성 주인공의 묘한 심리를 해독해낼 수 있을 때에 깊은 이해를 쟁취해낼 수 있다. 그것은 작가가 이해시켜 주는 것이 아니다. 독자가 행간을 읽어가면서 등장인물의 심리를 이해해 들

- 공감의 확장과 참여
  - 수동적인 입장을 의미하는 동정과 달리, 공감은 적극적인 참여를 의미하여, 관찰자가 기꺼이 다른 사람의 경험의 일부가 되어 그들의 경험에 대한 느낌을 공유하게 됨.
  - 타인과의 협동: 자의식과 자아인식은 다른 사람과의 관계 깊이에 전적으로 의존. (우애적 유대감)
  - 문학작품 읽기: 공감은 상상력의 산물이고, 인간의 상상력은 인지적일 뿐 아니라 정서적.
  - 남아공의 "진실화해위원회"−희생자/가해자 간의 공감적 카타르시스, 화해와 치유의 공간 마련.

어갈 수 있는 마음의 세계를 열어야 한다. 그것이 바로 공감을 풍부하게 해주는 과정이다.

여러분과 오늘 함께할 책은 존 쿳시(John Maxwell Coetzee)의 『추락』이라는 소설이다. 쿳시는 1940년 남아프리카공화국에서 백인으로 태어났다. 케이프타운 대학에서 영문학 석사를 하고 미국에서 박사까지 한 영문학의 전문가이다. 영문학 소설이 받을 수 있는 가장 유명한 상 중 하나가 부커상인데, 그는 역사상 처음으로 부커상을 두 번이나 수상했다. 1999년 부커상을 받은 작품이 바로 오늘 다룰 『추락(Disgrace)』이라는 소설이다. 그리고 이 작품은 2003년 노벨 문학상을 받기도 했다. 이 소설의 소재는 교수가 학생을 성추행하는 이야기인데, 단순히 그것뿐만이 아니라 남아공의 독특한 역사를 배경으로 굉장히 정치적이고도 윤리적인 의미를 담고 있다.

II. 공감의 읽기: J.M. Coetzee's Disgrace
....

- 1940년 남아공 출생
- 케이프타운 대학 영문학 및 수학 학사,
  영문학 석사
- 텍사스 주립대 영문학 박사
- 뉴욕 주립대 영문과 교수
- 케이프타운 대학 석좌교수
- 1983년, 1999년 부커상
- 2003년 노벨 문학상
- 2001년 오스트레일리아로 이주

남아공의 역사를 돌아보면 1990년대까지만 해도 흑백 간의 인종갈등이 매우 심했다. 1994년 넬슨 만델라(Nelson Mandela)가 대통령이 되면서 백인정권에서 흑인정권으로의 변화가 일어났다. 그 이전, 17세기에 네덜란드가 남아공을 발견하고 케이프타운을 중심으로 식민지를 만들면서 백인들이 대거 이주해오기 시작했다. 19세기에 들어서면서 다이아몬드와 금광이 발견되자 영국인이 침략해 들어왔고 결국 남아공은 영국의 식민지가 되었다. 이때 일어난 전쟁이 보어 전쟁이다. 보어 전쟁은 남아공의 흑인과 영국군의 싸움으로 오해하기 쉽지만, 실상은 네덜란드에서 이주해온 아프리카너라고 불리는 백인과 영국군의 싸움이었다. 물론 전투를 벌인 사람들은 흑인이었는데 아프리카너들이 흑인을 고용해서 싸웠기 때문이다. 하지만 실제로는 아프리카너와 영군군의 싸움이었고, 결과적으로 이 싸움에서 승리한 영국이 그곳에 식민지를 세웠다. 그러다 제2차 세계대전이 끝난 후인 1948년 영국에서 독립한 남아공에는 백인정권이 다시 세워졌고, 그 후 '아파르트헤이트'라고 하는 아주 지독한 인종차별정책이 펼쳐졌다. 백인정권은 모든 권력을 행사하며 흑인들을 차별했지만, 꾸준히 지속된 흑인 저항운동으로 인해 마침내 더 이상 견뎌낼 수 없어서 흑인에게 정권을 이양했다.

첫 흑인 대통령이 된 넬슨 만델라는 27년 동안 감옥살이를 했을 만큼 백인정권 하에서 핍박을 받아왔던 사람이어서, 그가 대통령이 될 때 흑인을 착취해왔던 백인의 불안감은 이루 말할 수 없었을 것이다. 그들 중 많은 부를 축적한 백인들은 미국이나 영국으로 이민을 가버렸다. 그러나 17세기부터 조상 대대로 자신들의 땅으로 여겨왔던 많은 사람들은 이민을 갈 수 없었다. 남아공은 80%가 흑인이고 10% 정도가 아프리카너, 나머지 10%는 인도나 아시아에서 온 동양계, 유색인종이었다고 한다. 그때까지 흑인을 악랄하게 착취한 그들이 이제 한순간 정권이 바뀌면서 흑인에게 복수를 당할 수 있는 소수의 위치가 된 것이다. 이제 백인들에게 앙갚음을 해준다고 해서 역사 속에 누적되어 왔던 흑백 갈등이 해결되는 것일까?

남아공의 흑인정권 수립은 전 세계적으로 초미의 관심사였다. 흑백 간의 권력이동이 역사의 오랜 악몽을 지우는 계기가 될 것인지? 구체적으로 흑백의 갈등이 해결되고 서로 간에 화해하면서 한 국가를 새롭게 만들어가는 공존의 새로운 이정표를 세울 수 있는지? 아니면 근원적으로 흑백의 화합이 가능한 것인지? 이런 역사적 대변화의 시점에서 쿳시의 『추락』은 탄생했다. 이 소설의 주인공 루리 교수의 행위는 흑백 인종의 양 극단이 서로 교집합을 이뤄나갈 수 있는지를 타진하고 모색하는 첨병의 역할을 한다. 적대적으로 대립하는 타자성이 상대편에게 이해되고 수용되기 위해서 궁극적으로 공감은 어떤 역할을 하는지를 이 작품을 통해서 파악해 들어가보자.

1. 케이프타운: 루리 교수의 명예 추락

- 데이비드 루리 교수의 성폭력 사건
  - 52살의 이혼남 루리 교수는 케이프타운 전문대학의 커뮤니케이션학과 부교수로 자신의 강좌 낭만주의 시의 수강생 멜라니를 유혹하여 성관계를 맺음
  - 멜라니의 아버지가 학교 당국에 고발하면서 진상조사위원회가 개최
  - 루리 교수는 스스로 유죄를 자인하면서도 사과 표명을 거부하여 결국 교수직을 사임

➡ Q1. 왜 루리 교수는 사과 표명을 거부하는가?

소설의 중심 갈등은 루리 교수가 자신이 가르치고 있는 수업의 한 여학생을 유혹해서 그 학생과 성관계를 갖는 데에서 시작된다. 루리 교수는 멜라니라는 여학생과 반은 억지로 성관계를 맺었는데 나중에 이를 알게 된 부모가 학교에 찾아와 고소를 해버린다. 바로 진상위원회가 열렸고 루리 교수는 이 위원회에 참석하자마자 "맞아요, 내가 잘못했습니다. 유죄를 인정할 테니 나를 처벌하고 이제 진상위원회를 끝내도록 합시다."라고 선언해버린다. 그러다보니 진상위원회에 참석한 교수들은 한편으로 화가 나버렸다. 당신이 유죄를 인정한 건 좋지만 그 인정하는 말 속엔 아무런 사과의 기미를 찾을 수 없다는 것이다. 당신이 저지른 짓이 법률적 측면에서 유죄임을 인정하는 것만으로는 부족하고, 진정성을 갖고 사죄해야 하지 않겠느냐는 것이 위원들의 요구사항이었다. 그렇지만 루리 교수는 끝내 사과나 사죄의 말을 표현하지 않는다. 그의 완강한 태도에 분노한 위원들은 그에게 등을 돌리고, 그 역시 학교를 사퇴하고 만다.

그렇다면 우리의 첫 번째 질문은, '왜 루리 교수는 자신이 유죄임을 인정하면서도 사죄를 하지 않았을까?'이다. 52세의 루리 교수는 이미 이혼을 두 번이나 한 이혼남으로 현재는 혼자 살고 있다. 그는 케이프타운 대학교의 영문과 교수이지만 대학 과정이 개편되어 전문대학교로 바뀌고 영문학과가 커뮤니케이션학과로 바뀌는 변화를 경험한다. 영문학 학위를 받고 영문학 교수로 재직하며 낭만주의 시를 가르치던 루리 교수는 대학의 개편으로 교양영어를 가르치게 되다 보니 학문적인 충족감을 찾기는 힘들다.

물론 교수의 신분이다 보니 생활에 어려움은 없다. 케이프타운에서 부르주아로서 자신이 누릴 수 있는 특권은 다 누리고 있는 편이다. 결국 중년의 루리 교수는 안정된 삶을 누리고 있으면서도 결혼생활이나 학문적인 면에서는 그다지 충족된 삶은 아닌 셈이다. 이런 이중적인 모호한 상태가 그의 성생활에서 잘 나타난다. 루리 교수는 50대 초반이니까 성적 충동은 아직도 남아 있었을 것이다. 그러다 예쁜 학생을 보는 순간 갑자기, 루리 교수 자신의 표현에 의하면, 에로스의 노예가 됐다고 한다. 자신에게 사랑의 감정이 싹튼 것이라서 멜라니에 대한 사랑은 순수하고 진정성 있는 감정이라는 것이다. 그리고 에로스라는 감정은 인간이 가지는 본능이기 때문에 이 본능을 징벌하겠다고 한다면 자신은 그것을 받아들일 수 없다고 주장한다. 멜라니라는 여성에게 성폭력을 했다는 것, 교수의 지위와 힘을 이용해서 성폭력을 했다는 것은 유죄라는 점을 그는 인정한다. 그렇지만 자신이 그 여학생에게 가졌던 사랑의 열정이라는 감정은 인간의 본능이기 때문에 그것을 죄라고 판단하는 것은 어불성설이라는 논리이다. 이것을 죄라고 한다면 그것은 진상위원회에서 판단할 사항이 아니라 더 높은 차원, 신이라고 할 수 있는 존재만이 내릴 수 있는 영역의 문제이기 때문에 자신이 진상위원회에 사죄를 표할 하등의 이유가 없다는 것이다.

학교를 사퇴한 루리 교수는 케이프타운을 떠나 시골에서 농장을 운영하는 딸인 루시에게로 간다. 루시는 그 농장에서 도시 사람과는 아주 다르게 시골 여인이 되어서 꽃을 가꾸고 개를 키우면서 시골에서 건강한 전원생활을 하고 있었다. 루리 교수도 잠시 동안 딸에게 얹혀살면서 머리를 식히며 전원생활을 만끽한다. 그러던 어

2. 동부 케이프의 루시 농장 사건

▪ 딸 루시의 성폭력 사건
  • 루시와의 전원생활에서 루리는 안정을 찾기 시작
  • 낯선 흑인 3명의 침입에 의해 루리는 부상을 당하고 루시는 성폭력을 당함
  • 신변에 위험을 느낀 루리는 도시로 이주하자고 강력히 종용하지만 루시는 떠나기를 거부

➜ Q2. 루시는 존재의 위기에 직면해 있으면서도 왜 시골농장에 자신의 미래를 묻으려 하는가?

느 날 갑자기 대낮에 흑인 3명이 그 집에 침입해서 루리 교수를 흠씬 두들겨 패서 정신을 잃게 하고 그의 딸 루시에게 성폭력을 휘두르고는 사라져버렸다. 깨어난 아버지는 이 모든 상황을 경찰에 신고한 후 도시로 나가 살자고 딸에게 종용한다. 그렇지만 루시는 시간을 달라고 하고서는 성폭력 사건은 쏙 빼놓고 도둑이 자동차를 강탈했다는 사실만을 경찰에 신고한다. 루시는 이 사건으로 커다란 정신적 충격을 받았고, 그야말로 무기력증에 빠져서 아무 일에도 손을 대지 못한다. 그러면서도 도시로 떠나자는 아버지의 종용을 완강히 거절하고 끈질기게 그곳에서의 생활을 지속한다. 심지어는 이런 일이 또 발생할 수도 있기 때문에 루시는 자신의 안정을 위해 이웃에 사는 흑인 농부의 두 번째 아내가 되는 정략결혼도 허용한다. 루리 교수의 판단으로는 딸의 결정이 치욕적인 것으로 생각되어 결사반대를 하지만 루시는 자신의 결정에 단호하다.

그렇다면 루시는 이러한 굴종을 겪으면서도 왜 시골에 남아 있으려고 하는 걸까? 그것이 두 번째 질문이다. 루시는 나름대로 아버지와는 다른 세대이다. 아버지는 50대의 백인이 누릴 수 있는 기

득권을 이미 누렸던 부르주아이지만, 루시는 그의 아버지와는 달리 정권 교체로 인해 흑인이 정치적 권력을 쥐게 된 새로운 시대에 적응해 나가야 할 젊은 세대이다. 흑인들과 잘 어울려 살면서 옆집의 자기보다 훨씬 나이가 든 농부를 도와주면서 행복하게 잘 살고 있는데 갑자기 아버지가 도시로 가고 루시의 땅을 다 팔아치우자고 하니까 루시로서는 자신의 세계를 버릴 수 없다며 떠나기를 거부하는 것이다.

이에 대한 해답을 풀기 위해서는 남아공의 정치적 배경을 고려해야 한다. 백인정권에서 흑인정권으로 넘어갔을 때 아마 백인들은 안전에 위협을 받았을 것이다. 실제적으로 어떤 폭력을 경험했거나 잠재적인 위협의 위기감을 갖고 있을 것이다. 그때 백인들이 취할 수 있는 선택은 어떤 것이었을까? 첫째는 재산을 팔아서 미국이나 영국으로 이민가는 것이다. 고국에 대해서는 다 잊어버리고 타국의 멋진 환경에서 자신만의 행복한 삶을 꾸려 나간다. 둘째는 외국으로 이주할 만큼 부를 축적하지 못했으면 최대한 백인이 많이 살고 있는 도시에 가서 살면서 흑인과는 얼굴을 맞대지 않고 백인들만의 동네 속에서 파묻혀 산다. 셋째는 어쨌든 간에 흑인의 틈에서 자신의 삶을 공존하는 방향을 모색해 본다. 루시의 선택은 세 번째였다.

하지만 세 번째 선택에는 선택에 따르는 대가가 요구된다. 그것은 이전에 백인들이 누렸던 특권을 철저히 버려야만 한다. 그뿐만이 아니라 심한 경우 그 누렸던 특권을 흑인에게 고스란히 넘겨줘야 한다. 그리고 나면 이제 백인은 루시의 경우처럼 굴종의 상황까지 갈 수도 있다. 이런 역전의 상황을 루시는 과거 역사에 치러야

할 대가라고 수긍한다. 아버지 세대와는 달리 젊은 세대가 공존을 위해 짊어져야 할 역사적 부채인 것이다.

→ Q3. 루시는 성폭력의 현장에 루리가 있지 않았다고 말하는 의미는?

- "*당신은 거기에 없었다. 당신은 무슨 일이 있었는지 모른다.* 그는 당황한다. 베브 쇼에 따르면, 아니 루시에 따르면 그가 어디에 없었다는 말인가? 침입자들이 성폭행을 하는 방 안에? 그들은 그가 강간이 무엇인지 모른다고 생각하는가? 그들은 그가 자기 딸과 함께 고통을 당하지 않았다고 생각하는가? …그는 아웃사이더로 취급당하는 게 몹시 화가 난다." (212–3)
- "*당신은 이해하지 못해요. 당신은 거기에 없었어요.* 베브 쇼는 이렇게 말한다. 아니, 그녀는 잘못 생각하고 있다. 루시의 직관이 결국 맞다. 그는 이해한다. 그가 자기를 버리고 집중하면, 그는 거기에 있을 수 있다. 그는 그 남자들이 되고, 그들에게 깃들이고, 그들을 자신의 혼으로 채울 수 있다. 문제는 여자가 될 수 있느냐, 하는 것이다." (242)

이제 세 번째 질문으로 넘어가보자. 세 번째 질문은 루시가 성폭력을 당하던 사건과 관계가 있다. 루시의 성폭력 사항을 경찰에 고발하자는 아버지의 의견에 대해 루시는 아버지는 그 사건의 현장에 있지 않았기 때문에 그 진실을 알지 못한다는 것이다. 그리고 그 진실을 알지 못하기 때문에 자연히 아버지가 경찰에 고발하려고 하는 일은 적합하지 않다는 것이다.

아버지가 성폭력의 현장에 있지 않았다는 루시의 지적은 무슨 뜻일까? 물론 루시가 방안에서 세 명의 흑인에게 성폭력을 당하기 전에 루리 교수는 이미 부엌에서 기절한 상태에 있었다. 그러나 부엌에 있었다고 해서 방안에서 벌어지는 일을 예상할 수 없었던 것은 아니지 않는가?

아버지가 현장에 없었다는 루시의 지적은 여성이 남성에게 성폭행을 당하고 있을 때 느꼈을 심리적인 공포감을 남성인 아버지가 이해할 수 없을 것이라는 뜻을 담고 있다. 즉, 그것은 아버지가 사건의 현장에 공간적으로 얼마나 가까이 있었느냐의 문제가 아니라 아무리 아버지라도 여성의 타자가 되는 남성으로 여성이 느끼는 심리적 현실감을 이해할 수 있겠느냐 하는 물음이다. 여성과 남성 사이에 존재하는 성의 심연을 우리는 과연 뛰어넘을 수 있을까? 아니면 영원히 서로 타자로 남아 있어야 하는가? 루시가 이 사건에서 가장 황당해한 것은 성폭력 행위 자체가 아니라 그 세 명이 마치 자신을 증오하듯이 성폭력을 하더라는 점이었다. 가해자가 어떤 폭력 행위 속에서 희생자의 심리적인 상황을 느끼지 못하는 것인지, 아니면 그 여성에게 폭력을 가하면서 오히려 더 희열을 느끼는 것인지를 문제삼고 있다. 아마 그 속에는 아버지와 멜라니에게 있었던 과거를 암시하고 있는지도 모를 일이다. 왜냐하면 아버지는 멜라니에게 자신이 어떤 사랑의 노예가 되어서 매달린 것은 죄가 아니고 본능이기 때문이라고는 했지만 그것은 남자의 입장에서 본 관점이라는 게 루시의 생각이다. 그렇기 때문에 루리 교수의 일방적 사랑 행위가 여성 멜라니에게는 어떻게 느껴졌을지를 묻고 있는 것이다. 멜라니의 반응을 남성인 루리 교수는 이해해본 적이 있는지 하는 물음이다. 여성, 즉 멜라니의 입장에서 보면 루리 교수의 일방적인 사랑 행위는 폭력에 지나지 않는다는 것이다. 진정한 에로스란 양자의 감정이 소통되는 데에서 생겨나는 것일 텐데, 그것이 한 방향으로만 성립될 때는 에로스가 아닌 잔혹한 폭력이 된다. 언제나 타자와의 공감이 수반되지 않는 행위는 폭력에 지나지 않는다는 것을 루시가 암묵적으로 지적하고 있다. 그래서 루시는 "아빠는 이해하지 못해요, 아빠는 그곳에 없었어요"라고 선언한다.

루리 교수는 딸의 선언을 뒤엎을 만큼 확신을 갖지 못한다. 사실 남성의 입장에서 누가 이런 비난을 손쉽게 부인할 수 있겠는가. 그렇지만 이것 역시 우리가 함께 넘어서야 할 과제이기도 하다.

3. 베브 쇼의 동물병원 자원봉사

▪ 동물복지연합(동물병원)에서 자원봉사자로 일하며 불구의 버림을 받은 동물들을 안락사시키는 일을 돕게 되면서 죽음을 앞둔 동물들의 존재를 처음으로 인식

▪ 그리고 죽은 개들을 화장터로 이송하면서 "동물 시체의 명예를 지키는 일"에 세심한 주의를 기울임

→ Q4. 루리가 동물병원 자원봉사를 통해 얻은 새로운 경험내용은 무엇이며, 이 경험이 그를 참회하게끔 심리 변화를 일으키게 만들었던 요인은 무엇?

• "동물에 관해서 얘기하자면, 모든 수단을 동원해서 동물들에게 친절하게 대하자, 하지만 균형을 잃지는 말자. 우리는 동물과는 다른 차원의 피조물이다. 반드시 더 높다는 것은 아니고, 그저 다르다는 말이다. 따라서 동물들에게 친절하게 대하려면, 죄의식을 느끼거나 보복이 두려워서가 아니라, 단순한 아량에서 그렇게 하자." (112)

• "그들이 병원에서 다루는 동물은 주로 개다. 그리고 좀 드물긴 하지만 고양이도 다룬다. …들어오는 개들은 강아지 전염병, 부러진 수족, 물린 상처의 감염, 옴, 선의적 혹은 악의적 방치, 영양부족, 기생충, 그리고 무엇보다도 생식력 때문에 고통을 당하고 있다. 그 수가 너무 많다. 사람들은 개를 데리고 들어오면서 노골적으로, '이 개를 죽여주세요'라고 말하지는 않지만, 결국 그런 걸 예상하고 온다. 그들은 그것을 처분하고 사라지게 만들고 망각 속으로 보내버리는 것이다. 그들이 요구하는 것은 사실 해결(lösung)이다. 기화, 알코올이 아무런 앙금이나 뒷맛도 남기지 않고 액체에서 기화하듯이." (214)

4. 루리의 참회

→ Q5. 루리가 멜라니의 집을 찾아가 정식으로 표명한 사죄 말의 의미는?

- "한 마디만 더 하면 됩니다. 내 생각엔 나이 차이는 있었지만 우리 둘의 관계가 다른 식으로 될 수도 있었을 것 같습니다. 하지만 내가 줄 수 없는 뭔가가 있었어요. 뭐랄까."

  그는 적당한 말을 찾으려고 애쓴다.

  "서정적인 어떤 것 말입니다. 나한테는 서정적인 게 부족합니다. 사랑은 잘 처리합니다. 난 불에 타오를 때조차, 노래를 하지 않는 사람입니다. 이게 무슨 말인지 아시겠죠. 난 그 점을 미안하게 생각합니다. 나는 당시 딸이 겪어야 했던 것에 대해 미안하게 생각합니다. 당신에게는 훌륭한 가족이 있군요. 당신과 아이작스 부인에게 심려를 끼친 데 대해 사과를 드립니다." (261)

루리 교수가 최종적으로 멜라니에게 진정성을 갖고 사죄를 결심하기까지 그가 겪어야 할 필연적인 또 한 가지 체험이 기다리고 있다. 그 체험은 병든 동물의 초라한 죽음을 목격하는 일이다. 루리 교수가 딸의 농장에서 생활하면서 심심하니까 뭘 했으면 좋겠냐는 물음에 루시는 멀지 않은 곳에 위치한 한 친구 백인의 동물병원에서 자원봉사를 권유한다. 그 동물병원에서의 자원봉사 일은 병이 들어 더 이상 키울 수 없는 길가의 버려진 개를 모아 치료도 해주다가 안락사시키는 것이었다. 불구에 버림받은 동물들을 안락사를 시키는 일을 돕게 되면서 죽음을 앞둔 동물의 존재를 처음으로 인식하게 된다. 또한 이 무력한 동물들이 죽음을 맞이하는 순종적인 모습과 이 동물의 생명이 끊어지는 최후의 순간까지 이 동물을 보듬어 감싸고 생명의 존엄성을 지켜주는 동물병원의 책임자인 베프의 따스한 인간애를 지켜보게 된다.

루리 교수는 죽어가는 개에게서 무엇을 깨닫는 것일까? 베프와 루리 교수가 병원에서 다루는 동물은 주로 개로서 전염병, 감염, 방치, 영양부족, 기생충 등에 찌든 초라한 상태의 동물들이다. 그들은 더 이상 사회에서 효용성을 찾을 수 없는 무가치한 존재로서 사람들이 거추장스럽게 여기며 누구도 관심을 두지 않는 버려진 존재들이다. 팔 다리가 없거나 병에 걸려 고통받고 있는 이들 동물에게는 생명이 오히려 커다란 짐이 된다. 이제 베프는 이들에게서 생명의 무거운 짐을 벗겨주는 안락사의 끔찍한 임무를 수행한다. 마치 알코올이 기화되어 순식간에 사라져버리듯이 이 동물들의 생명은 베프의 손에 들린 주사 한 방에 세상을 영원히 떠나가는 것이다. 누구도 싫어할 이 끔찍스러운 일, 그렇지만 동물 당사자에게는 절대적으로 필요해 보이는 이 일은 이 소설의 제목처럼 '치욕'의 순간이 될 수 있겠지만 쓰다듬어 위로하며 죽음을 편안히 맞게 하는 베프의 따스한 마음씨와 행동은 이 치욕의 순간에 존엄성을 부여해준다.

베프의 품에 안겨 죽음의 순간으로 다가가는 개들은 어떻게 그처럼 편안한 마음으로 죽음을 맞이하는 것일까? 베프의 쓰다듬는 손길을 통해 베프의 따뜻한 마음씨가 그대로 동물에게 전해지는 것인가? 동물과 인간 사이에도 공감이 일어난다는 말인가? 동물과 인간 사이는 생물학적 종(種)이 바뀌는 철저한 타자성이 존재할 텐데도, 베프는 이를 뛰어넘어 타자와 공감을 이루는 것이다. 이 모습에 처음에는 개에 냉담했던 루리 교수도 마음에 큰 변화를 겪게 된다. 이제 루리 교수는 이 세상에서 버려진 개들, 누구도 관심을 기울이지 않는 개들을 감싸주면서 관심과 사랑으로 쓰다듬는다.

처음 안락사를 시킬 때 도와주려 하는 루리 교수에게 발길질하던 개들도 이제는 변모된 루리 교수의 손길에 자신을 내맡긴다. 예전에는 루리 교수에게서 죽음을 부끄럽게 여기는 냄새를 맡을 수 있었지만, 이제는 초라한 죽음을 존엄하게 여기는 큰 인식전환의 냄새를 맡게 되었기 때문에 개도 자신의 죽음을 그에게 맡기는 모양이다. 루리 교수의 큰 변모이다.

5. "disgrace"의 의미: 추락, 치욕

- 학교에서 추방당한 루리 교수의 불명예
- 죽음을 앞에 둔 쓸모가 사라진 개
- 자신이 일군 땅에서 생존하기 위해 페트루스에게 모든 땅의 소유권을 넘기고 그의 아내로 등록한 루시의 존재 위상
  - "그래요, 저도 같은 생각이에요. 굴욕적이죠. 그러나 어쩌면 다시 시작하기에는 좋은 지점일 거예요. 어쩌면 저는 그것을 받아들이는 걸 배워야할 거예요. 밑바닥에서 출발하는 걸 배워야죠. 아무 것도 없이. 어떤 것밖에 없는 상태가 아니라. 아무 것도 없이. 카드도 없고, 무기도 없고, 재산도 없고, 권리도 없고, 위엄도 없고… 개처럼." (309)

이제 우리는 disgrace의 의미를 조금 더 생각해볼 필요가 있다. 우리말로 번역된 이 책의 제목은 '추락'이지만, 영어 제목의 뉘앙스는 추락 외에 치욕이나 불명예의 의미가 담겨 있다. 그것은 루리 교수의 불명예일 수도 있고 또는 죽음을 앞에 둔 쓸모없는 개를 지칭할 수도 있을 것이다. 또는 자신의 생존권을 위해 자신이 일군 땅의 소유권을 이웃 흑인에게 다 넘기고 계약결혼을 하고, 또한 성폭력 사건으로 인해 흑인의 아들까지 임신하게 된 루시의 운명을 가리키기도 한다. 그런 면에서 아버지가 굴욕적이지 않느냐고 묻자 루시는 굴욕적이지만 이 땅에서 계속 살아가기 위해서는 그런 굴욕을 감내해야 되지 않겠냐고 되묻는다. 그것은 백인 조상들이 이제까지 오랫동안 흑인들을 약탈하고 핍박해 온 죗값을 이제는 갚아

야 할 당위라고 생각하는 것이다. 백인의 기득권을 철저히 파괴할 때 타자와의 공존이 가능해진다는 루시의 성숙한 타자 인식의 결실이다.

6. 공감의 확장

- 루리 교수: 가해자 → 피해자
- 루리 교수/루시: 역사 해결 방식의 차이
  - 성적 차이를 넘어서: 남성과 여성
  - 인종 간의 소통: 백인과 흑인
  - 계급 간의 소통: 부르주아 개인주의 극복
  - 역사의 간극을 넘어서: 백인정권의 아파르트헤이트(인종차별정책)에서 루시의 희생에 의한 화해. 루시의 아기를 통해 미래 세계를 암시
  - 루리 교수의 창작: 공감의 상상력 확산

루시는 오히려 아버지보다 더 성숙한 존재로 보인다. 이런 루시를 통해, 그리고 자신이 부딪친 새로운 경험을 통해, 루리 교수는 자신의 미성숙한 이기주의를 벗어나고 무엇보다 타자에 대한 인식을 새롭게 성취한다. 처음 루리 교수는 한 여성을 짓밟는 가해자로 출발했지만 딸의 시련을 통해 자신이 피해자의 위치에 놓여지면서 피해자로서의 여성 타자를 새롭게 천착하게 된 것이다. 또한 안락사를 당하는 초라한 동물에게 연민의 감정을 불러일으킴으로써 더욱 커다란 범주의 타자성을 이해하게 되었다.

루리 교수는 바이런(Byron)이라는 낭만주의 작가에 대해 저서를 집필 중이었는데 처음에는 바이런의 화려한 여성 편력을 소재로 삼아 쓰려고 했지만, 마지막에는 방향을 바꾸어 바이런을 사랑했던 여성이 나이가 들어 쭈글쭈글해진 몸으로 죽음을 앞둔 시점에

서 이미 죽은 바이런을 애도하는 내용을 다룬다. 이런 관심의 전환처럼, 루리 교수는 처음에 부르주아의 이기주의에서 벗어나지 못했지만 이제는 가장 밑바닥의 죽어가는 개들과 마찬가지로 자신이 가장 낮은 처지의 신분으로 내려갔을 때에서야 마침내 자신과 타자와의 참된 관계를 깨닫게 된 것이다. 그리고 이런 인식으로 이끌었던 매개체는 바로 타자와 소통하는 공감이었다. 그러고는 마지막으로 멜라니의 가족에게 가서 사죄를 함으로써 소설은 막을 내린다.

공감을 쟁취하는 긴 여정이 끝난 셈이다. 루리 교수의 경우처럼 공감은 쉽게 얻어지는 것이 아니다. 자신의 존재가 죽음의 직전까지 가는 치욕의 최극단에 내몰릴 때 얻어진다. 공감을 너무 쉽게 이야기하지 말기를 권하고 싶다. 자신의 자아를 저 밑바닥으로 내려놓기가 너무도 힘들기 때문이다. 그렇지만 그 힘든 일을 우리는 꾸준히 이야기하자. 그래야 공감의 귀중한 세계에 가까이 갈 수 있기 때문이다. 인문학이 그 길로 인도하는 가이드가 되기를 기원한다.

Q&A

Q1 존 쿳시의 작품세계는 일관된 하나의 룰이 있는데, 체제에 반발하는, 진보적인 식민주의자를 내세워서 체제의 허구성을 내부에서 폭로하는 것이다. 외부에서 바라본 시각으로 표현하는 것이 아니고 내부의 당사자가 폭로하게 만들고 그것을 통해서 자신의 공모성을 내세웠다고 표현을 한다. 공감과 공모성을 어떻게 연관해서 생각해볼 수 있을까?

A1 존 쿳시의 작품이 가지고 있는 특징을 쿳시 자신의 정체성에서 찾아볼 수 있겠다. 쿳시는 남아공의 일반 백인처럼 아프리카너이다. 아프리카너는 본래 원주민이었던 흑인과는 당연히 다르지만, 또한 19세기에 이곳을 식민지화시켰던 영국계 백인이라는 차이가 있다. 아프리카너는 이미 17세기에 네덜란드에서 이주해온 이래 약 400년간 삶의 터전을 남아공에 뿌리박은 백인들이다. 그렇기 때문에 영국계 백인들은 남아공이 독립하자 대부분 영국으로 귀환했지만, 아프리카너는 남아공이 그들의 고국인 셈이었다.

따라서 아프리카너의 입장에서 바라본 현실은 매우 미묘하다. 아프리카의 흑인 작가들처럼 흑인 민족주의 입장을 취할 수는 없는 것이고, 그렇다고 해서 엄격한 인종차별정책을 펼쳐왔던 아프리카너의 입장을 지지할 수도 없는 것이다. 그런 지지는 윤리적으로 가능하지 않기 때문이다. 아니면 영국계 백인처럼 아프리카너의 정책을 맹렬히 비난하고 흑인들의 입장을 지지하는 것이지만 이것 역시 아프리카너들이 느끼는 존재 위기감과는 거리가 있다. 그렇기 때문에 쿳시 소설은 종종 백인 아프리카너 지성인의 시선을 채택해 인종차별의 식민주의 체제 모순을 폭로한다. 특히 쿳시에게서 미묘한 것은 아프리카 흑인들이 내세우는 과격한 민족주의에 대한 반대이다. 남아공은 오랜 식민지 역사를 갖고 있기 때문에, 서구 백인 제국주의에 저항할 가장 강력한 무기는 흑인 민족주의밖에 없다. 그렇지만 과도한 민족주의는 또 다른 권력지배의 폭력을 안고 있기에, 쿳시는 흑인 민족주의를 비판한다. 더구나 그는 백인이어서 일차적으로 백인들의 진보적 입장을 지지하면서도 그런 진보적 입장 속에 내포된 백인 중심적 사고를 냉혹하게 공격한다. 자신이 진보적 입장이란 미명하에 은폐하고 있는 공모성을 폭로하는 것이다.

Q2 교수님의 저서에서 매큐언(McEwan)의 소설 『속죄』를 예로 들면서, 그 소설 속 주인공이 타인에게 감정이입을 하는 데 원동력으로 작용한 것은 상상력이 지니는 긍정적인 힘이었다고 서술했다. 공감을 하는 데 상상력이 긍정적인 영향을 미치려면 어떻게 작용해야 한다는 것인지 궁금해서 질문드린다.

A2 『속죄』의 간단한 줄거리를 이야기한다면, 아직 어른들의 사랑관계를 제대로 이해하지 못하는 어리숙한 어린 소녀가 성인 언니와 언니의 애인이 벌이는 육체적 사랑을 잘못 이해해 언니의 애인을 강간범으로 몰아 감옥에 갇히게 하면서 생기는 비극을 다루고 있다. 그런데 그 사람을 모함했던 소녀가 커가면서 자기가 가지고 있던 것이 무엇이

잘못이었는가를 어렴풋이 깨닫게 되고, 그 속죄의 하나로 험한 간호사의 길을 택해 전쟁 부상병을 돌보는 일을 시작한다. 특히 그녀에게 큰 충격을 주었던 사건은 프랑스의 한 어린 병사의 죽음을 지켜보았던 때이다. 뇌의 반쪽이 사라져버린 이 병사의 아름다웠던 젊음의 세계가 어느 한순간 죽음으로 기화되는 순간을 보면서 그녀는 역시 사랑과 꿈으로 가득찼던 언니의 젊은 애인을 그대로 기화시켰다는 것을 깨닫는다. 그런 깨달음은 처음 체험에서 시작되지만, 같은 체험을 해도 공감할 수 있으려면 상상력이 필요하다.

Q 3 존 쿳시라는 작가에 대해서 조금 더 이야기를 나누고 싶다. 존 쿳시의 소설 중 『야만인을 기다리며』라는 작품을 감명 깊게 봤는데, 내용 설명을 드리자면 '곧 야만인이 쳐들어온다'라는 공포감을 이용해서 어떤 제국이 통치를 한다. 그 제국의 광기나 억압 같은 것을 공포심으로 누르려 하는 것이다. 우리나라도 과거에 반공 이데올로기를 정치 도구로 활용한 적이 있지 않나. 존 쿳시의 작품을 보면 어떤 역사를 가지고 있는 나라의 사람이 읽든 공감할 수 있는 보편성이 있는 것 같다. 그런 것에 비해서는 존 쿳시라는 작가가 초기에 많은 비판을 받았는데 요지는 그가 사회 참여도가 굉장히 떨어지는 비겁한 윤리주의자라는 것이었다. 교수님께서는 존 쿳시의 그런 소설들과 작가의 사회 참여에 대해서 어떻게 생각하는지 궁금하다.

A 3 『야만인을 기다리며』는 쿳시의 초기 작품 중 하나인데, 작가의 일관된 관심을 드러내는 작품 중 하나이다. 그건 권력을 지닌 자들의 폭력성에 관한 것이다. 그런 면에서 이 작품 역시 남아공의 백인이

가지고 있던 폭력성에 대한 것을 암시해주는 알레고리 역할을 한다. 그런 백인의 야만성을 폭로하기 가장 좋은 시점은 피해자의 관점일 것이다. 피해자인 흑인 작가 말이다. 하지만 한편 뒤로 물러서서 바라본다면 우리의 삶이라는 것이 가해자와 피해자의 이분법으로만 이루어져 있는 세계는 아니다. 쿳시는 영문학 박사인데 사무엘 베케트(Samuel B. Beckett)를 연구해서 박사 학위를 받았다. 베게트는『고도를 기다리며』처럼 단순한 정체성의 이야기뿐만이 아니라 인간 존재의 근원적인 문제를 다루고 있는 작가이다. 쿳시도 마찬가지이다. 그의 작품은 정치적인 알레고리를 담고 있지만 그는 그것을 넘어서서 인간 존재의 근원적 영역까지 이야기해준다. A냐 B냐 하는 이분법적 세계가 아니라 중간층에 있는 사람들이 있을 수 있다는 것, 그 사람들이 가지고 있는 삶에 대해서 어떻게 파악하고 접근해야 하는가와 같은 질문을 던진다. 절대적으로 어느 한 편을 드는 것이 아니라 끊임없이 반추하는 셈이다. 그런 입장을 비겁한 자라고 몰아세운다면, 아마도 이 세계는 사막으로 변하지 않을까.

Q 4 교수님의 저서『포스트모던 영국소설의 세계』에서 재난문학에 많은 관심을 가지고 있다고 언급한 것을 본 적이 있다. 재난문학이라는 것이 다양한 형태의 재난, 글로벌 사회에서 야기하는 문화적 충격이라든지 트라우마 같은 것을 치유해 나가는 그런 장르의 문학이라고 알고 있다. 그렇다면 오늘 봤던 쿳시의『추락』역시도 어떻게 보면 재난문학의 일종으로 볼 수 있는 것인지, 그리고 그 분야의 문학이 줄 수 있는 가치가 어떤 것이 있는지 들어보고 싶다.

A4 『추락』은 재난문학의 범주에 들지는 않는다. 사실 재난문학이라는 장르는 영미문학에서 사용되지는 않는다. 재난영화는 아주 많다. 할리우드의 재난영화 〈인디펜던스데이〉부터 시작해서 B급 영화는 모두 재난영화이다. 재난영화라는 것은 어떻게 보면 스테레오타입의 이야기를 하고 있다. 그러나 내가 재난에 관심을 가지게 된 것은 금융위기를 겪으면서부터다. 금융 위기는 어느 한 나라의 자그마한 사건이 아니라 전 세계로 급격하게 확산되어 간다. 글로벌 세계이기 때문이다. 자연 재해뿐만 아니라 여러 가지 인위적인 재해나 바이러스 재해 등 엄청난 종류의 재난이 있다. 중세가 무너진 가장 큰 이유 중 하나는 페스트, 흑사병이 수많은 목숨을 앗아갔기 때문이다. 한 세계의 이념이 완전히 무너져버리는 계기가 되는 것이다. 글로벌 시대에서는 새로운 현상 속에서 재난이 사회에 미치는 직접적인 영향이 무엇이 있을지 생각해 봤다. 국내에서도 약 5, 6년 전부터 재난문학 작품이 쏟아져 나오고 있다. 최근에는 소설가 정유정이 쓴 『28』이라는 재난소설을 읽어보기도 했는데, 내가 좋아하는 재난소설 작가는 편혜영이다. 이 작가들의 책을 읽어보면 재난문학의 특성이 재난영화와 어떻게 다른가를 알 수 있다. 재난영화는 히어로가 등장하는 스테레오타입이다. 문학은 그렇지 않다. 재난에 부딪치면 내가 이때까지 살던 삶의 기반이 어느 순간 철저하게 흔들려 버리는 상황으로 빠져들게 된다. 그 상황 속에서 개인의 삶과 공동체의 삶이 충돌하고 나와 타자, 공감과 같은 요소들이 끼어드는 것 같다.

Q5 한국 사회에서 남자들의 군가산점제도 문제라든지 여학생의 생리

공결제, 아니면 직장에서 여사원이 출산 휴가를 받는 문제라든지 그런 이슈들이 도마 위에 올랐을 때 남성과 여성의 입장이 첨예하게 대립하는 양상이 더욱 심해지고 있다고 생각한다. 남성과 여성 사이에 어떤 화해나 이해가 매우 필요할 것 같은데 구체적인 방법에 대해서는 전혀 모르고 있는 것 같다. 그래서 그 방법을 알 필요가 있다고 생각하고 어떤 방법이 있을지 질문드리고 싶다.

A 5 현실적으로 신속히 해결될 필요가 있는 문제인데, 매우 어려운 문제이다. 타자를 이해하는 것은 어려운 일이다. 그것을 과감하게 뛰어넘어서 상대방을 먼저 이해해야 한다. 그 이해는 단순한 연민이 아니라 내가 상대방 안에 들어가 볼 수 있고 위치를 바꿈으로써 이루어진다. 어렵지만 노력해서 해결해 나가야 될 것이다.

김성돈 교수

성균관대학교 법학전문대학원 교수
법무부형사법개정특별위원회 위원
한국형사법학회 연구이사

주요 저역서: 『로스쿨의 영화들』,
『형법총론』, 『도덕의 두얼굴』

영화로 살펴보는
법의 정신과 정의

　다산 정약용의 시 「애절양(哀絶陽)」에서는 개별 사례의 특수성을 감안하지 않고 균역법이 엄격하게 집행되는 상황이 그려지고 있다. 무조건 사정을 봐주지 않고 냉정하게 있는 그대로의 법에 의한 잣대를 들이대는 것은 앞뒤가 꽉 막힌 듯 불합리해 보일 때가 있다. 그렇다면 법이라는 것을 기계적으로 적용할 것만이 아니라 융통성 있게 구체적인 사정을 감안해 예외를 두는 방식으로 적용할 수는 없을까? 법이 적용되는 과정에서 형식적인 엄격성은 법적용상의 예측가능성과 법적 안정성을 확보하기 위한 것이고, 개별 사례의 특수성은 법에 있어서 실질적 정의를 추구하기 위한 것이다. 법이 그 자체의 엄격성(법적 안정성)과 구체적 타당성(실질적 정의)을 동시에 추구하기 위해서 어떤 방식으로 작동하는지, 그리고 어떻게 법이 제정되어야 하고 적용되어야 하는지를 「몽타주」라는 영화를 통해 고민해보기로 하자.

　영화와 법은 둘 다 끝내준다는 공통점을 가지고 있다. 일상적인

영화 「몽타주」 속 법의 정신

1. 법의 정신: 법을 지탱하거나 이끌어가는 이념
   - 법: 모든 사물의 본성에서 나오는 필연적 관계 (몽테스키외)

2. 법의 이념: 법의 존재 목적
   - 정의, 합목적성, 법적 안정성(라드부르흐)

3. 「몽타주」에서 나타난 법의 정신과 이념

용례에서 '끝내준다'는 말은 다의적으로 사용될 수 있지만 여기서는 이 말을 '결판이 난다'는 의미에서 생각해보자. 현실에서는 어떤 갈등이 매듭지어지지 않는 경우가 많지만, 영화는 어떤 갈등이든지 약 두 시간 이내에 양단간에 결말을 내준다. 법적 판단 역시 우리 사회에서 이루어지는 철학적, 윤리적, 또는 정치적 논쟁에서와는 달리 언제나 최종 결판을 내려주는 시스템을 가지고 있다. 어떤 문제가 법정 앞에 섰을 때 판사가 판결을 내려주지 않는 경우란 없기 때문이다. 어떤 방식으로든 사건은 종결되도록 되어 있고, 당사자는 물론 사회 구성원 모두가 법원의 최종 판단에 승복하지 않을 수 없다. 민주적인 법치국가에서 법이 이와 같은 역할을 제대로 하지 못하면 사회가 유지될 수 없는 것임은 익히 아는 사실이다.

그렇다면 이처럼 어떤 문제든지 종국적인 해결을 해주는 법의 정신은 무엇이고 그 가운데 특히 정의란 무엇일까? 법의 정신은 비록 사전적으로 정의된 바는 없지만, 법을 지탱하고 이끌어가는 이념이라고 말할 수 있다. 몽테스키외(Montesquieu)가 1700년대에 쓴 『법의 정신(Spirit of Law)』이라는 책에서는 법을 "모든 사물의 본성에서 나오는 필연적인 관계"라고 정의했다. 일찍이 법철학에서는 법을 이끌어가는 법의 이념을 정의, 법적 안정성 그리고 합목적성이라고 압축해왔다. 여기서 정의를 법의 목적이라고 할 수 있다면 합목적성은 법의 목적인 정의를 추구하는 수단과 관련되는 법의 이념이라고 말할 수 있다. 하지만 정작 법의 목적인 정의가 무엇인지는 한마디로 말하기가 어렵다. 예로부터 정의는 권리, 평등, 응보, 형평, 인권, 자유, 공정사회, 진실 등 다양한 의미맥락에서 그 개념을 정의하려는 시도가 있어 왔다. 그러나 현실세계에서는 정의라는 이름으로 이렇게 좋은 의미에서 선과 의로움을 추구하는 것만은 아니다. 이미 2천 5백여 년 이전에 그리스의 소피스트였던 트라시마코스(Thrasymachus)는 "정의는 강자의 이익이다"라고 이야기했다. 이 때문에 앞에서 나열한 개념들은 이상적인 의미에서의 정의라고 할 수 있고, 현실세계의 도처에 깔려 있는 현실적 정의는 강자의 이익이 정의라는 이름으로 포장되어 나타나는 위험한 정의라고 할 수 있다.

한편, 법적 안정성이라는 법의 이념은 법 자체가 예측가능한 수준에서 안정적으로 적용된다는 의미도 있고, 규범체계로서의 법이 계속성과 일관성을 유지하면서 존속된다는 의미도 가진다. 이러한 맥락에서 법적 안정성이란 어떤 법체계의 유지존속과 법을 통한 사회생활의 평화, 그리고 질서유지를 위해서 법이 보장해주어야 할 예측가능성이라고 이해할 수 있다. 법적용의 예측가능성은 법에 대한 신뢰를 보호해준다. 특히 국가의 공권력 행사는 예측가능성이 인정되어야 신뢰를 받을 수 있고, 공권력 행사의 근거가 되는 법이 안정화될 수 있다. 이러한 의미에서 보면 법적용의 예측가능성과 그 예측가능성을 담보해주기 위한 법적 안정성은 시민생활의 자유를 보장해주는 결정적인 역할을 해주는 법의 이념이라고 할 수 있다. 이러한 의미에서 보면 법적 안정성은 국가의 개입으로부터 자유롭게 시민생활을 영위할 수 있기 위해 없어서는 안 될 전제조건이라고 할 수 있다. 이 때문에 법은 법적 안정성을 보장하기 위한 많은 제도를 가지고 있다.

우리가 영화 「몽타주」와 관련해 본격적인 주제로 삼아야 할 공소시효도 법적 안정성을 추구하는 중요한 법제도의 하나에 해당한다. 하지만 영화 「몽타주」에서는 법적 안정성을 추구하는 공소시효제도가 법의 또 다른 이념인 정의와 서로 배치되는 모습으로 나타난다. 법의 이념 가운데 법적 안정성이 정의와 서로 반대되는 측면을 가지고 있는 부분을 더 잘 이해하기 위해 공소시효제도와 유사한 다른 제도를 가지고 생각해보자. 예를 들면 민법은 어떤 사람이 다른 사람의 토지임을 알면서도 자기가 소유할 의사로 20년을 그 토지를 사용하고 있으면 법은 그 사람의 소유권을 인정해준다. 이것을 점유취득시효제도라고 하는데, 원래의 토지 소유자는 20년 이상 자신의 권리를 주장하지 못했음을 이유로 시효가 소멸되어 법의 보호를 더 이상 받지 못하게 된다. 법은 20년 동안 권리를 주장하지 않은 사실 상태를 존중하고 그것을 기초로 하여 생긴 법률관계를 인정하는 것이 평화로운 질서유지에 유리하다는 판단을 내리고 있는 것이다. 하지만 정의의 관점에서 보면 이와 같이 법이 원래 토지의 소유자의 편을 들어주지 않고 타인의 토지를 자기 것으로 하려는 나쁜 의도를 가진 사람의 손을 들어주는 것은 선뜻 납득이 되지 않을 수도 있다.

형사사건에서 적용되는 일사부재리원칙도 이와 비슷하다. 예를 들어 100대의 자전거를 훔친 자라도 그것이 일정한 요건하에 한 개의 절도사건으로 인정된다면 하나의 사건으로만 취급될 경우가 있다. 이러한 경우 일사부재리원칙에 의하면 행위자가 자전거 1대 훔친 일과 관련해 형사판결을 받고 그 판결이 확정되면 나중에 99대를 훔친 일이 드러나더라도 더 이상 처벌하지 못하게 된다. 자전거 100대를 절도했음에도 1대에 대한 절도만 처벌하고 나머지 99대에 대한 절도에 대한 응분의 대가를 인정하지 않는 것은 실질적인 정의의 관점에서 보면 이해가 되지 않을 수도 있다. 이와 같이 민법의 점유취득시효나 형법의 일사부재리원칙은 모두 법적 안정성을 지향하는 법제도라는 점에서 공통점을 가진다. 하지만 이러한 제도들은 남의 토지를 차지하려는 악한 의도를 가진 자를 유리하게 하고 타인의 물건을 훔친 일들을 더 이상 처벌하지 못하기 때문에 실제로 정의와 진실을 외면하는 결과가 된다. 그럼에도 불구하고 앞에서 말한 바와 같이 법적 안정성을 포기하면 시민생활의 자유가 위태로워질 가능성이 크다. 따라서 법적 안정성은 겉으로 보기에 정의와 진실을 외면하는 것 같지만 법에서 포기할 수 없는 이념으로 자리매김되어 있다. 이렇게 법적 안정성과 정의는 각자의 출발점에서부터 서로 마찰을 일으키고 있는 것처럼 보인다.

영화 「몽타주」에서는 법적 안정성과 정의가 어떤 모습으로 충돌하고 있는가? 영화 속 여주인공은 공소시효제도 때문에 극도로 불안해하고 초조해한다. 자신의 딸을 유괴 살해한 범인을 공소시효 기간 만료일을 며칠 앞두고도 경찰이 여전히 검거하지 못하고 있기 때문이다. 여주인공은 남자 주인공인 형사에게 절규한다. "공소

「몽타주」에서 나타난 법적 안정성과 정의

1. 공소시효: 범인을 처벌하지 못하는 원인, 정의의 걸림돌, 법의 맹점

2. 범인 필벌

3. 사적 복수를 통한 정의

시효 그까짓 게 뭔데요?" 공소시효제도는 잘 알다시피 범죄 후 일정한 기간이 지나도록 범인을 공소제기해 법정에 세우지 못하면 더 이상 처벌할 수 없게 하는 점에서 법적 안정성을 추구하는 제도이다. 이러한 의미에서 영화 속에서 공소시효는 시간적 한계 때문에 범인을 처벌해야 한다는 정의를 실현하지 못하게 하는 걸림돌로 나타난다. 범인은 반드시 처벌받아야 하고, 그럼으로써 사회의 균형점과 형평을 찾아야 하는데 그것을 못하게 막는 공소시효는 법의 맹점이 아니냐는 물음으로 영화는 시작한다.

영화 「몽타주」에서는 범인을 반드시 처벌해야 한다는 차원의 정의의 감정과 공소시효제도에 내장되어 있는 법적 안정성 간의 충돌을 어떻게 풀어가고 있는가? 형사와 여주인공은 공소시효 기간이 만료되기 직전까지 단서라고는 몽타주 한 장뿐인 유괴사건의 범인을 찾기 위해 필사적인 노력을 하지만 공소시효 기간은 결국 만료돼버린다. 하지만 그로부터 얼마 후 어린 여자아이가 유괴되는 새로운 유괴사건이 발생한다. 여주인공의 딸이 유괴된 사건을 1차 사건이라 하고, 이 사건의 공소시효가 만료된 이후 발생한 또 다른 유괴사건을 2차 사건이라고 하자. 두 사건은 범행 대상도 비

1. 2차 유괴사건이 만들어낸 문제상황
   - 공소시효 기간이 경과한 후 정의의 시간
   - 정의와 법적 안정성의 충돌

2. 정의는 반드시 실현되어야 한다

3. 법적 안정성 〈 정의

숫한 연령대이고 그 이후 인질금을 요구하고 그 전달받는 방법도 동일해 경찰에서는 이를 동일범의 소행으로 판단한다. 하지만 1차 사건이 오랜 기간 동안 범인을 검거하지 못해 미제사건이 되어버린 것과는 달리 2차 사건의 범인은 금방 검거된다. 하지만 놀랍게도 1차 사건의 범인으로 추정되면서 2차 사건의 범인으로 지목된 이는 2차 사건에서 유괴된 소녀의 외할아버지로 드러난다.

그러나 놀라움은 이것으로 끝나지 않고 다시 엄청난 반전이 기다리고 있다. 2차 사건의 진범은 경찰에 검거된 피유괴 소녀의 외할아버지가 아니라 1차 사건에서 딸을 잃은 여주인공임이 드러난다. 2차 사건의 전말은 이렇다. 1차 사건의 공소시효가 만료된 후에 범인 필벌이라는 차원의 정의가 더 이상 실현될 가능성이 없게된 후에도 여주인공은 자신의 힘으로 용의자들을 끈질기게 추적한다. 결국 그녀는 1차 사건의 진범이 누구인지를 알아낸 후 그 범인을 단죄할 계획을 세운다. 그녀는 자신이 스스로 2차 사건을 일으킨 후, 자신이 알게 된 1차 사건의 진범을 2차 사건의 범인으로 만들기 위해 프레임을 만들어놓고 1차 사건의 진범을 그 프레임 속으로 몰아넣어 결국 체포되도록 만든다. 말하자면 그녀는 공소시효로부터 발생하는 법의 맹점을 극복하고 스스로 정의를 실현하려고 1차 사건의 진범을 2차 사건의 범인으로 누명을 씌워서라도 처벌받게 하려고 했던 것이다. 이렇게 완벽하게 짜맞춘 각본과 반박할 수 없을 정도의 조작된 증거에 의해 1차 사건의 범인은 결국 본인의 죗값을 치르게 될 위기에 몰리게 된다.

여기까지만 보면 「몽타주」는 분명히 정의가 이기는 것으로 결말을 내주고 있는 것같이 보인다. 하지만 이 모든 내막을 1차 사건의 범인을 최후까지 추적하던 남자 주인공 형사가 알게 된다. 여러분이 만약 이 모든 사실을 알게 된 남자 주인공 형사라면 어떻게 할 것인가? 정의의 편을 들어 1차 사건의 범인이 처벌받도록 그냥 둘 것인가? 공소시효라는 법적 안정성의 맹점을 제거하기 위해 2차 사건에 관해서는 무고한 1차 사건의 진범을 처벌받도록 만든 여주인공을 오히려 처벌받도록 해야 할 것인가?

돌이켜보면 우리나라 형사사법사에서도 정의와 법적 안정성의 충돌을 해결하기 위해 사법부가 정의에게 손을 들어준 적이 적지 않게 있었음을 알 수 있다. 5·18 민주화사건의 해결과 관련해서는 반인륜범죄, 헌정질서 파괴범죄의 경우에는 공소시효 기간이 만료된 이후에도 공소시효를 폐지하는 새로운 법률을 만들었던 적이 있다. 얼마 전엔 추징의 시효기간 만료 직전에 그 기간을 3년에서 10년으로 연장하는 이른바 '전두환 추징법'을 만든 적도 있다.

하지만 영화 「몽타주」는 정의와 법적 안정성 간의 충돌을 그렇게 정의의 일방적 승리로 끝나게 몰고 가진 않는다. 영화 속에서 1차 사건의 범인인 할아버지가 유괴사건을 벌인 데에는 나름대로

의문점

1. 2차 유괴사건의 범인 = 1차 유괴사건의 진범?
    - 몽타주의 오류 가능성
    - 피해자의 잘못된 기억

2. 15년의 죗값
    - 범인은 딸의 수술을 위해 돈을 구해야 하는 상황
    - 살해의도 없이 사고로 사망

3. 사적 복수의 가능 여부
    - 사법기관을 속여 사적 복수 완성
    - 정의의 극치는 부정의 극치

4. - 법의 테두리 내에서의 정의 실현?
    - 공소시효의 폐지, 공소시효 기간의 연장

의 사연이 있었다. 1차 사건이 발생할 당시 그 범인은 가난한 아버지로서 자신의 딸(1차 사건 발생 15년 후 2차 사건의 피해소녀의 엄마가 되었음)이 불치병에 걸려 수술비가 절박하게 필요했었다. 더욱이 1차 사건 당시 범인은 피해아동을 유괴해서 인질로 확보한 뒤 몸값으로 수술비만 확보하려 했으나 그 피해아동이 도망치다 낭떠러지에서 떨어져 사고로 죽게 된 사정이 있었다. 법적으로 말하면 살해 부분에 대해서는 고의가 없었기 때문에 사망과 관련해서는 과실만 인정될 뿐이라고 할 수 있다. 물론 위 모든 사실이 법적으로 그 범인의 죄를 면하게 할 사유가 되는 것은 아니다.

이러한 배경하에서 여주인공은 공소시효제도 때문에 실현되지 못하는 정의를 법의 바깥에서라도 실현하기 위해 2차 사건을 스스로 일으키고 법을 이용해 사적 복수를 감행한 것이다. 법의 정신에서 보면 이러한 방식의 사적 복수 역시 법의 한계를 넘어선 것으로서 어떤 이유로든 정당화될 수 없는 불법적인 태도로 보인다. 흔히 말하는 사회통념 내지 합리적 인간 이성의 관점에서도 법을 사적 복수를 위한 도구로 인정할 수는 없기 때문이다. 하지만 다른 한편으로 많은 사람들은 법적 안정성과 정의가 충돌했을 때 법이 형식적인 이유에서 정의를 실현시키지 못하는 경우가 발생할 경우 어떻게 해서라도 정의를 실현해야 한다고 생각하는 경향이 있다. 그렇게 하는 것이 법의 정신이라고 여긴다.

하지만 좀 더 어려운 질문을 던져보자. 법과 법적 안정성의 관계는 어떠한가? 법의 테두리를 벗어나서 정의를 실현하는 것이 과연 정의로운 태도인가? 법이 정의가 아니라 법적 안정성을 지향하고 있는 경우 법의 정신이 추구해야 할 정의는 어디에서 오는 것인가? 법의 바깥 원천에서 정의를 가져올 수 있는가? 만약 그럴 수 있다면 그 정의의 원천은 구체적으로 무엇인가? 도덕이나 윤리인가? 아니면 몽테스키외가 말하는 모든 사물의 관계의 필연성인가?

이러한 의문들을 가지고 영화 「몽타주」로 다시 돌아와 정의와 법적 안정성의 관계를 생각해보자. 이미 1차 사건의 범인은 영화 속 공소시효 기간인 15년간 불안과 공포 속에 숨죽여 살았기 때문에 죗값을 치른 것과 다를 바 없다고 할 수도 있다. 게다가 1차 사건의 내막을 보면 그 불법성과 비난 가능성도 줄어들 여지가 없지 않았다. 그런데 15년이 지난 뒤에 그 범인을 다시 누명을 씌워서까지 처벌을 받게끔 하는 것이 법의 정신을 실현하는 것인가? 또 사법기관을 모두 속이는 범죄적 방법으로 사적 복수를 완성하는 것이 과연 정의에 부합하는 일인가? 극단적인 방법으로 정의를 추구하다가 결국 부정의의 극치에 이르게 되는 것은 아닌가? 정의를 실현하도록 법을 쉽게 바꾸거나 정의를 실현하기 위해 법을 어기는 것을 법이 스스로 허용할 수 있는가? 그렇다면 법은 스스로 안정되게 존속유지될 수 없는 일이 수시로 벌어질 것이 아닌가?

정의의 한계

1. 주관적인 정의의 요구
2. 짜맞추어진 정의를 상징하는 몽타주
3. 2차 사건의 피해자나 그 가족의 정의의 요청
4. 피레네 산맥의 이편의 정의는 저편의 부정의
5. 한국과 일본에서 바라보는 안중근 의사
6. 아랍국가의 자살 테러
7. 맹목적 정의는 잘못하면 최악의 결과를 초래
8. 정의와 법적 안정성의 관계에 대한 이해

이러한 의문을 가지고 과거에 있었던 법제도의 남용사를 돌이켜보면 정의의 이름으로 부정의가 자행된 일이 부지기수였음을 알게 된다. 이 때문에 법적 안정성을 후퇴시키고 정의를 세우는 일보다 법적 안정성을 통해 정의의 무한 질주를 막아야 할 필요성이 더 많다는 것도 알게 된다. 이와 같이 법적 안정성보다 정의를 통제해야 할 필요성이 더 많은 이유는 구체적인 사례의 특수성을 고려하기 위해 예외적으로 법적 안정성을 무너뜨릴 경우에 내세워지는 정의가 그 자체 한계를 가지고 있기 때문이다. 그러한 한계 가운데 가장 두드러진 한계는 무엇이 정의인지에 대한 의견일치를 이루기가 어렵고, 그런 점에서 현실 속에서 관철되는 것이 반드시 정의라고 하기도 어렵다는 점이다. 이 점은 강자의 이익이 법의 이름으로 포장되고 있는 현상들을 봐도 쉽게 알 수 있다. 정의는 주관적인 생각에 기반을 두고 있고 심지어 다분히 감정적이기도 하다. 개인의 관점에 따라 차이가 있을 수 있음은 물론이고 국가끼리도 정의가 다를 수 있다. 이 때문에 자칫 정의를 앞세우는 태도는 최악의 결과를 초래하는 결과로 귀결될 수도 있다.

이와 같이 정의를 추구하려다가 초래될 수 있는 부작용이나 불안정한 결과를 피하기 위해 법은 '최선'이 아닌 '차선'의 방법을 선택하고 있다. 정의의 추구를 법치국가 원칙의 테두리 안에서만 실현하도록 하는 것도 그러한 방법 가운데 하나이다. 법치국가원칙은 법을 통해서만 질서를 확립하고 국가의 공권력의 한계도 권력분립을 통해 제한한다. 권력분립원칙에 의하면 법률의 제정은 입법자만 할 수 있고, 사법부는 그 법률의 적용만을 담당해야 한다. 이에 따르면 결국 법은 법률의 테두리 안에서 법적 안정성이 유지되는 방법으로만 정의를 추구할 수 있다. 이와 같은 법치국가적 관점에서 보면 정의는 법적 안정성의 범위 내에서만 구현될 수 있는 법의 정신이라고 할 수 있다.

그럼에도 불구하고 현대사회에서 일찍이 법치국가의 틀 속에서 법적 안정성에 우위를 둔다고 해도 항상 차선의 결과를 가져올 수 있는 것이 아님을 경험했다. 실질적 정의보다 법적 안정성에 대해 우위가 인정되면 법치국가는 형식적인 법률주의를 표방하게 된다. 하지만 형식적인 법률주의를 표방한 법실증주의는 극단적으로 나치시대 600여만 명의 유대인 집단살해를 용인했다. 당시의 모든

위험한 정의

- 법률: 강자의 이익/절대적 평등 요구/신자유주의 경제 이론/도덕지상주의/
  법률의 한계

- 법관: 형법 제20조/법관국가/사법적극주의/도덕적 자연법적 해석/합목적적
  해석/원칙과 예외의 구별

- 법집행: 공권력 남용/법 위의 시행령/주폭척결/사면권의 남용

- 힘없는 정의는 무기력, 정의 없는 힘은 폭력

- 정의의 실현을 빙자한 다른 이익의 침투 가능성

반인도적 야만 행위들이 형식적으로 법률을 통해 이루어졌고, 법 적용자나 집행자도 법적 안정성의 유지를 명목으로 삼아 법의 형식적 테두리를 이탈할 수 없었기 때문이었다. 이러한 형식적 법률주의의 폐해를 방지하기 위해 법률이 만들어졌지만 그것은 어디까지나 형식에 불과하고 실질적으로는 정의 실현에 우위를 두는 실질적 법치국가원칙을 확립할 수도 있다.

하지만 정의를 실현한다는 명목으로 법관이 법의 적용을 고무줄 늘리듯 마음대로 한다면 이 역시 형식적인 법률주의에 못지않은 폐해를 가져올 수 있다. 법관이 법을 자의적으로 적용한다면 '법치국가'가 아니라 '법관국가'가 되고 만다. 법관국가에서는 법관을 제외한 어느 누구도 사건이 어떻게 해결될지 예측할 수 없게 된다. 법관이 개별 사건에서 각각 정의를 추구하기 위해서 자신의 양심에 따라 예외적으로 법률 속 행간에 있는 정의를 찾아낸다고 한다면 원칙과 예외는 그 경계선이 매우 모호해진다. 그리고 오늘날 형식적 법치국가는 누구라도 그 폐해를 알아차릴 수 있고 거기에 대

해 저항을 할 수 있다. 하지만 법관이 스스로 정의 전문가 내지 정의의 사도를 자처하면서 법률해석 과정에서 어려운 법률 전문용어와 정교한 논리를 통해 원칙과 예외를 만들어낼 경우 아무도 그 논리의 맹점과 진정한 의도를 알아차리기 어려워 비판과 저항마저도 힘들게 된다.

이처럼 법치국가에서조차 실질적 정의를 좇는 것도 위험하고, 형식적 법적 안정성을 추구하는 것도 위험하다면 양자의 긴장을 어떻게 해소해야 하는가? 이것이 영화 「몽타주」가 우리에게 던지는 물음이다. 세계의 각국은 정의에 우위를 두는 태도의 위험성을 극복함과 동시에 형식적 법률주의가 가져다줄 수 있는 폐해를 방지하기 위해 서로 다른 사회 문화적 배경에 합당한 해결방안을 모색하고 있다. 우리가 성문법국가라고 하는 유럽의 대륙법계 국가에서는 형식적 법치국가 쪽으로 더 기울어져 법을 엄격하게 집행해 법적 안정성의 확보에 무게를 더 두고 있다. 이에 반해 커먼로 국가라고 하는 영미법계 국가에서는 법관에게 보다 큰 권한을 인정해 판결의 구체적 타당성을 찾음으로써 실질적 정의에 접근하려는 경향성을 더 많이 보이고 있다. 다른 각도에서 말하면 형식적인 실정법률이 능사라고 여기는 입장을 법실증주의라고 하고, 실질적 정의를 우선해야 한다는 입장은 자연법주의라고 부르기도 한다.

하지만 이러한 분류는 어디까지나 관념적으로만 그렇다는 것이고 현실적으로 어떤 국가든 한쪽 극단을 순수하게 유지하고 있는 것은 아니고 그럴 수도 없다. 앞에서 말한 바 있는 형식적 법치국가와 실질적 법치국가도 이와 같은 맥락의 양극단을 지시해 주는 모델이다. 가해자 측과 피해자 측에서 요구하는 정의의 모습도 상반되며 극악무도한 범죄자도 우리와 같은 인격적 주체로 여겨 헌법상 기본권의 주체성을 인정하는 시민형법 모델과 범죄자는 기본권을 향유할 수 있는 주체로 대접할 수 없다는 적대자형법 역시 한 극단에 속해 있는 모델이다.

양극단들

성문법국가	vs	판례법국가
법률국가	vs	법관국가
실정법주의	vs	자연법주의
형식적 법치국가	vs	실질적 법치국가
가해자	vs	피해자
시민형법	vs	적대자형법

이러한 양극단의 모델은 현실적인 이유에서 중간점을 향해 변화될 수밖에 없다. 예를 들면 우리나라에서 몇 년 전부터 직업법관이 아닌 일반 시민이 법을 적용해서 우리에게 가장 가까운 정의가 무엇인가를 찾는 배심재판 제도를 도입한 것도 이러한 차원의 변화라고 할 수 있다. 실질적 정의의 차원을 고려해 법률의 위헌을 선언할 수 있는 헌법재판소의 존재도 같은 맥락에서 이해할 수 있다.

결국 정의를 빼놓고 법을 말할 수 없는 것이라면, 법과 정의는 분리되지 않고 하나로 묶여져 있는 것이라고 하지 않을 수 없음을 인정해야 한다. 정의가 법의 목적임을 누구도 부인할 수 없기 때문이다. 하지만 정의를 실현하기 위해 어떤 수단과 방법이라도 선택할 수 있는 것은 아니다. 법치국가에서 법적 안정성은 정의를 구현하는 방법으로 인정되어 있기 때문이다. 정의는 법 속에서 그리고 법률의 행간과 그 체계 속에서 끝까지 찾아내어야 하지 법의 테두리 바깥에서 쉽게 찾으려고 해서는 안 되기 때문이다.

차선의 해결책: 법치국가원칙

권력분립

법의 제정은 입법자가, 적용은 사법기관이

법적 안정성 지향

국가 공권력에 한계선 부여

이러한 차원에서 보면 정의를 실현하기 위해 법적 안정성을 포기하는 것은 최선의 방법이 아니라고 할 수 있다. 요컨대, 정의와 법적 안정성은 별개의 것이 아니라 두 가지 모두 법이라는 하나의 몸통 속에 들어 있는 법의 내부 요소를 이루는 것으로 볼 수 있다. 비유컨대 정의가 법의 심장이라면 법적 안정성은 법의 DNA다. 법에서 정의의 심장은 곧 법의 생명의 중심이므로 그 심장이 적출되어버리면, 그 법은 사망 선고된 법이다. 하지만 법의 심장은 뜨겁게 박동하지만 건강한 법이 되기 위해서는 그 박동과 뜨거움이 수시로 조절되고 체크되어야 한다. 다른 한편, 법의 DNA인 법적 안정성은 시간을 뛰어넘어 법을 계속 진화하면서 유지존속하게 하는 유전인자이다. 법이 자신을 안정화시키는 DNA가 없이는 더 이상 법은 그 대를 계속적으로 이어갈 수 없다. 법의 심장과 법의 DNA의 관계를 이렇게 파악할 때 법의 속성에 있어서 더욱 중요한 것은 법의 DNA이다. 정의에 반하는 법률은 그 생명을 단절시키면 그만이지만, 당해 법률이 폐지되어도 법 그 자체의 DNA는 여전히 존재하기 때문이다. 뿐만 아니라 어떤 법률이 정의에 반하는지의 여부는 그 판단 주체마다 달라질 수 있지만, 법의 DNA인 법적 안정성은 주체의 자의와 무관하게 객관적으로 존재하는 것이기 때문이다.

해결방안
....

법과 정의는 분리될 수 없다

정의 = 법의 목표 / 법적 안정성 = 수단 내지 방법

정의 = 법의 심장 / 법적 안정성 = DNA

라드부르흐 공식 1 & 2

이 때문에 정의와 법적 안정성의 긴장관계를 해소하기 위해 제시된 해법 중 가장 유명한 공식인 이른바 라드부르흐(Radbruch) 공식도 결국 정의보다는 법적 안정성에 우위성을 인정하고 있다. 이 공식은 정의를 법적 안정성에 비해 우위를 인정할 경우를 '부정의가 참을 수 없는 정도에 이르는 경우'로 국한시키고 있다. 이 공식 속에서는 법 적용자가 원칙적으로 실질적 정의를 추구할 것이 아니라 법적 안정성에 우위를 두어야 한다고 한다. 양자의 관계를 이렇게 파악할 수밖에 없는 결정적인 이유는 참을 수 없는 정도의 경계선 때문이고, 이는 정의 개념 자체가 가지고 있는 한계 때문이기도 하다. 참을 수 있는 한계선은 개인별로 차이가 있겠지만 사회마다 다르기도 하다.

지난 20여 년 동안 한국 사회는 정의의 심장박동이 더 빨라지고 더 고조된 적이 적지않게 있었던 것으로 보인다. 앞서 말했듯이 5·18민주화특례법은 반인륜범죄 등 특정 범죄에 대해 법적 안정

성의 대표주자인 공소시효제도를 폐지했다. 뿐만 아니라 공소시효제도를 폐지하는 것을 내용으로 하는 법률은 과거 사건에 대해서까지 소급적용할 수 있도록 만들어 법적 안정성의 수호신 같은 소급금지원칙을 무력화시켰다. 정의를 100으로 만들기 위해 법적 안정성을 0으로 만든 것이다. 이른바 '도가니법'에서 아동성폭력범죄에 대한 공소시효를 없앤 일도 이와 맥락을 같이 한다. 최근에는 전자발찌라는 새로운 제도가 들어서기 전에 성범죄를 범한 사람까지도 교도소를 나올 때 전자발찌를 부착하도록 법률이 만들어져 소급금지원칙은 또 한번 범죄예방이라는 이 시대가 요구하는 새로운 정의의 요구에 법적 안정성을 굴복시켰다.

TV에 등장했던 굵직한 사건들도 따지고 보면 모두 정의와 법적 안정성이 충돌하면서 법적 안정성보다 정의를 우위에 둬야 하는 것이 시대정신처럼 보이게 만드는 사건들이다. 이러한 차원의 많은 사건과 그에 대한 사회의 대응 태도를 보면 우리 사회의 법의 DNA가 바뀌고 있는 것처럼 보이게 한다. 종래 살인죄 등 중한 죄의 공소시효 기간이 15년이었던 것이 2007년부터는 25년으로 바뀌었다. 그리고 현재 살인죄 부분에서는 오늘날 과학의 발전으로 살인죄의 증거가 100년이 지난 뒤에도 충분히 확보될 수 있다는 차원에서 공소시효를 영구히 폐지하자는 법안도 제출된 바 있다.

법이 정의를 더 앞세우고 있는 것으로 보인다. 물론 정의에 대한 관념도 일정 부분 변화를 보이고 있기도 하다. 범죄자는 반드시 처벌해야 한다는 응보와 형평의 관념에서 서서히 벗어나 피해자의 회복이 우선이라는 인식이 퍼지고 있다. 이것이 1990년대부터 전세계적으로 확산되고 있는 회복적 사법이라는 이름의 새로운 트렌

「몽타주」를 통해 보는 법의 정신과 정의

법의 DNA는 진화하고 있다
배심심판제도의 도입

피해자를 위한 정의: 회복적 사법

제도화가 불가능한 예외사례(예: 고문의 금지)

법치국가의 정의는 개별 사건에서 해결
Jurisprudence = Juris(법) + prudence(신중)
(이익형량의 원칙, 비례성 원칙)

드다. 우리나라에서도 2000년대에 들어서면서 회복적 정의를 앞세우는 회복적 사법의 철학과 이념을 반영한 이론과 실무 프로그램들이 도입되고 있다.

영화 「몽타주」가 우리에게 묻는 물음을 이렇게 바꾸어보자. 적으로 포위당한 마을에 반드시 문을 닫아두라는 명령이 반포된 가운데, 마을의 방위를 책임지는 시민군이 적에게 추격당하고 있다. 시민군이 우리 집 문앞까지 당도했을 때, 우리는 문을 열어줘야 하는가? 아니면 문을 굳게 닫아두어야 하는가? 명령에 따라 문을 열지 않는 태도는 법적 안정성을 유지하는 태도이고, 명령을 어기고 문을 열면 사람의 생명을 구하는 정의의 요구에 따르는 태도라고 할 수 있다. 개인별로 태도가 달라질 것이지만 어느 쪽도 정답이라고 할 수는 없다. 오히려 한 쪽을 절대시하는 태도가 더 위험할 수 있다. 개인적으로는 우리가 법적 안정성보다 정의를 우위에 놓을 때 그 위험성이 더 커진다고 생각한다. 내가 겨눈 정의의 칼날이 다시 내게로 돌아올 가능성도 크다. 특히 정의를 무엇이라고 적극적으로 규정짓는 일은 더욱 어렵다. 정의는 명백히 정의가 아닌 것으로부터 희미하게 알 수 있을 뿐이다. 따라서 적어도 무엇이 정의냐에 관한 한 우리는 끊임없이 떨고 있는 나침반이 되지 않으면 안 된다. 흔들림 없이 어느 한 방향만을 가리킬 수도 있지만 그러한 나침반은 고장 난 나침반이다.

영화 「몽타주」는 정의와 법적 안정성 사이에서 떨고 있는 나침반이 되도록 자극을 준다. 만약 우리가 법의 심장박동을 더 건강하게 하기 위해 법의 DNA를 진화시키고자 한다면, 우리는 이러한 떨림을 유지하면서 법의 DNA에 해당하는 법적 안정성을 후퇴시킬 만한 필요성의 무게와 그것을 위해 법의 심장에 해당하는 정의의 요청이 가지는 무게를 신중에 신중을 기해 저울질해야 할 것이다.

Q 1   미국 드라마 중 주인공이 사이코패스인 '덱스터'가 있다. 주인공이 살인욕구를 푸는 방법은 다음과 같다. 주인공이 경찰 소속 혈흔분석가가 된 후 혈흔 분석에 조작을 가해 범죄자들을 풀려나게 한 다음 직접 죽이거나, 증거불충분으로 풀려난 범죄자를 끝까지 뒤쫓아서 죽이는 식이다. 주인공이 죽이는 범죄자가 워낙 극악무도하기 때문에 드라마의 시청자 게시판을 보면 대부분의 시청자가 거부감보다는 오히려 희열을 느낀다고 한다. 「몽타주」에서는 범인이 약간의 동정의 여지가 있었지만 희대의 연쇄살인범이라든지 극악무도한 살인마와 같은 경우에 어떤 한 시민이 사적으로 정의를 구현했다면 법은 그 시민의 정당성을 어디까지 보장해줄 수 있는가?

A 1   형법적인 판단은 불법이냐 적법이냐 또는 금지냐 허용이냐 두 가지 기준에 의해 이루어진다. 사회에서 우리는 형법으로 불법(또는 금지)이라고 선언되기 전에는 우리의 행위가 모두 적법한 것으로 판단받아야 한다. 하지만 형법 규범을 위반해 불법이 된 행위라도 다시 원칙(불법)과 예외(적법)로 구분된다. 예외의 방식으로 정의를 충족시키는 메커니즘으로 우리나라의 형법에는 세계의 유례가 없이 "사회상규에 위배되지 않는 행위는 벌하지 아니한다"는 규정(형법 제20조)이 있다. 사회상규라는 것은 구체적으로 해석하면 목적이 정당해야 하고, 수단이 사회적으로 상당해야 하고, 긴급해야 하고, 마지막 수단이어야 하고, 본

질적으로 더 큰 이익을 위한 것이어야 한다. 이런 예외 요건을 충족하는 행위를 넓게 그리고 많이 인정해 예컨대 사적 복수 행위를 허용하는 것으로 인정하면 정의감은 더 커지게 될지 모르지만 법적 안정성과 법에 대한 신뢰는 계속 무너지게 될 위험이 생긴다. 뿐만 아니라 반대로 그 범죄자가 아무리 흉악하고 극악무도해도 그를 시민의 적으로 보아 정의 충족의 대상으로 보는 태도 역시 위험한 생각이다. 희대의 살인마라도 인간의 존엄성이 보장되어야 하고 평등권 등 헌법상 기본권의 주체로서 인정되어야 한다는 것이 법질서의 정신이기 때문에 정의 실현이라는 목적을 위해 이러한 법의 정신을 포기할 수 없는 것이라는 생각이든다.

Q 2

교수님께서 강연하실 때 '회복적 사법'이라는 단어를 말씀하셨다. 교수님의 저서에서도 그것과 대비되는 개념으로 '응보적 사법'의 개념에 대해서 언급하신 적이 있다. 응보적 사법 같은 경우는 가해자가 어떻게 처벌받는가에 초점이 맞추어져 있다면 회복적 사법은 가해자의 처벌보다는 피해자의 회복에 좀 더 초점을 맞추고 있다고 말씀하셨다. 그렇다면 회복적 사법이 실제로 국내에서 얼마만큼 받아들여지고 활용되고 있는지?

A 2

회복적 사법이라는 용어와 이론 및 외국의 제도들이 우리나라에 소개된 것은 1990년 초반 무렵부터라고 할 수 있다. 회복적 사법에서는 범죄자 처벌보다는 피해자, 범죄자, 그리고 공동체의 회복과 치유 그리고 화해와 상호존중에 강조를 둔다. 이것은 범죄에 대한 대응 방식에서의 새로운 패러다임이자 철학이라고 할 수도 있는데, 우리나라에서 2012년도에 회복적 사법의 철학이 반영된 법제도의 하나로서 피해자-가해자 조정제도가 범죄피해자보호법에 규정되었다. 다른 나라보다는 10~20년 늦은 감이 있다. 이 외에도 학교폭력과 관련해 화해에 성공했을 때는 법관이 처분을 하는 데 있어서 유리한 참작을 하겠다는 화해권고제도와 같이 회복적 정의를 실현하고자 하는 제도들이 하나둘씩 들어오고 있다. 이러한 점들은 범죄에 대한 대응으로서 응보와 복수 그리고 비난에 초점을 맞추었던 종래의 정의 관념과는 상당히 달라진 변화를 보여주고 있다.

Q 3 공소시효가 처음에 만들어진 이유는 무엇이며 공소시효가 적용되어 긍정적인 결과가 초래된 사례가 있는지?

A 3 두 번째 질문에 대한 답을 먼저 하자면, 공소시효는 그 당사자와 가족에게 긍정적이라는 것을 제외하고는 다른 장점이 없다. 그러나 법 자체에게는 아주 유용한, 말하자면 법의 숨통을 트이게 해주는 장치인 측면이 있다. 법이 자신의 존재성을 안정적으로 계속 유지시켜주는 장치로서 그를 통해 법적 안정성을 추구할 수 있기 때문이다. 단적으로 말해서 법이 어떤 사실 상태와 대립을 하면 법이 지기 마련이다. 즉 사실이 법보다 우위라는 것이다. 처벌하는 것도 범죄라는 사실이 있기 때문에 처벌하는 것이다. 범죄가 범해진 사실 상태가 15년 혹은 25년 동안 계속 처벌되지 않은 채로 남겨졌으면 그동안 법이 작동하지 못했으니 사실에 좀 더 힘을 실어주어야 한다. 범죄자가 15년간 처벌받지 않고 살았다는 부분에 대한 신뢰를 법이 주는 것이다. 그리고 공소시효

때문에 수사기관이 더 힘을 내서 범죄자를 찾아내야 하는 면도 있다. 특히 과거 형벌권의 실현에 공소시효가 있는 것은 증거가 오랜 시간이 흐르면 낡고 변질되어서 왜곡될 가능성이 있기 때문이었다. 그러나 과학 기술이 발달한 요즘은 이러한 논거는 설득력을 잃고 있고 DNA 수사기법 등 과학적 수사 방법이 진화하면서 공소시효제도와 관련한 절충점을 찾아내어 공소시효 기간이 아직 만료되지 않은 상태에서는 공소시효 기간을 연장하거나 폐지하는 새로운 법률을 만들어내어 과거의 범죄사건에 대해 적용할 수 있게 하기도 한다. 형법학에서는 이를 '부진정 소급효'라는 어려운 용어로 이야기한다. 아동이나 장애인에 대한 성범죄는 공소시효가 없어지는 극단적인 변화까지 보여주고 있는 것도 공소시효제도가 가지는 특수성 때문이다. 이것은 정의를 극단적으로 100으로 끌어올리고 법적 안정성은 0으로 내린 대표적인 예다.

성균관대
융복합
특   강

권영욱 교수

성균관대학교 화학과 교수
성균관대학교 자연과학대학장
아이오와 주립대학교 화학과 박사

주요 저역서: 『맥스웰의 도깨비가 일러주는 열과 시간의 비밀』
『이공학을 위한 무기 화학 강의』(공저)

제5강

에너지와 사람,
그 관계의 역사

　질문 하나를 던짐으로써 이야기를 시작해보려고 한다. 과학이라
는 것은 뭘까? 정의하기 참 어려운 주제다. 나의 전공은 화학 안에
서도 무기화학이라는 분야이다. 어느 무기화학 교과서를 펼쳐보면
무기화학은 무기화학자가 하는 화학이라고 나와 있다. 이 말에 따
르면 무기화학은 무기화학자가 하는 화학이고, 무기화학자는 무기
화학을 하는 화학자가 된다. 좀 이상한 순환논리라고 생각할지도
모른다. 그러나 개인적으로 이 정의가 굉장히 지혜로운 답인 듯하
다. 학문은 항상 시대와 상황에 따라 그 모습이 변화하고, 어떤 흐

과학이란?

- 탈레스 (BC 625-547): 윤리학자, 형이상학자, 수학자, 천문학자
- 아리스토텔레스 (BC 384-322): 논리학자, 시인, 과학자, 철학자
- 갈릴레오 (1564-1642): 철학자, 과학자, 물리학자, 천문학자
- 뉴턴 (1643-1721): 물리학자, 수학자, 천문학자, 광학자, 자연철
　학자, 연금술사, 신학자
- 맥스웰 (1831-1879): 이론물리학자, 수학자
- 아인슈타인 (1870-1955): 이론물리학자

름 속에서 변하는 것이 있기 때문에 결국 스스로 과학자라고 자칭했던 사람들이 해왔던 것이 그 시대에서의 과학이 아니었을까 생각한다.

역사적으로 가장 오래된 기록을 보면 기원전 7세기 고대 그리스의 탈레스 때부터 과학자라는 직업이 기록되어 있다. 기원전 4세기 사람이었던 아리스토텔레스 역시 과학자이고, 갈릴레오, 뉴턴, 맥스웰, 그리고 모두들 잘 아는 아인슈타인까지 모두 과학자이다. 여기서 말하고자 하는 것은 이 과학자라는 사람들이 또 다른 타이틀을 가지고 있는 경우가 많다. 탈레스는 윤리학자도 되고, 형이상학자도 되며, 아리스토텔레스는 그것보다도 훨씬 더 다양한 타이틀을 달고 있다. 어느 시대까지는 과학자인 사람이 대체로 동시에 철학자였다. 뉴턴은 연금술사도 되고 자연철학자도 된다. 그 후에 철학과 과학 사이에 분화가 일어나고, 맥스웰과 아인슈타인 같은 경우는 철학에 대해서는 아무런 이야기도 하지 않는다. 과학은 옛날 사람의 입장에서는 그저 우리가 사는 세상을 이해하기 위한 하나의 방편이었다. 사람은 왜 사는지, 우리는 죽으면 어디로 가는지와 같은 질문에 대한 고민은 모두 철학의 범주 안에 있었을 것이다. 질문에 대한 답을 추구하는 과정에서 우리가 사는 세상은 무엇인지, 달은 누구의 의지로 뜨는지, 어떤 방식으로 뜨는지, 그리고 그 그림 속에서 인간은 무엇인지를 찾아가는 일이 어떻게 보면 철학이고 어떻게 보면 과학이 된 것이다. 점점 아는 것들이 많아지고 세부적으로 나뉘면서 어느 순간부터 과학은 철학으로부터 동떨어진 별개의 분야가 되어버렸다. 시간이 지나고 요즘 시대에 다시 '융합'의 중요성이 대두되고 있는데, 이 강의의 목적도 결국 우리가 왜 사는가, 어떻게 사는가, 무엇으로 사는가 하는 문제와 결부된 답을 얻기 위함이 아닌가 생각하고 있다.

오늘의 주제는 에너지다. 에너지를 모르는 사람은 아마 없겠지만 에너지에 대한 정확한 정의를 내릴 수 있는 사람도 많지는 않다. 감각적으로는 알고 있지만 정확히 대답하기는 어려운 주제라고 할 수 있다. 가장 간단한 수준에서 물리학 교과서 속 에너지는 '일을 할 수 있는 능력'이라고 정의되어 있다. 100N(약 10kg)인 추가 달려 있는 도르래가 있다고 가정하고, 이 추를 줄로 당겨서 한 1m만큼 올리면 우리는 추를 들어올리기 위해 일을 했다고 한다. 추가 올라갈 때 했던 일의 양은 줄을 잡아당기는 데 들어간 에너지와 똑같은 양이 되어야 한다. 경우에 따라서는 도르래를 적당히 이용해 들어가는 힘을 줄일 수 있는데, 이때 추가 똑같은 거리를 움직이게 하기 위해서는 더 많은 거리를 잡아당겨야 한다. 일반적으로 일은 물리학적으로는 추가 잡아당겨지는 힘과 움직인 거리의 곱으로 표현된다.

에너지란 무엇인가?

· 일을 할 수 있는 능력

· 일 = 에너지 (cf. 물건 = 돈)

에너지의 종류

· 물리학적 기준: 위치 에너지, 운동에너지, 열에너지, 빛 에너지

· 에너지원의 기준: 화석 에너지, 전기에너지, 석유에너지, 핵 에너지, ….

성급한 결론이지만 일반화시키면 에너지, 그리고 에너지로부터 얻어낸 일 사이에는 등가가 성립된다. 과한 유비가 될 수 있을지

언정 예를 들자면 우리가 돈으로 여러 가지 물건을 살 수 있는 것과 비교할 수 있다. 천 원짜리를 갖고 있으면 물을 살 수도 있고 껌을 살 수도 있다. 이 순간 내가 원하는 일이 물이라면 천 원짜리 형태의 에너지를 투입해서 물이라고 하는 일을 얻어낼 수도 있고, 천 원짜리를 투입해서 껌을 사면 껌이라는 형태로 일을 얻어낼 수도 있다. 에너지를 물리학적인 기준으로 정의하면 위치에너지, 운동에너지, 열에너지, 빛에너지와 같이 네 가지 정도로 정리할 수 있다. 그 외에 우리의 일상적인 기준에서 보면 에너지의 출처에 따라 화석에너지, 전기에너지, 석유에너지, 핵에너지 등 다양하게 분류할 수 있는데 이것들에 대해서만 간략하게 설명하면 우리 주제에 대한 이야기를 할 수 있을 것 같다.

운동에너지

• 운동하는 물체가 갖고 있는 에너지
• $E = \frac{1}{2} mv^2$ (m: 질량, v: 속도)

  운동에너지가 처음으로 언급할 에너지 종류이다. 사진 속 인물은 양궁 선수이다. 양궁 선수가 활을 쏴서 화살을 과녁에다가 맞힌다. 그럴 때 이 화살이 날아가면서 갖고 있는 것을 운동에너지라고 이야기한다. 날아가는 물체가 있으면 이 움직이는 물체가 가진 운동에너지는 항상 그 물체의 질량과 속도의 제곱의 곱으로 표시된다. 모든 움직이는 물체에 대해서 이런 방식으로 운동에너지를 계산해낼 수 있다.

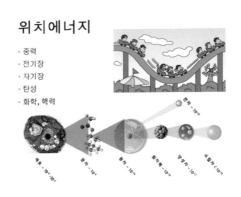

위치에너지는 사실 굉장히 복잡하고 많은 생각을 하게 만든다. 간단하게 정리하자면 영어로는 위치에너지를 Potential energy라고 한다. 그래서 사실은 정확하게 번역하자면 위치라는 말보다는 잠재라는 말이 훨씬 더 적합해 보인다. 여기 롤러코스터 그림이 있다. 꼭대기에 롤러코스터가 있을 때는 속도가 거의 없다. 정지해 있다시피 하다가 밑으로 내려가면서 속도가 갑자기 빨라지고, 다시 정점으로 올라가면 속도가 줄어든다. 그 과정을 위치에너지가 운동에너지로 바뀌었다가, 다시 높이 올라가면서 위치에너지로 바뀌는 것으로 설명할 수 있다. 이때 작용하는 힘은 중력이다. 에너지가 '잠재'되어 있다는 것은 뭔가 숨어 있는 것을 써서 다른 것으로 바꿀 수 있는 것이라고 말할 수 있다. 사실은 앞서 양궁 선수가 화살을 쏠 때도 위치에너지가 있다. 화살은 활시위를 잡아당겼다가 놓기 때문에 날아간다. 그냥 놔두면 활시위가 가만히 있어야 하는데 잡아당겨서 탄성을 준 다음 놓아버리니까 이 시위에 숨어 있던 위치에너지가 화살에 옮겨가서 활의 운동에너지로 바뀌어 날아가는 것이다. 무엇이든지 가만히 정지한 상태에 있어야 하는데 여기에 어떤 높이를 높이거나 탄성을 주는 등의 인위적인 작용을 가하면 위치에너지가 생긴다.

전기장과 자기장은 이렇게 생각하면 쉽다. 양극과 음극이 있으면 서로 잡아당기는 힘이 있다. 이것을 그대로 놓아두면 두 극이 붙어 있겠지만 억지로 떼어놓는 순간 원상태로 돌아가려는 힘이 생긴다. 이것을 활용할 수 있다면 원상태로 돌아가려는 그 작용을 이용해서 다른 에너지로 전환해 쓸 수 있게 된다. N극과 S극의 상호작용도 마찬가지다. 화학에너지와 핵력도 '잠재' 에너지의 개념으로 이해할 수 있다. 그림에서 보이는 것은 세포와 세포를 구성하는 분자의 구조, 그리고 분자를 구성하는 원자, 원자를 구성하는 원자핵과 전자, 다시 원자핵을 구성하는 양성자와 중성자, 그리고 양성자와 중성자를 구성하는 소립자이다. 이 입자들을 더 작은 단위로 쪼갤 때는 엄청난 힘이 들어간다. 즉 힘을 가하지 않으면 이것들이 서로 붙어 있어야 하는 것이다. 마치 탄성에너지의 경우와 비슷하다. 그런데 각 단계마다 물질의 종류, 그리고 물질 사이에 잡아당기는 힘의 세기와 종류 등이 다 다르다. 분자와 분자 사이, 원자와 원자 사이의 결합은 화학결합이라고 이야기를 하고 여기에 잠재되어 있는 에너지가 화학에너지이다. 그리고 원자 안에 있는 입자들 사이에서 서로 잡아당기는 힘을 핵력이라고 이야기한다. 이것들이 모두 잠재에너지에 포함되는 에너지라고 할 수 있겠다.

빛에너지는 오늘 주제에서 중요한 부분을 차지하지는 않는다.

그러나 에너지에 대해 여러 가지 생각을 할 때 분명히 하나의 중요한 항목이기 때문에 간략하게 언급하도록 하겠다. 우리가 강의실에서 물체를 볼 수 있는 것도 사실은 빛에너지 덕분이다. 형광등에서 나오는 빛이 반사되어 우리 눈에 들어오고 시신경을 자극하는 그 시점까지의 반응에 모두 빛에너지가 관여하고 있다. 빛은 전자기파라고 알려져 있다. 빛은 1초에 30만km를 날아가므로 그 속도가 굉장히 빠르다. 빛이 진행하는 동안 진행 방향에 대해 수직방향으로 전기장의 플러스마이너스가 계속 바뀌면서 가고, 또 그것의 수직방향으로 자기장의 N극과 S극이 바뀌면서 간다고 이야기한다. 이것을 실제로 눈으로 본 사람은 없다. 다만 여러 가지 실험과 이론의 결과로 우리가 이해하고 있는 빛의 성질이 그러하다고 설명할 뿐이다. 또 빛의 속도는 항상 일정한데, 파장과 진동수를 곱했을 때 빛의 속도가 도출된다. 그러므로 파장이 긴 빛은 진동수 값이 작고, 파장이 짧은 빛은 진동수 값이 크다. 그리고 빛은 에너지를 가지고 있는데, 여기 h라는 것은 플랑크 상수를 나타내는 것으로 어떤 일정한 상수라고 생각하면 된다. 빛이 가지고 있는 에너지는 진동수가 높을수록 크고 진동수가 낮으면 에너지도 작다. 식을 조금 변형하면 파장과 에너지의 관계도 도출할 수 있는데, 파장이 긴 빛은 에너지가 작고 파장이 짧은 빛은 에너지가 크다. 이것을 이용해서 우리가 알고 있는 여러 가지 빛에 대해 이야기해보자. 자외선, 가시광선, 적외선, 라디오파 등 다양한 종류의 빛은 속도는 전부 같지만 파장이 다르다. 사실 마이크로파는 위험하다. 일반적인 우리 몸의 크기의 범위보다 작기 때문에 분자가 마이크로파와 직접 상호작용할 수가 있고, 그 과정에서 빛의 에너지를 받아들여서 어떤 변화를 야기할 수 있는데, 일반적으로는 굉장히 파괴적인 변화를 주기 때문에 마이크로파를 쓸 때는 꼭 뚜껑을 닫고 써야 한다. 가시광선의 범주에서는 빨간색에서 파란색으로 갈수록 파장은 짧고 에너지는 커진다. 더 넘어가면 자외선과 X선이 있고, X선은 상당히 조심해야 하는 빛의 종류이다.

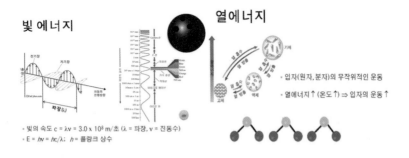

마지막으로 에너지의 종류 중에서 중요한 것이 열에너지이다. 우리가 온도를 느끼는 매질은 기체이다. 기체가 꽉 차 있는 공간에 그 기체의 입자가 경우에 따라서는 원자일 수도 있고 분자일 수도 있다. 그것들이 움직이는 무작위적인 운동이 열에너지이다. 이 분자모형 세 개에서 볼 수 있는 바와 같이 원자 세 개로 이루어진 분자가 움직일 수 있는 운동의 방법은 3가지가 있다. 각 운동 방식마다 단위 시간당 움직이는 횟수는 일정하지만 그 진폭의 크기가 온도에 따라 커지거나 작아지며, 이에 따라 그 분자가 가지고 있는 열에너지가 많은지 적은지를 이야기할 수 있다. 분자마다 여러 가지 방식으로 운동할 수 있고 이것들의 총합으로 열에너지를 이야기한다.

열에너지를 생각할 수 있는 또 하나의 방법은 다 경험할 수 있는 방식이다. 얼음에다 열을 가하면 물이 되고, 물에 열을 가하면 기체가 된다. 고체는 단단한 덩어리이고 입자들이 서로 붙어서 서로를 잡아당기는 상태이다. 우리들이 옆 사람과 손을 잡고 있으면 개별적으로는 움직일 수 없는 것과 같다. 한 사람이 움직이면 옆에 있는 사람도 따라 움직여야 한다. 모든 사람이 다 앞뒤로 잡고 있으면 전체가 같이 움직여야 할 것이다. 얼음 덩어리가 다같이 움직이는 것과 마찬가지이다. 그런데 그 중에 한 분자가 개별적인 운동을 격렬하게 하기 시작하면 잡고 있던 손을 누군가가 놓을 수밖에 없게 된다. 그렇게 되면 모두 같이 움직이는 것이 불가능해진다. 그럴 때 서로 떨어져서 액체가 되고, 액체 상태에서도 분자들끼리 서로 잡아당기는 힘보다 각 분자가 개별적으로 움직이는 힘이 더 크면 기체 상태가 되는 것이다. 그래서 이 물질의 상태가 바뀌는 과정에서는 분자 하나하나가 가지고 있는 힘과 분자 하나하나가 갖고 있는 열에너지의 진폭의 관계에 따라 세 가지 상태 중에서 한 가지 상태로 결정된다.

열역학 제 1법칙

- 에너지 보존 법칙 (cf. 질량보존의 법칙)
- '에너지는 한 형태에서 다른 형태로 변환 가능하고, 변환 전후의 총량은 불변이다.'
- 우주의 에너지의 총량은 변화가 없다.

위치에너지 → 운동에너지
운동에너지 → 위치에너지
운동에너지 → 열에너지

앞서 이야기한 네 가지 형태의 에너지는 모두 열역학 제1법칙이라는 에너지 보존법칙에 따라서 거동한다. 사실 법칙 중에서 가장 보편적인 법칙은 '예외없는 법칙은 없다'는 법칙이다. 그런데 열역학 제1법칙은 이 법칙의 예외다. 열역학 제1법칙에 위배되는 일은 여태까지 일어나지 않았고, 앞으로도 일어나지 않을 거라고 다들 믿고 있다. 열역학 제1법칙은 에너지 보존법칙이라고도 한다. 화학 반응에서 물질A와 물질B가 반응해 물질C를 만드는데, 그 안에 있는 원자의 수는 변함이 없으며 결국은 질량도 변함이 없다는 질량 보존의 법칙도 다분히 경험적이고 에너지 보존법칙도 마찬가지다. 그런데 에너지 보존법칙은 경험적이면서도 예외가 없는 법칙으로 알려져 있다.

이것을 보통 표현하는 방식에는 두 가지 단계가 있다. 에너지는 한 가지 형태에서 다른 형태로 변형이 가능하다. 예를 들어 아까 롤러코스터에서 본 바와 같이 위치에너지가 운동에너지로 바뀔 수도 있고, 운동에너지가 위치에너지로 바뀔 수도 있다. 또는 빛에너지가 열에너지로 바뀔 수도 있다. 에너지가 여러 가지 형태로 바뀌는데, 바뀌는 전후의 전체 총량은 불변한다는 것이 에너지 보존법칙, 즉 열역학 제1법칙을 서술하는 말이다. 이 이야기를 조금 더 확장하면 우리 주변에서 일어나는 모든 변화에서 에너지의 변화가 일어나고 있는데, 그때마다 총량은 변하지 않으므로 우주에서 일어나는 수많은 일에서도 에너지는 형태가 변하지만 총량은 변하지 않는다고 말할 수 있다.

열역학 제2법칙은 굉장히 복잡한 법칙이다. 여러 가지 이야기를 할 수 있지만 가장 간단한 이야기만 하자면, 운동에너지, 위치

열역학 제 2 법칙

- 열에너지는 다른 에너지와 다른 속성이 있다.
- 운동에너지 → 열에너지는 100% 변환 가능하지만.
- 열에너지 → 운동에너지는 100% 변환 가능하지 않다.

떨어지는 공

정지한 공

- Energy = Exergy + Anergy = Constant

- Exergy: 변환 가능한 에너지
- Anergy: 변환 불가능한 에너지

- 열 에너지(Q)의 경우:
  - exergy = $Q(T-T_0)/T$ (T = 열원의 온도, T_0 = 주변의 온도)
  - T = 600 K, T_0 = 300 K라면
    exergy = Q(600-300)/600 = 0.5Q
    anergy = Q − exergy = Q − 0.5Q = 0.5Q

K (절대온도) = ℃ (섭씨온도) + 273: 예) 얼음이 녹는 온도 = 0℃ = 273 K

에너지, 빛에너지와 열에너지는 기본적으로 다른 속성이 있다. 예를 들면 운동에너지는 열에너지로 바뀔 수가 있고, 이때 그 효율은 100%가 가능하다. 그러나 열에너지가 운동에너지로 바뀔 수는 없다. 공이 하나 있다고 가정해보면 공은 여러 가지 입자로 구성되어 있다. 공 전체가 한쪽 방향으로 움직인다는 것은 공을 구성하고 있는 입자들이 동시에 같은 방향으로 움직인다는 것이다. 열에너지는 아까도 언급했듯이 입자들이 가지고 있는 무작위적인 에너지이다. 공을 구성하는 입자들은 사방으로 움직이고 있다. 방향이 제각기 다른 움직임이 균형을 맞추게 되면 겉으로 보기에는 가만히 있는 것처럼 보이지만 속에서는 이리저리 잡아당기는 힘 때문에 부대끼고 있다. 그것이 열에너지를 나타내는 것이다. 이런 상태에 있는 입자들의 운동을 모아서 한쪽으로 움직이게 하는 일은 쉽지 않다. 있을 수는 있어도 100% 그렇게 되지는 않는다. 그래서 열에너지를 다른 것으로 변화시킬 때는 항상 열에너지가 100% 모두 다른 형태로 바뀌지 않고 늘 잔존하는 열에너지가 있다.

이 두 가지 법칙을 합하면 이런 이야기가 된다. 에너지는 여러 가지 형태로 변환이 가능한데, 빛에너지, 위치에너지 그리고 운동

에너지는 다 서로서로 100% 변환이 가능하다. 그러다 어쩌다가 열에너지로 바뀌는 순간 다시 열에너지가 다른 형태로 전환될 때는 100% 변환이 불가능하므로 누적되는 결과로는 열에너지가 쌓인다는 결론이 나온다. 이것이 열역학 제2법칙의 내용이다. 따라서 우리가 실용적인 관점에서 보면 사용할 수 있는 에너지와 사용할 수 없는 에너지가 항상 공존하게 된다. 통용되는 이야기는 아니지만 에너지를 엑서지(Exergy)와 애너지(Anergy)의 합으로 표시하기도 한다. 이때 우리가 열역학 제1법칙에서 이야기하는 일정한 값은 이것의 총합이 일정하다는 의미이며, 여기에서 엑서지는 변환 가능한 에너지를 일컫는다. 예를 들어 증기기관 실린더 안에 있는 열에너지를 Q, 증기기관 내부의 온도를 T, 주변의 온도는 To라고 할 때, 일반적으로 변환 가능한 애너지, 엑서지는 Q(T-To)/T와 같은 식으로 표현이 가능하다. 증기기관의 온도를 600K라고 하고 주변의 온도는 300K라고 할 때 숫자를 대입해서 간단하게 계산을 해보면 50%만 쓸 수 있는 에너지이고, 나머지 50%는 쓸 수 없는 것이 된다는 계산이 나온다. 우리가 쓰고 있는 대부분의 에너지원은 열

물질의 구성 및 단계별 분해 온도

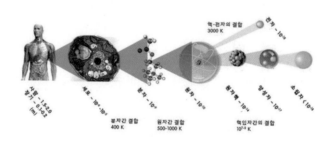

물질의 기원

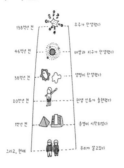

생명을 이루는 원소

을 중간 매개체로 하고 있기 때문에 에너지가 누적되는 과정을 겪는 것이다.

물질과 에너지의 관계를 고찰해보자. 분자의 크기는 10^{-9}m 정도로 굉장히 작다. 분자 간의 상호작용, 즉 분자 간의 결합을 끊어내는 데는 열에너지가 쓰일 수 있다. 간단하게 생각하면 달걀을 삶을 때 끓는 물에 넣는 경우를 생각할 수 있다. 세포가 가진 여러 가지 단백질 사이의 구조가 있고, 단백질 분자들 간에 서로 다른 힘이 있는데 거기에 열에너지를 첨가해 구조를 변형시키는 것이다. 이때 끓는 물의 온도는 절대온도로 약 400K 남짓이다. 원자와 원자 사이의 결합을 끊어내는 데 필요한 온도는 그것보다 조금 더 높다. 적게는 약 500~600K에서 높으면 1,300K 정도만 되면 원자와 원자 사이의 화학 결합을 끊을 수 있다. 원자 안에서 핵과 전자 사이의 결합을 끊어내려면 태양의 표면 온도 정도 되는 약 4,000K의 온도가 요구된다. 실제로 태양의 표면에서는 원자가 원자핵과 전자가 분리되어 있는 상태로 존재한다.

생물이 살 수 있는 온도 범위는 매우 협소하다. 온도, 다시 말해서 열에너지가 물질의 여러 가지 상태를 결정하는 데 중요한 요소이기 때문이다. 물질에서 기원한 우리가 존재하기 위해서는 최소한의 열역학적 조건이 필요하다. 그 중 하나가 바로 온도이다. 138억 년 전에 우주에 대폭발이 있었고, 거의 100억 년이 지나서 물질이 만들어지면서 태양계가 생기고, 은하계가 생기고, 지구가 생기고, 또 10억 년 정도 지난 다음에 지구에서 생명이 시작되었다. 그리고 40억 년이 더 지나서 인류의 조상이 출현하고 여기까지 왔다. 이 과정에서 보면 온도와 시간만 변하는 것이 아니라 우주에 있는 여러 가지 조건이 계속 변해왔다.

사람 몸은 여러 가지 원소로 구성되어 있는데 사람 몸의 대부분을 차지하고 있는 원소는 주기율표에서 빨간색으로 표시했고, 미량으로 존재하지만 중요한 것은 파란색이나 노란색으로 표시했다. 파란색과 노란색은 철보다 큰 원자인지 작은 원자인지를 구분하기 위해 썼다. 철보다 작은 원자들은 빅뱅 직후 짧은 시간 안에 다 만들어졌다. 이것들이 우주를 떠돌다 우리를 만들고 우리 주변의 환경을 구성하고 있다. 철보다 큰 원자는 그보다 좀 지나서 한 3천만 년 지난 다음에 만들어졌는데, 이들 역시 우주를 떠돌다 오늘날 우리 눈앞에 있다. 물질에 대해 생각해보면 형태만 계속 바뀔 뿐 물질을 구성하는 입자를 보면 그 역사가 138억 년까지 간다는 것이 조금 새삼스럽게 느껴질 수도 있겠다.

물질과 에너지의 관계에는 또 상대성 원리를 빼놓을 수 없다. $E = mc^2$라는 유명한 방정식은 사실 정확하게는 $E = \triangle mc^2$라고 표시하는 게 맞다. 한 상태에서 다른 상태로 바뀌었을 때 생기는 질량의 '변화'에 관한 것이기 때문이다. 주기율표의 원자 중에 헬륨

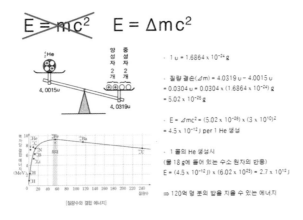

$$E = \cancel{mc^2} \quad E = \Delta m c^2$$

- 1 u = 1.6864 × 10⁻²⁴ g

- 질량 결손 (Δm) = 4.0319 u - 4.0015 u
  = 0.0304 u = 0.0304 × (1.6864 × 10⁻²⁴) g
  = 5.02 × 10⁻²⁶ g

- E = Δmc² = (5.02 × 10⁻²⁶) × (3 × 10¹⁰)²
  = 4.5 × 10⁻¹² J per 1 He 생성

- 1 몰의 He 생성시
  (물 18 g에 들어 있는 수소 원자의 반응)
  E = (4.5 × 10⁻¹²) × (6.02 × 10²³) = 2.7 × 10¹² J

⇒ 120억 명 분의 밥을 지을 수 있는 에너지

[질량수와 결합 에너지]

이라는 원자가 있는데, 헬륨원자 하나는 양성자 두 개와 중성자 두 개로 이루어져 있다. 그런데 양성자 두 개와 중성자 두 개의 질량과 헬륨원자의 질량은 같은 입자수임에도 불구하고 차이가 있다. 이 차이가 값이다. 이 값이 얼마인지 실감나게 느껴보기 위해 계산을 해보자. 우리가 가장 실감나게 느낄 소주병의 부피는 360ml이고, 이것의 20분의 1이 18g이다. 여기 있는 수소만 가지고 이 반응을 일으키면 헬륨이 만들어지는데, 이때 방출되는 에너지양을 계산해보면 2.7×10^{12}J이다. 3인분 전기밥솥으로 밥을 하면 120억 명이 먹을 수 있는 밥이 한꺼번에 만들어지는 양이다. 소주 한 잔도 되지 않는 양의 분자에서 수소만 떼어 핵반응을 시키면 나오는 에너지가 이만큼이 된다는 소리다. 이것이 핵반응의 위력이다.

철보다 무거운 원자들이 우주가 생성되고 난 후에 생성되었다고 했는데 이것이 바로 핵융합 원리에서 나온다. 빅뱅 직후 굉장히 짧은 순간에 모든 에너지가 수소를 만들어냈고, 그 수소와 중성자가 합쳐서 헬륨원자를 1초 정도 안에 만들어냈다. 그리고 그 헬륨원

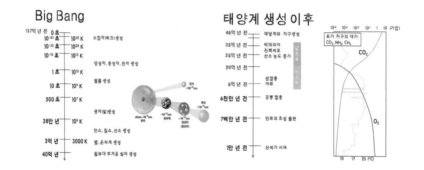

자들이 핵반응을 통해 약 40만 년이 지나는 동안에 앞서 주기율표에서 봤던 원자들을 만들어냈다. 그리고 이것들이 뭉쳐서 은하계를 만들고 그 다음 더 큰 원자들을 만들어냈다. 이것이 우리가 알고 있는 에너지와 물질의 역사의 시작이다. 태양계가 만들어진 다음에는 우주가 많이 식고 여러 가지 물질이 만들어진 다음 10억 년이 지나고, 생명이 시작되고, 우리가 알고 있는 공룡이 등장하고, 인류의 조상이 나타나고, 인류의 문명이 태동하는 등 시간이 지나면서 상당히 많은 일이 벌어진다.

10억 년이라는 세월 동안에 지구 표면에서는 아무 일도 일어나지 않은 것이 아니라 박테리아가 만들어지고, 박테리아가 10억 년 동안 열심히 일을 해서 지구 위에 산소를 만들어냈다. 초기 지구에는 우리가 보통 혐오하는 메탄, 이산화탄소 등이 있고 산소는 거의 존재하지 않았다. 초기 지구에서 이산화탄소의 압력은 약 8기압 정도였고, 이 환경 속에서 혐기성 박테리아들이 열심히 이산화탄소를 산소로 바꾸면서 오늘날 우리에게 익숙한 대기 조성이 만들어진 것이다. 그 사이에 지각변동이라든지 여러 가지 사건에 의해 온

화성인의 탄생 시나리오

100년: 극지의
이산화탄소 방출

200년: 대기층 이산
화탄소 농도 증가하
면서 기압과 압력이
높아짐, 강우의 시작
미생물, 조류의 서식

600년: 미생물의 활
동으로 유기물과 산
소 생성, 식물 생장

화성의 환경:
1. 대기압: 0.006 기압
2. 희박한 산소 농도
3. -60℃ 이하 (평균)

1000년: 화성인의 생활: 스쿠버
장비를 갖추고 야외 활동 가능

도 역시 오르락내리락하다가 우리에게 익숙한 온도로 맞추어진 것
도 비교적 상당히 최근의 일이며, 이전에는 온도가 무척 높았다.

이 대목에서 화성인 탄생 시나리오를 살펴보는 것도 재미있을
것 같다. 지구의 역사에서 힌트를 얻은 과학자들이 만든 하나의 시
나리오이다. 실제로 될는지는 모르겠으나 감상해볼 만하다. 현재
화성 표면은 산소가 거의 없으며 대기압도 매우 낮고, 평균온도도
낮은 상태이다. 화성은 지구보다 크기가 작기 때문에 중력의 크기
도 지구보다 작다. 따라서 대기에 있는 기체분자들을 표면에 붙들
어놓을 힘이 부족해서 대기압도 낮고 산소의 농도도 낮은 것이다.
대기압이 낮기 때문에 온도도 굉장히 들쑥날쑥하다. 일교차가 10
도 남짓만 되어도 우리가 생활하기에는 힘든데, 화성의 일교차는
50~60도를 왔다 갔다 한다. 화성에서 생존하기 위해서는 첫 번째
로 온도를 높여야 한다. 지구와 마찬가지로 화성도 양쪽 극이 가운
데보다 춥다. 화성 극지에 이산화탄소가 얼어 있을 것이라고 추정
하고 있는데, 여기에 거울 기능을 하는 인공위성을 이용해 태양빛
을 이용해 덥히면 이산화탄소가 기화될 것이다. 이산화탄소는 무

거운 편에 속하기 때문에 화성 대기에 오래 잡혀 있을 수 있다. 즉 이산화탄소 기체는 화성 표면을 덮는 스펀지 역할을 할 수 있게 된다. 그러면 태양에서 오는 열을 화성 표면에다 묶어둘 수 있다. 결과적으로 평균 온도는 올라갈 것이다. 온도가 올라가면 물이 존재한다는 가정 하에 얼어 있던 물이 액체 상태가 될 수 있고 기화가 될 수도 있다. 이산화탄소 기체로 생성된 대기압에 의해 물 분자가 화성 표면을 빠져나가지 못하고 하늘 위에 구름을 만드는 등 기상현상을 일으킬 수 있다. 그래서 우리의 일상에서는 이산화탄소가 부정적인 이미지를 가지고 있지만, 생명이 시작되는 첫 번째 단계에서 필요한 것이 바로 이산화탄소다.

이것이 온도를 상승시키고, 물이 순환할 수 있도록 해서 온도와 공기조성이 조절이 되면 지구 초기에 큰 역할을 했던 그 박테리아가 활동하면서 미생물을 만들고, 유기물이 쌓여 식물을 만들어낼 수 있는 것이다. 이런 일련의 과정이 쭉 일어나면 천년 정도의 시간이 흘러 화성 표면에 더러는 물도 고여 있고, 물이 흐르고, 식물과 비슷한 생명체가 존재하는 환경이 만들어질 수 있다. 그때쯤 되면 우리가 화성에서 살 수 있는 기회가 오지 않을까. 사실 어떤 면에서 보면 46억 년의 기간에 걸쳐 일어난 일을 천년으로 압축시키는 것이므로 매우 빠르다고 볼 수도 있지만 분명 짧은 시간은 아니다. 그 모든 일이 이산화탄소로부터 시작됐다는 사실이 개인적으로는 특히 굉장히 재미있게 느껴지는 바다.

생명이 존재하고 활동하기 위해서는 적당한 온도, 압력, 물 등 여러 가지를 필요로 한다. 그런 점에서 지구는 굉장히 'Unique'하다. 금성이 약 20억 년 전에는 지구와 비슷했다고 하나 지금은 더 이상 그렇지 않다. 현재 금성 표면은 온도가 약 400℃ 정도 되기 때문에 아무것도 남아 있지 않다. 압력 역시 약 10기압 정도로 생명체가 진입하면 순식간에 찌그러질 것이다. 화성은 지구 바로 다음으로 바깥에 위치하고 있는 행성이지만 온도도 매우 낮고 아무것도 없어서 생명체가 생존하기에는 역부족이다. 그런 점에서 지구의 위치는 굉장히 절묘하다. 태양 역시 작은 별에 속하는데 만약 큰 별이었다면 화염 속에서 주변 행성들이 살아남지 못했을 것이다. 게다가 큰 별은 수명도 굉장히 짧기 때문에 40억 년 전에 이미 터져서 사라졌을 수도 있다. 태양이 가지고 있는 그 크기 역시 굉장히 절묘한 것이다. 그 40억 년의 역사 속에서 우리가 현재 존재할 수 있다는 사실은 장엄하게 느껴지기까지 한다.

에너지 원의 생성 시기

	사용해 온 기간	저장 기간
동물 (소, 말)	1만 년 전부터	2-10년
나무	50만 년 전부터	20-30년
석탄	6천년 전부터(중국) 1천년 전부터(유럽)	3억년
석유	150년 전부터(유럽)	3억년
지열	120년 전부터(지열의 상업적 이용)	46억년
원자핵 분열	60년 전(1954년)부터	최대 100억년
원자핵 융합	미래?	137억년

오늘 이야기하고자 하는 또 하나의 주제는 사람이 쓰고 있는 에너지에 대한 것이다. 약 1만 년 전 농경의 역사가 시작되면서 가축을 사육하기 시작했고 쟁기를 끄는 일을 소에게 시키기 시작했다. 현재는 더 이상 이런 방식으로 농사를 짓지 않지만 아직도 개발이 더딘 나라에서는 이런 방식을 사용하고 있다. 그러나 소 한 마리에

게 쟁기를 얹어 농사를 지으려면 약 3~4년은 기다려야 한다. 나무는 우리가 잘 알고 있다시피 태워서 쓰는 연료인데 나무 하나가 자라고 이것이 죽은 다음 장작으로 쓰이기 위해서는 일반적인 나무의 수명을 생각할 때 약 20~30년은 있어야 나무 하나가 연료로 쓰일 수 있게 된다. 석탄 역시 역사적으로는 꽤 오래 전부터 사용하기 시작한 연료인데 본격적으로 쓴 것은 거의 최근 150년 동안이다. 석유도 마찬가지다. 석탄은 약 3억 년 전 나무가 어쩌다가 우연히 땅 속에 매몰되어 탄화가 된 것이고, 석유 역시 해양생물들이 똑같은 운명을 갖고서 땅 속에서 탄화된 것이다. 우리나라에는 적용되지 않지만 지열발전의 경우에도 말 그대로 지구가 40억 년 전에 태어났을 때부터 갖고 있던 내부의 열을 지금 꺼내서 쓰는 것이다. 원자핵 분열은 우라늄 원자가 쪼개지면서 방출되는 에너지를 얻어 쓰는 것이다. 우라늄은 지금으로부터 약 100억 년 전에 초신성들이 크게 터지면서 만들어졌다고 알려져 있다. 현재 미래 에너지로 각광받고 있는 핵융합 기술은 수소원자를 결합시켜서 헬륨을 만드는 것이다. 이 반응은 빅뱅 직후 처음으로 만들어진 원자들의 반응이므로 만약 우리가 실제로 이것을 미래 에너지로 활용하게 되면 우주의 역사가 시작된 이래 최초의 반응을 이용하게 되는 것이다. 이렇게 보면 우리가 꺼내 쓰고 있는 에너지는 처음에는 비교적 최근에 만들어진 것이지만 점점 역사의 창고 깊숙이 있는 것을 꺼내 쓰고 있다는 비유를 할 수도 있겠다.

약 100만 년 전 우리의 조상은 우리보다 키가 훨씬 작아 130cm 정도밖에는 되지 않고, 몸에 털도 많다. 그 조상들은 주로 나무에서 열매를 따먹고 살았다고 한다. 여러 가지 고고학적인 증거들로

우리가 있는 지금의 지구

* 지구는 unique한 행성이고, 이 지구에서 현재 또한 unique한 시점이다.

인류의 역사

100만 년 전	1700 kcal	채집
50만 년 전		불의 발견, 수렵 + 채집
10만 년 전	5200 kcal (3 ES)	
1만 년 전		신석기 시대, 농경 시작
7천 년 전	12000 kcal (4 ES)	가축 사육 작업의 분화
5천 년 전		고대 문명
6백 년 전	26000 kcal (9 ES)	
1776년		와트의 증기 기관
1900년	76000 kcal (30 ES)	
1950년	(독,일)	핵 발전
현재	40000 kcal (15 ES) (세계 평균), 232000 kcal (92 ES) (미국, 17000 kcal (6 ES) (저개발 국가)	

ES: energy slave, 한 사람이 사용하는 에너지의 양을 측정하는 척도.

$$ES = f_{use}/HE \cdot 1$$

f_{use} = 한 사람이 사용하는 에너지 총량
HE = 한 사람이 할 수 있는 일의 양 (2500 kcal)

동력의 변천사

BC 3000 년	범선 (이집트)	1878 년	발전소 (동력)
BC 2300 년	양수기	1879 년	전구(미국)
BC 1600 년	물무	1885 년	휘발유 자동차(독일)
BC 275 년	수력송양기, 물시계	1892 년	디젤 기관(독일, 디젤)
BC 240 년	증기터빈	1904 년	진공관(미국)
1 년	물레방아		
600 년	풍차	1937 년	제트기(영국)
950 년	수차 보급		
1290 년	수차를 이용한 풍구	1948 년	트랜지스터(미국)
1540 년	수차를 공장의 동력으로 사용	1953 년	민방 제트기
1712 년	증기기관 (뉴커먼)	1954 년	원자력 발전(소련)
1770 년	증기자동차(뀌노)		
1814 년	증기기관차(스티븐슨)		

봤을 때 이 사람들이 하루에 섭취했던 에너지 양은 1,700kcal 정도라고 한다. 우리가 건장한 상태에서 하루에 쓰는 에너지가 약 2,500kcal이므로 상대적으로 상당히 적은 양이지만 체구도 작았으므로 괜찮았을 것이다. 50만 년 전쯤, 불이 발견되면서 동시에 사람들이 수렵활동을 하고 고기를 먹기 시작하면서 1인당 에너지 소비량도 많아졌다. 이 대목에서 Energy slave라는 개념을 소개하면 재미있을 것 같다.

Energy slave란 이런 개념이다. 내가 내 몸을 가지고 활동을 하게 되면 내 몸을 유지하기 위해서 2,500kcal가 필요하다. 내 몸을 유지하는 데 내가 가진 에너지를 이용하면 내가 나 스스로를 위해 봉사를 하는 것이다. 그런데 내가 쓰는 에너지가 2,500kcal을 넘는다면 내가 아닌 다른 누군가가 나를 위해서 일을 해줘야 한다. 내가 노예를 한 명 데리고 있다고 하면 내가 섭취하는 2,500kcal와 노예가 섭취하는 2,500kcal을 합쳐 총 5,000kcal에 해당하는 에너지를 내가 쓸 수 있게 되는 것이다. 다소 자극적인 개념이긴 하지만 오늘의 주제와 어느 정도 부합하는 개념으로 보인다.

1만년 전에 신석기시대가 시작되면서 농경이 시작되고, 가축을 사육하기 시작한 것이 약 7천년 전이다. 그때쯤 되면 동물의 에너지를 이용하므로 말과 소 등의 열량을 인간이 이용하는 것과 같아지고 Energy slave가 4단위 정도 된다. 600년 전쯤까지는 이 숫자가 크게 변하지 않다가 문명이 급속도로 발전하면서 현재 미국의 경우에는 Energy slave의 수치가 약 92, 즉 미국 국민 한 사람이 노예 92명을 데리고 있는 것과 같다. 이렇게 많은 Energy slave를 받쳐줄 충분한 양의 에너지가 존재할까? 사실 상식적으로 아는 이야기다. 증기기관의 발명을 기점으로 인류는 인공적으로 동력을 꺼내 쓸 수 있게 됐다. 폭발적인 에너지를 이용할 수 있게 되면서 에너지를 이용하는 수준이 비교도 안 될 정도로 차이가 나게 된 것이다.

에너지 자원 고갈

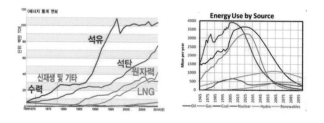

우리가 사용하고 있는 에너지의 미래는 어떻게 될까. 사람들이 쓰는 에너지의 양은 굉장히 많이 늘어나고 있다. 2010년의 경우 20년 전에 비해서 에너지 사용량이 2배가 높다. 그런가 하면 현재 우리가 주요 에너지원으로 쓰고 있는 석탄, 석유, 기름 등의 수명은 2035년쯤 피크를 거치고 줄어들 것이라고 예상된다. 그러나 이러한 비관적인 전망은 요즘 여러 가지로 비평을 많이 받는다. 석유로 예를 들면 현재 우리가 석유를 캐내는 방식을 유지하면 석유를 얼마나 쓸 수 있을지에 대한 예상이 나온다. 그러나 석유를 캐내는 방식은 기술의 진보와 관련이 깊다. 10년 전 방식과 지금 방식은 현저히 다르다. 그때는 불가능했던 것이 지금은 가능해졌다. 즉 더 깊이 매장되어 있는 것도 사용할 수 있는 방식이 생기면서 매장량이 더 늘어나는 효과가 생기는 것이다. 그래서 어떤 통계에 의하면 1960년대에도 40년 뒤에는 석유가 고갈될 것이라고 예상했지만 지금도 여전히 예상되는 석유의 고갈 시점은 40년 후다. 물론 언제까지나 석유의 고갈 시점이 40년 후로 남아 있지는 않겠지만 기술력의 문제, 경제상황의 문제 등이 같이 결부되어 에너지 자원의 한계점을 결정짓는다. 따라서 중장기적인 에너지에 대한 전망은 조

일상적인 제품 또는 행위에 소비되는 전력

상품/활동	에너지 소요량(kWh)
식빵 1 kg	10
책 1 kg	50
노트북 컴퓨터 1 kg	1,000
더운물 샤워 1회	5
휴대전화 1시간 통화	2
1시간 TV 시청	3
1시간 자동차 운행	200
1일 권장 칼로리	2-3

심스럽게 평가해야 할 것이다.

2095년쯤에는 지금과는 상당히 다른 상황이 될 것이다. 이것은 심각한 이야기다. 우리가 일상생활에서 쓰는 에너지에 대해 생각하자면 전기, 난방, 자동차 등에 대한 생각만 하기 쉽지만 사실 우리를 둘러싸고 있는 모든 환경이 에너지라는 개념과 연결된다. 식빵 1kg를 만들 때 들어가는 에너지양이 10kWh이다. 1kW가 860kcal 정도 되는데, 즉 하루 권장 칼로리는 약 3kW가 된다. 식빵 1kg를 만들 때 사람이 하루에 먹는 양보다 3배 더 많은 에너지가 투입되어야 한다는 이야기다. 환경에 아무 영향이 없을 것이라고 예상되는 책을 만드는 데에도 1kg의 책을 만들 때 상당히 많은 에너지가 들어간다. 그 외에 자동차나 TV 시청 같은 것은 전기를 쓰고 있어서 잘 알고 있지만 마찬가지다. 식빵을 만드는 재료를 생산하기 위해 농부들이 농사를 짓는 것부터 시작해서 운송, 가공하는 과정에까지 모두 동력이 사용되는데 여기에 들어가는 에너지를 다 합치면 그렇다는 이야기다. 그래서 차라리 우리가 그만큼의 에너지를 섭취할 수 있다면 식빵을 먹는 것보다 더 효율적이지 않을까하는 생각이 들 정도다. 우리가 단순하게 에너지를 절약하기 위해 기름을 아끼고 전기를 아끼는 일뿐만 아니라 우리가 하는 모든 행동에 에너지가 연관된다. 혹자는 에너지 중독이라는 말을 사용하는데 맞는 말일 수도 있다. 개인이 각성해서 에너지를 줄이려고 해봤자 효과적이지 않다.

에너지 문제는 더 이상 자원이 모자라다는 차원에서 끝나지 않고 에너지를 사용하는 과정에서 나오는 불순물이 불러일으키는 효과가 큰 문제가 된다. 우리가 잘 알고 있는 문제들 중 하나가 환경

온실 가스

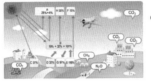

CO₂, CH₄, N₂O, SF₆, H₂O,

A : 반사되는 태양 단파에너지(대기반사-26%, 지표반사-4%)
B : 대기에 흡수되는 에너지(대기전도에너지-32%, 지구장파복사에너지-101%, 태양 단파에너지-19%)
C : 지표면에 흡수되는 태양 단파에너지(51%)
D : 지표면에 도달하는 에너지의 일부는 열전도에 의해 다시 대기로 전도됨.
E : 지구온도 15° C에 해당하는 에너지(390W/㎡)
F : 대기를 빠져나가는 지구 장파 복사에너지
G : 대기에서 지표면으로 되돌아오는 지구 장파 복사에너지
H : 대기에서 방출되는 장파 복사에너지

지구온난화 현상

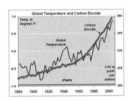

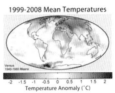

문제다. 온실가스만 언급하자면 앞서 화성인 탄생 시나리오에서는
이산화탄소가 생명체가 존재할 수 있는 환경을 조성하는 데 있어
중요한 역할을 담당했지만 사람들이 만들어내는 이산화탄소는 지
구의 환경을 유지하는 균형을 깨뜨리고 있다. 비유를 하자면 수위
를 맞추기 위해서는 들어오는 물과 나가는 물이 균형이 맞아야 하
는데 이러한 균형이 맞는 것처럼 태양에서 오는 열에너지 중에서
지구에 들어오고 나가는 양이 절묘하게 균형을 맞추고 있다. 그러
나 이산화탄소가 증가하면서 이 균형을 깨뜨리고 있는 것이다. 과
거 10년 사이에도 지구의 온도가 굉장히 높아졌는데 앞으로 100
년 사이의 시나리오를 상상해보면 인류가 어떤 식으로 경제활동을
하는가에 따라 낮으면 2도, 높으면 4도 정도 온도가 상승한다고 이

야기한다. 우리가 생각하기에는 2도, 4도가 아무렇지 않을 수 있지만 약 2~3도 정도 범위에서의 온도 변화도 누적적으로는 지구환경에 치명적인 영향을 주게 된다.

사람들이 여기에 대한 답이라고 생각하는 것으로 재생에너지가 있다. 태양광을 이용한 태양광발전, 풍력발전, 수력발전, 바이오에너지 등이 여기에 포함된다. 어떤 면에서 보면 이러한 에너지의 원천은 태양이다. 바람을 만들어내는 것도 결국은 태양이고, 비를 만드는 것도 태양이다. 바이오에너지도 식물을 키워서 우리가 활용하는 것이므로 역시 태양이 만드는 것이다. 태양에서 오는 에너지를 활용하자는 것이 재생에너지다.

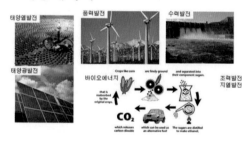

재생에너지

각 발전 수단에서 발생하는 CO_2

연료	전력 1 kWh 당 발생하는 CO_2 (g)	비고
석탄	863-1,175	
석유	893	
천연가스	577-751	
지열	0-1 91-122	전력 생산 방식에 따라 차이가 있음
핵발전	60-65	
수력	15	댐 건설, 녹지 손실, 메탄 생성
태양열	25-65	시설물 건설 및 유지
태양광	106	시설물 건설 및 유지, 부품 생산
풍력	21	시설물 건설 및 유지, 부품 생산

문제는 이 재생에너지가 청정에너지로만 이야기가 되고 있는데 꼭 그렇지만은 않다. 공장을 만들고 전력을 대는 과정에서 역시 이산화탄소가 만들어지기 때문이다. 마치 재생에너지가 모든 것에 대한 근본적인 답이라고 이야기하지만 사실 그렇지 않다는 것이다. 또한 2100년 정도가 되면 인구가 100억 명을 넘을 것이라고 예상되고 있다. 현재 70억 명 인구 중에서도 10% 정도는 기아 선상에 있다. 인구가 100억 명 정도로 늘어날 경우 식량도 그만큼 더 늘어야 하는데 단순히 농사를 더 많이 지어서 식량을 많이 만드는 것이 답은 아니다. 사실 농업에서 만들어지는 온실가스의 양이 운송수단이 만들어내는 온실가스의 양보다도 더 많다는 통계가 있다. 산림에서 나오는 이산화탄소 균형과 경작지에서 나오는 이산화탄소의 균형은 상당히 다르기 때문에 경작지를 늘리는 일은 지구온난화를 부추기는 꼴이 되는데 이미 인류는 상당히 많은 경작지를 확대했다.

인구와 식량 문제

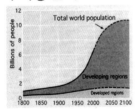

• 현재 기아 인구: 8억 5천만
• 2050년 90억 인구가 필요한 식량은 현재의 2배로 추정됨

현재 농업의 문제

• 온실 기체 발생량: 농업 > 운송 수단
  CH_4: 목장, 논, NO: 비료 사용, CO_2: 밀림 벌목

• 경작지 확장:
  산림 감소 → 지표면 온도 상승 → 수분 증발량 증가 → 식물이 살 수 없는 환경 → 토양의 유실 (황무지화) 생물학적 다양성을 감소하는 주요인

• 물 부족, 수질 오염

어느 시대에든 고민은 있다. 아주 먼 옛날의 원시인들도 오늘은

또 어떻게 먹고 살 것인지 고민했을 것이다. 지금은 그런 고민은
하지 않지만 여전히 해답 없는 고민은 많다. 후대 사람은 고민에
대한 해답이 어떤지 알지만 당대의 사람은 모를 수밖에 없다. 『내
셔널 지오그래픽』이라는 책에서 제안된 이야기인데 한 번 생각해
볼 만해 소개한다. 더 이상은 농경지를 개간해서는 안 된다는 것,
동일한 경작지에서 생산할 수 있는 식량의 양을 늘리자는 것, 효율
적으로 자원을 사용하자는 것, 그리고 식습관을 개선하자는 것, 마
지막으로 음식물쓰레기를 절감하자는 것이다. 여기서 식습관을 개
선하자는 것은 사람이 100kcal를 섭취할 수 있는 쌀을 소에게 먹
여 소를 먹게 되면 약 3%밖에 흡수되지 않는다. 이 점에 대해 생각
해보라는 것이다.

　　Footprint라는 개념이 있다. 앞에 했던 이야기와 비슷한데, 역시

Footprint

· **Carbon footprint:** 개인 또는 단체가 직접·간접적으로 발생시키는 온실 기체의 총량. 여기에는 이들이 일상 생활에서 사용하는 연료, 전기, 용품 등이 모두 포함됨.

예) 자동차를 운전할 때 발생하는 CO_2의 총량 (= footprint)

```
        휘발유 연소
        유전에서 석유 채굴
        석유의 운송
        석유의 정제
        자동차 생산에 사용되는 전력
        자동차 부품 원자재(금속 등) 채굴
        자동차 공장 건설 및 운영
  +  )  주유소 건설 및 운영
```

Footprint

· **Water footprint:** 사람(산업, 사회)이 소비하는 상품과 서비스를 제공하기 위해 사용되는 담수의 양. 물의 양 = 제품 생산에 들어가는 물의 총량 + 오염되는 물의 양

국가	Water footprint (m³/년) (연간 소득 $25,000 기준)			
	남/육식	남/채식	여/육식	여/채식
한국	2241	1710	2104	1624
미국	2019	1471	1903	1408
일본	987	844	920	790
중국	1469	1329	1385	1257
독일	1801	1361	1679	1280
이탈리아	2941	1984	2714	1849
인도	538	570	488	517

· **Ecological footprint:** 인간이 지구에서 삶을 영위하는 데 필요한 의·식·주 등을 제공하기 위한 자원의 생산과 폐기에 드는 비용을 토지로 환산한 지수

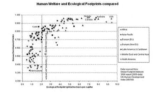

Human Welfare and Ecological Footprints compared

환경에 대해 생각하는 사람들이 많이 하는 이야기다. 사람이 하는 모든 활동이 자연에 남기는 흔적을 Footprint라고 하고, 이산화탄소의 총량으로 이야기한다. 휘발유로 가는 자동차를 운전할 때 내가 남기는 Footprint는 단순히 휘발유에서만 나오는 이산화탄소가 아니라 유전에서 석유를 채굴하고 여러 과정을 거칠 때 나오는 이산화탄소를 포함한다. Water footprint라는 것도 있는데, 이것은 우리가 일상생활을 유지하기 위해 소비하는 물의 총량이다. 실제로 계산해보면 생활 패턴에 따라 많은 것이 달라질 수 있다는 것을 알 수 있다. 비슷한 개념으로 Ecological footprint라는 것도 있는데, 이것은 우리의 생활습관을 유지하기 위해 필요한 자연의 면적이다. 계산에 따르면 우리가 좋다고 여기는 표준에 따라 생활을 영위할 때 Ecological footprint는 이미 지구 면적의 두 배를 넘는다.

에너지는 써서 없어지는 것이 아니라 전체적인 흐름 속에 있다. 에너지가 굉장히 거대한 역사 속에 있다는 것을 한번쯤은 꼭 느껴봤으면 한다. 열역학 법칙을 언급하면서도 에너지가 단순히 내 눈앞에서 사라지는 것처럼 보인다고 정말 사라지는 게 아니라 어딘가에 쌓여서 부작용을 나타낼 수도 있다는 것도 꼭 기억해주었으면 한다. 사람을 구성하고 있는 주요 원소는 질소, 탄소, 산소, 인이

식량 문제 해결 방안 National Geography

- 새로운 농경지 개간 중단. 이미 쓸모가 없는 땅의 54%가 사용되고 있음.
- 작물 생산 효율 증대. 아프리카, 라틴아메리카, 동유럽 등지
- 효율적인 자원 사용. 비료, 농약의 남용을 방지
- 식습관 개선. 식 재료별 작물 투입량 대비 산출 에너지 비율(%): 우유(40), 달걀(22), 닭고기(12), 돼지고기(10), 쇠고기(3)
- 음식물 쓰레기 절감: 식량 에너지의 25%, 생산 식량 총량의 50%가 쓰레기가 됨.

우리가 사는 세상의 순환

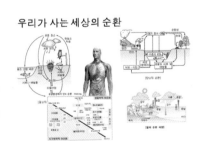

다. 자연의 관점에서 보면 이것들은 여러 순환 속에 있고 잠시 우리 몸을 지나가는 것이다. 사람으로 구성되는 사회 역시 마찬가지이고 우리가 포함되는 국가도 마찬가지다. 우리가 사는 세상은 모든 것이 다 순환 속에 있고 우리는 그 순환 속에서 이 순간에 존재하다 가는 것이다. 이것을 염두에 두면 많은 문제에 대해서 생각할 수 있다. 다시 처음의 문제로 돌아간다. 과학이라는 것이 뭘까. 과학자가 하는 것이 과학이라고 이야기를 했는데, 현재의 과학자는 굉장히 지엽적이고 작은 문제를 본다. 그러나 옛날의 과학은 이 세상을 보면서 나의 자리에 대해 알기 위한 목적이었다. 우리가 현 시점에서 다시 과학을 생각할 때 다시 한번 옛날의 관점이 필요한 것이 아닌가 생각한다.

Q 1   요즘 뉴스를 보면 이전에 발견되지 않았던 유전이 발견되고, 또 기존에는 경제적 가치가 없다고 판단되어 개발되지 않았던 유전이 다시 주목을 받고 개발이 되어 실제로 유전이 고갈될 날이 더 멀어졌다고 한다. 그런 식으로 아직 발견되지 않은 에너지양이 많을 것 같은데, 교수님은 얼마나 될 것이라고 생각하시는지.

A 1   전문가들의 의견도 분분한 내용이라 아까 말씀드린 것처럼 시간에 따라 바뀔 것이다. 매장량이라는 것이 사실은 가채(可採)라는 말이 붙는다. 경제적인 상황과 기술 발전 정도에 따라 깊이 팔 수 있는 우물의 깊이는 달라지기 때문에 예상되는 고갈 시기는 계속 늘어나는 것이 맞다. 그럼에도 불구하고 지금 중요한 것은 에너지의 소스보다 그로 인한 환경문제이다. 아무리 땅 속에 에너지 소스가 존재한다 하더라도 바뀌고 있는 기후 변화를 우리는 이미 온 몸으로 느끼고 있다. 에너지 자원의 문제보다 환경문제를 훨씬 더 절박하고 중요한 문제로 보아야 한다고 생각한다.

Q 2   우리나라만 해도 산업용 전력이 총 소비전력의 60% 정도를 차지하고, 일반 가정에서는 개인적으로 아낄 수 있는 자원에 한계가 있어 보인다.

기계공학도로서 직업을 갖는 데 있어서 어떤 태도와 생각으로 선택해야 하는지 여쭤보고 싶다.

A 2　세계화가 되면서 내가 뭘 하는지에 따라 다른 사람에게 굉장히 큰 영향을 줄 수 있는 시대가 됐다. 밀양 송전선 이야기를 하자면 잠재적으로 보면 우리가 항상 전력의 수요자이고 우리가 전력을 쓰려면 송전선을 만들어야 하기 때문에 누구도 그 문제에서 자유로울 수는 없다. 그런데 애꿎게 밀양 시민이 고생을 하고 있다. 사람이 가까이서 느끼는 것과 멀리서 느끼는 것은 실제로 생각하는 것과는 많이 다르다. 에너지 문제가 우리와 그렇게 멀지 않고 사실 굉장히 가까이 있는 문제이고, 환경문제도 역시 그렇다는 것을 말씀드리고 싶다. 늘 균형을 생각해야 한다. 내가 하는 행동이 세상에 어떤 효과를 주고 어떤 영향을 끼칠까에 대해 생각해보는 습관을 길렀으면 한다.

Q 3　에너지 문제를 극복하는 두 가지 방식에는 기존의 에너지를 절약하는 방법과 신에너지를 개발하는 방법이 있다고 들었다. 전자는 현실성은 있으나 기존 에너지가 갖는 부작용을 그대로 다시 답습하는 결과가 나오지 않을까 싶고, 후자는 우리가 생각하는 것만큼 친환경적이지 않고 예를 들어 수력발전만 해도 거의 화력발전에 맞먹는 부작용이 있다고 알려져 있다. 교수님께서는 개인적으로 두 가지 방안 중에 어떤 부분이 더 실효성이 있다고 생각하시는지.

A 3　확실한 것은 미국식으로 가다가는 굉장히 어려운 시기가 빨

리 닥칠 것이라는 생각은 든다. 역사에서는 굉장히 아이러니한 일이 많다. 유럽에 흑사병이 돈 적이 있었는데, 흑사병으로 그 당시 인구의 3분의 1이 목숨을 잃었다. 그 뒤에 구텐베르크의 활자가 퍼져나갔는데 그이유 중의 하나가 흑사병이라고 이야기하는 사람이 있다. 사람이 많이죽었기 때문에 인건비가 비싸져서 노동력으로는 더 이상 지탱할 수 없는 상황이 된 것이다. 그래서 활판인쇄기를 만들게 되었다는 이야기와, 또 하나는 인구가 감소해서 옷감이 많이 남게 되어 그 옷감을 종이 대용으로 쓰는 일이 유행했다는 이야기다. 이와 같이 앞 세대의 불행이 뒤세대의 다행이 되는 일이 역사적으로 보면 참 많이 일어난다. 어떤 시나리오를 따르느냐에 따라서 언젠가 큰 고비가 닥치고 반성하게 되고 다른 길로 가게 될 것이다.

김원중 교수

성균관대학교 영어영문학과 교수
문학과 환경학회 회장 역임
아이오와 대학교 박사

주요 저역서: 『소로의 자연사 에세이』,
『브라우닝 사랑시 연구』,
『서양문화지식사전』(공저),
『나의 첫 여름』,
『숲에 사는 즐거움』

제6강

생태계와 인문학적 상상력
— 숲의 언어와 먹거리의 미로

요즘 20대는 환경에 별 관심을 가지지 않는다는 이야기가 많다. 환경은 하루가 다르게 첨단화되고 있는 사회와는 뭔가 동떨어진 개념이라고 생각할지 모르겠지만 21세기는 그야말로 환경의 시대다. 기업조차도 친환경적인 이미지를 강조하곤 한다. 아예 Ecology를 상품화해서 다루는 느낌도 든다. 나는 영어영문학과에서 시를 가르치는 사람이고 시를 가르치면서 주로 환경문제에 관심을 가지고 있다. 그래서 문학 가운데서도 생태문학이라는 장르를 가르치며 연구하고 있다.

오늘은 내가 개인적으로 좋아하는 작가, 소로(Henry David Thoreau)와 폴란(Michael Pollan)에 관한 이야기를 해보려고 한다. 우리가 살고 있는 세계는 소위 말하는 '자연'이라는 것과 수없이 많은 다른 생명체들이 같이 살고 있는 커다란 생태계인데, 오늘 하려는 이야기는 바로 이런 생태계에 관한 것이다.

우리는 얼마 전까지만 해도 미세먼지 때문에 숨도 제대로 쉴 수 없었다. 서울 하늘은 뿌옇고, 이에 대한 대책은 없다는데 우리는 어떻게 살아가야만 하는가? 흔히 중국을 '세계의 공장'이라고 부르곤 하는데 우리나라는 중국의 동쪽에 위치해 있어 중국으로부터 날아오는 각종 오염물질로 인해 심한 피해를 입고 있다. 세계 전체를 놓고 볼 때 중국과 한국, 그리고 일본의 공기의 질은 하위 10%에 속한다고 한다. 다른 것은 어떻게 해볼 수 있다고 치더라도 공기를 무슨 수로 개선할 것인가? 공기오염에서 보듯 환경의 문제는 이렇게 우리의 삶과 불가분의 연관을 맺고 있다. 정현종 시인의 「한 숟가락 흙 속에」라는 시에서 "한 숟가락 흙 속에/미생물이 1억 5천만 마리"가 살고 있다고 노래하며 흙길을 걸어갈 때 내가 느끼는 탄력이 그 속에 있는 수십억 마리의 미생물이 밀어올리는 힘이었다고 말한다. 내가 의식하지 못할 수도 있지만 살아가는 모든 순간이 다른 것과의 상호관계 속에서 행해지는 것임을 말하는 것이다. 우리 몸에도 사실은 수없이 많은 세균이 우리와 동거하고 있다. 이렇게 볼 때 이 세계가 우리 인간만을 위한 세계가 아니라는 것은 분명한 사실이다.

『월든(Walden)』의 작가로서 잘 알려진 소로는 '숲의 산책자'라고 불리는 19세기 사람이다. 숲을 굉장히 좋아했고 자연을 사랑해서 하루에 4시간씩 숲을 거닐었다고 한다. 숲에 나가서 자연 속을 걸으면서 본 모든 것을 일일이 꼼꼼하게 기록했다. 그런 메모를 토대로 해서 여러 작품을 쓴 사람인데, 이를 통해 우리 삶을 지탱해주는 자연과 인간의 근원적인 관계를 성찰한 사람이다.

작가로서 소로의 궁극적인 목적은 문명에 미치는 자연의 중요성을 해석해 인간의 의식 속에 자연을 중요하게 자리매김할 수 있도

Henry David Thoreau

록 하는 것이었다. 여러분에게는 아직 자연이 그렇게 아름답게 와 닿지 않겠지만 어느 정도 나이가 들면 자연의 아름다움에 매혹되는 경험을 하게 될 것이다. 지금 여러분의 눈에 자연이 들어오지 않는다고 해서 여러분이 자연 속에 살고 있지 않은 것은 아니다. 우리는 날씨가 조금만 덥거나 춥거나, 혹은 비만 내려도 그에 따라 기분이 좌지우지되는 자연 내 존재들이다.

소로가 글을 쓸 때의 19세기 미국은 급격하게 산업화가 진행되던 시기였다. 울창했던 산림들이 황폐화되고, 기차가 전 지역으로 연결되기 시작하면서 물자의 이동이 활발하게 이루어지고, 시골과 도시가 연결되는 등 커다란 변화가 일어났다. 지금 온 세상을 하나로 만든 인터넷처럼 아마 그 당시 소로에게 있어서 기차는 현대 문명의 상징이었을 것이다. 그런데 점점 그것으로 인해 자연이 무차별적으로 훼손되면서 많은 사회적 부작용을 낳는 현상을 보면서 소로는 이런 일의 원인이 인간의 탐욕이라는 사실에 주목한다. 그래서 소로는 여러 저술을 통해 인간이 자연의 거주자임과 동시에 구성원이며 그 안의 일부라는 사실을 사람들에게 상기시키고 싶었던 것이다.

소로는 『월든』의 첫 장에서 19세기 중반의 산업자본주의가 인간을 필요 이상의 욕망에 사로잡히도록 만들어 행복한 삶을 살 수 없게 한다고 강하게 비판한다. 문명을 통한 산업화는 겉으로는 발전과 진보를 외치고 있지만 실제로는 끊임없이 인간의 욕망을 배양해 우리의 삶을 근심과 걱정으로 가득 채우고 있는 것이다. 그래서 이 무의미하고 반복적인 생산과 소비를 미덕으로 여기게 되었는데 나는 인간이 쓰는 말 가운데서 소비가 미덕이라는 말이 가장 어글리(ugly)하다고 생각한다. 지구의 자원은 한정되어 있는데 어떻게 소비가 미덕일 수 있겠는가?

소로는 우리가 인간으로 살아가는 데 있어 최소한으로 필요한 것이 무엇인가를 직접 실험해보기 위해 월든 숲으로 갔다. 그곳에서 2년 2개월 동안 살면서 인간에게 필수 불가결한, 근원적인 것이 무엇인지를 실험했던 것이다. 소로는 『자연사 에세이』 말미에서 돈만을 추구하는 사람들을 향해 상당한 독설을 퍼붓는다. "내가 보기에 사람들은 대부분 대자연을 돌보지 않으며, 그들이 살아 있을 수 있는 한, 그리고 큰 액수는 아니더라도 규정된 금액만 준다면, 자연의 모든 아름다움에 관한 자신의 몫을 기꺼이 팔아버릴 것 같다. 아직은 사람들이 날아다니며 땅을 파괴할 만큼 하늘은 파괴하지는 못하니 다행이다. 하늘 쪽은 당분간 안전하다. 어떤 사람들은 이런 것을 돌보지 않기 때문에 우리가 힘을 합해 소수의 약탈로부터 모든 것을 보호해야 될 이유가 바로 여기에 있다."

소로에게 자연은 우리가 원하는 것을 마음껏 가져올 수 있는 자원창고가 아니라 신성과 진리를 전달하는 감각적인 매체이다. 소로의 말을 인용하면, "지구는 단지 죽은 역사의 한 파편으로서 책장들처럼 한 층 한 층 주로 지질학자와 골동품연구가에 의해 연구되어야 하는 것이 아니라, 꽃과 열매를 내는 나뭇잎들처럼 살아 있는 시(詩)이다 – 화석화된 지구가 아니라 살아 있는 지구이다." 따라서 소로가 하려고 했던 일은 자연 자체에 대한 탐구와 기술보다도 자연과 인간의 상호작용, 상호관계를 밝히는 것이었다. 이를 통해 소로가 우리에게 들려주고 싶었던 이야기는 "세상의 보존이 야생성 속에 놓여 있다"는 말로 요약될 수 있는데, 이는 세상을 보존하기 위해서는 문명화되지 않은 야성이 필요하다는 이야기다. 야성의 존재는 인간에게 길들지 않아서 인간의 원기를 회복시킨다고 본 것이다.

소로는 자연을 관찰할 때 관찰만으로 그치는 것이 아니라 그 관찰을 토대로 사색을 한다. 관찰과 사색이라는 이중의 방법을 통해서 과학적 진리와 시적 진리를 결합하는 것이 소로의 목적이었다. 객관적 묘사와 주관적 상상력을 결합시키는 글이 소로의 글 대부분을 차지하고 있는 까닭이 바로 여기에 있다. 다음은 나뭇잎 사진

소로 자신의 '과학': 더 높은 법칙을 다루는 과학
....

나뭇잎은 창조 에너지의 상징이자 일종의 상형문자

인데 나뭇잎에 대한 자세한 관찰을 얘기하는 데서 그치지 않고 깊은 사색을 통해 나뭇잎을 창조 에너지의 상징이자 일종의 상형문자라고 풀어내는 것이 좋은 예이다.

자연에 다가가기 위해 소로가 주로 하는 일은 산책이었는데 소로는 산책을 자연이라는 성지로 걸어가는 행위라고 표현한다. 모든 산책은 이교도의 손에서 성지를 재정복하기 위한 십자군 원정과 같다고 비유하기도 한다. 이때 이교도는 물론 문명과 돈이라는 가치에 중독되어 있는 사람들을 일컫는다. 여러분은 산책을 하는가? 공부하느라 산책할 시간이 없는지도 모르지만 산책은 참 재미있는 활동이다. 산책은 그저 다리만 움직이는 물리적인 운동이 아니라 끊임없이 새로운 것이 우리의 의식 속으로 들어온다. 소로는 산책을 우리의 몸과 영혼을 바깥 세상에 개방하는 행위라고 말한다. 산책을 통해 내 속에 갇혀 있던 주관적인 생각이 객관적인 사물을 만나 교정될 수 있고, 우리의 생각과 행동을 구속하던 주입식 사고의 속박에서 벗어나 자기 발과 눈, 귀, 그리고 손으로 세상을 직접 체험하여 참된 앎을 얻을 수 있는 것이다.

소로는 하루 종일 의자에 앉아서 시간을 보내는 일은 우리의 본성에 반하는 것이며, 극심한 도덕적 무감각인 동시에 일종의 자살 행위라고 이야기한다. 문명은 끊임없이 우리를 좁은 울타리에 가두어 우리가 자연과 상관없는 존재라는 환상을 부추기지만, 삶의 자유와 자립을 포기하고 오직 문명이 요구하는 것에만 복종하는 것은 노예의 삶을 사는 것이라고 말한다. 소로는 『월든』의 서두에서 "사람들 대다수는 말없이 자포자기의 삶을 산다. 체념이라는 것은 확인된 자포자기이다. 절망의 도시에서 절망의 시골로 들어가며, 당신네들은 밍크와 사향뒤쥐의 용맹을 보고 스스로를 위로해야 한다."고 말하고 있다.

세상에 이름 없는 꽃이 있을까? 우리가 모를 따름이지 이름 없는 꽃은 없다. 이름을 알게 되면 애정이 생긴다. 소로는 그런 이야기를 하고 있다. "물고기의 이름과 서식지만 알게 되어도 물고기를 사랑하는 마음이 생기는 법이다. 나는 물고기들의 지느러미 줄이 몇 개인지, 측선(測線)의 비늘이 몇 개인지도 알고 있다. 시내에 피라미가 있다는 것을 알게 되어 모든 지식 면에서 그만큼 더 현명해졌고 모든 행운을 누릴 자격도 그만큼 더 갖추게 된 것이다. 그래서 피라미와 더 교감해야 하고 어느 정도 그의 친구가 될 필요도 있다고 생각한다." 여기서 중요한 것은 친구라는 말이다. 소로는 자연과 직접적인 교감을 통해 사랑을 느낄 수 있다는 사실을 이야기한다. 내가 사랑하는 사람이 생기면 그가 커피를 마실 때는 항상 설탕 두 스푼을 넣는다는 사소한 사실이 특별하게 여겨지는 것처럼 자연도 마찬가지라는 것이다. 사랑이 생겨나고 이 사랑 덕분에 교감하고, 마침내 생태계 내에 있는 모든 존재가 자신의 친구이자 동료임을 깨닫게 되는 과정을 소로는 강조하는데, 이것이 자연사 전체를 관통하는 특징이자 소로의 생태적 비전의 핵심이라고 할 수 있다.

소로는 "'올바른 관찰 태도는 몸을 수그리는 것이다'는 말은 참 적절하다. 지혜는 조사하지 않고 바라본다. 오랫동안 바라보아야 비로소 제대로 볼 수 있다. 하지만 진정한 과학자는 자신의 섬세한 기관을 통해 자연을 더 잘 알게 될 것이다"라고 말한다. 이때 바라본다는 일은 동양적인 말로 하면 관(觀)한다고 표현할 수 있다. 관은 마음의 눈으로 바라보는 것이다. 소로는 눈에 보이는 구체적인 무엇이 아니라 마음을 통해서 보는 것을 이야기하고 있는 것이다. 굉장히 시적인 상상력이 필요한 구절이다. 소로가 마음의 눈을 통해 무엇을 봤는지 이야기해주는 부분이 몇 군데 있는데 그 부분을 읽어보자.

> 이 나무꾼의 역사를 알아볼 수 있는 흔적이 얼마나 많은지 보라! 이 나무토막을 보면 그의 도끼가 얼마나 날카로웠는지를, 그리고 도끼를 내리친 경사면을 보면 그가 어느 쪽에 서 있었는지, 그리고 그가 나무 주위를 돌지 않고 나무를 팼는지 혹은 손을 바꾸었는지의 여부를 짐작해볼 수 있다. 쪼개진 나뭇조각들이 흰 모습을 보면 그것이 어느 쪽으로 떨어져 나왔는지를 알 수 있다. 한 나무토막 조각에는 나무꾼과 세계의 모든 역사가 새겨져 보관되어 있다.

　　대단한 이야기가 아닌가! 나무꾼은 다 지나가고 조각만 남아 있는데 그 조각을 보면서 소로가 발견해낸 것을 보라. 도끼날이 얼마나 날카로웠는지, 나무를 어느 쪽에서 쳤는지, 손을 바꾸었는지, 어느 쪽으로 조각이 떨어져 나갔는지, 그 모든 것이 다 그 속에 기록되어 있으며 나무꾼과 세계의 모든 역사가 새겨져 보관되어 있다는 이야기를 하고 있다.
　　다음으로 소로는 걷는 존재인 우리가 앉아만 있는 현실에 대해 이야기를 하는데, 그 이야기를 아주 재미있게 풀어내고 있다.

기술자들과 가게주인들, 그들 중 대다수가 – 마치 다리가 서거나 걷기 위해서 만들어진 것이 아니라 앉기 위해서 만들어진 것처럼 – 가게에서 오전뿐만 아니라 오후에도 내내 다리를 꼬고 앉아 있는 것을 보면 때로 그들이 오래 전에 모두 자살하지 않은 것에 대해서 어느 정도 칭찬을 들을 자격이 있다는 생각이 든다.

나는 얼마간 녹이 슬지 않고서는 단 하루도 방안에 머무를 수 없는 사람이고, 그래서 벌써 저녁의 그림자가 햇빛과 섞이기 시작해 하루를 벌충하기에는 너무 늦은 오후 4시, 그 막바지 시간에라도 산책을 하러 살며시 집을 빠져 나오는데 속죄해야 할 어떤 죄라도 저지른 것 같은 느낌이 들었다. 나는 몇 주 혹은 몇 달 간, 나아가, 다 합치면 거의 일 년간을 가게나 사무실에 스스로를 가둘 수 있는 내 이웃들의 도덕적 무감각은 말할 것도 없고, 인내력이 참으로 경이롭다는 것을 고백한다. 그들이 지금 오후 3시에 마치 새벽 3시인 양 앉아 있는 것을 보니 그들은 어떤 물질로 만들어진 건지 모르겠다.

이렇게 의자에 종일 앉아 있는 사람들은 벌써 자살했어야 될 터인데 얼마나 인내가 대단한 사람이기에 살아서 버티고 있을까라는 이야기이다. 이렇듯 굉장히 사람을 비꼬고 있는 글이 많다.

우리가 다른 종과 대화를 한다는 것이 가능한 일일까? 나는 작년 5월에 캘리포니아에 있는 데스밸리라는 사막에 가서 사막여우를 만난 적이 있다. 그 야생여우가 도망도 가지 않고 길을 막고 있어서 한참 차를 세우고 있었다. 여우가 차 옆으로 와서 가만히 있기에 5분쯤 서로 얼굴을 쳐다보고 있다가 차를 돌려서 나왔다. 나는 인문학을 하는 사람이어서 그런지 그 여우가 여우의 모습으로 내게 다가온 무엇일지도 모른다는 생각을 해본 적이 있다. 보통 여우는 동화책에서 교활하고 엉큼한 존재로만 나오기 때문에 우리가 생각하는 여우의 이미지가 그다지 좋지는 않은데, 소로는 여우에 관해 굉장히 아름다운 이야기를 하고 있다. 소로가 쓴 글 중의 백미라고 생각된다.

눈 덮인 연못 위로 아무것도 신경 쓰지 않고 자유롭게 달리는 여우를 볼 때나, 빛나는 햇빛 속에서 산마루를 따라 여우가 지나간 길을 얼마간의 간격을 두고 좇아갈 때면 나는 태양과 땅의 진정한 소유자가 여우인 것만 같아 그 모두를 여우에게 내주고 싶다. 여우가 태양 속으로 들어가는 것이 아니라 마치 태양이 여우를 좇아오는 것 같고, 그 둘 사이에 분명한 교감이 있는 것 같다. 이따금 눈이 아직 뭉쳐지지 않아 보슬보슬하고 5~6인치 정도만 쌓인 경우에는 여우를 발로 좇아가 따라잡을 수 있다.

굉장히 시적인 진술이다. 태양과 그 모든 것의 주인 같은 우아한 여우의 모습을 우리에게 보여주고 있다. 또 소로는 낙엽이 무수히 떨어져 있는 호수를 보고 그 풍경을 차에 비유하고 있다. 호수라는 큰 잔에 티백처럼 낙엽이 떠 있는 것으로 본 것이다.

낙엽차

얼마나 건강한 약용식물 음료를 지금 늪에서 마실 수 있는가! 썩어가는 나뭇잎들한테서 얼마나 강력한 약효가 있는 진한 향취가 나는지 모른다. 새로 마른 약용식물과 잎들 위로 그리고 이런 것들이 그처럼 깨끗하고 빳빳하게 떨어져 있는 연못과 개천을 채우며 내리는 비는 그것들을 곧 차(茶)로 바꿀 것인데—진한 정도가 제각각이며 파랗고, 검고, 갈색의 그리고 노란 차를 만들어내 너끈히 온 자연을 수군거리게 할 것이다. 우리가 그 차들을 마시든 마시지 않은 간에, 그것들의 힘이 추출되기 전에 이 잎들은 자연의 큰 솥에서 건조되어 아주 다양하고 순수하며 섬세한 색채를 띠고 있어 동양 차들의 명성에 견줄 만하다.

소로는 야생 사과에 관한 글도 많이 썼는데, 사과는 인류 역사상 가지고 있는 의미가 많다. 에덴동산의 사과도 있고, 빌헬름 텔의 사과도 있고, 뉴턴의 사과도 있고, 요즘에는 애플사의 사과도 있지 않은가? 그 사과를 보면서 다음과 같은 얘기를 하는데, 이는 치밀한 관찰과 시적인 상상력의 결합이 담긴 소로의 문학세계를 잘 보여준다.

거의 모든 야생사과들은 잘생겼다. 보기 흉할 만큼 지나치게 옹이투성이거나 울퉁불퉁하고 색이 바랜 사과는 없다. 가장 옹이진 것조차도 시각적으로 그 결점을 보충할 수 있는 어떤 가치를 가지고 있다. 어느 날 저녁 사과의 돌출해 나온 부분이나 오목하게 들어간 부분에 붉은 저녁놀이 흩뿌려져 있는 모습을 볼 수 있을 것이다. 여름이 사과의 둥근 몸체 어딘가에 줄무늬나 점무늬를 그려 넣지 않고 지나치는 경우는 드물다. 사과는 그가 지켜본 아침과 저녁을 기리는 붉은 얼룩을 간직한다. 까맣고 색이 바랜 큰 반점들은 그 사과 위로 지나간 구름과 흐릿하고 눅눅한 날들을 기념하는 것들이다. 그리고 넓게 펼쳐진 푸른 면은 자연의 일반적인 얼굴을 반영하는데 들판처럼 푸르다. 노란 바탕은 보다 순한 맛을 암시하며 추수 때 땅의 모습처럼 황금색인가 하면 언덕의 색깔처럼 적갈색이기도 하다.

소로의 이야기는 여기까지 하도록 하고 이제 오늘 하려고 하는 두 번째 이야기인 음식에 관한 이야기를 해보려고 한다. 여러분은 음식을 먹을 때 어떤 음식을 먹는 것이 즐거운가? 혹시 이 음식이

내가 먹어도 되는 음식일지, 누가 어떻게 무엇을 넣어서 키운 것인지 걱정되지는 않는가?

로마클럽이라는 곳에서 지구와 인간의 미래와 성장의 한계에 대한 조사를 많이 했다. 자원, 인구, 생태계 오염, 식량 생산량 등과 관련된 이야기를 하고 있는데 인구와 식량의 문제에 대해 로마클럽은 2030년에 세계인구가 절정에 이를 것이라고 보고 있다. 금세기 후반이 되면 인구가 90억 명에 다다를 것이라고 추정한다. 그런데 현재 인간은 지구라는 행성에 살고 있는 모든 생물체 중의 약 0.5%에 불과하지만 광합성을 통해서 유기물로 전환된 태양 에너지의 약 31%를 사용하고 있다. 문제는 1인당 식량생산이 절정에 이르는 시기가 인구가 절정에 이르는 시기보다 앞선다는 것이다. 식량은 1970년대 이후에 증가한 뒤로 현재 상태를 유지하고는 있지만 2020년을 기점으로 급격하게 감소할 것이라고 예상하고 있다. 그 주된 이유는 우리 모두가 짐작하듯이 기후변화다.

요즘 우리는 기후변화를 온몸으로 실감하고 있다. 봄은 사라지고 있고, 주산지가 대구, 영천 등이었던 사과가 이제는 안동에서 나

〈성장의 한계〉 로마클럽 1972년

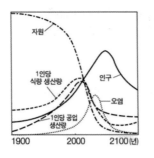

로마클럽[Club of Rome]:
이탈리아의 실업가인 아우렐리오 페체가 환경오염 문제에 대한 연구의 시급함을 절감하고 1968년에 결성한 민간단체

고 양구에서까지 난다. 제주도에서 나는 한라봉이 남해안에서 재배되고 있다. 기후변화는 이것으로 멈추지 않고 앞으로도 계속 진행될 것인데 기후변화가 가져오는 직접적인 영향이 식량생산과도 아주 밀접한 연관이 있다는 것을 생각해보아야 한다.

기후변화와 먹거리

- 1970년 이후 거의 현 상태를 유지하고 있으나 2020년을 기점으로 급격하게 감소(기후변화, 토지의 전용, 토질의 악화, 가뭄과 홍수, 사막화, 물 부족)
- 세계 인구 70억 중 1/7인 10억이 굶주림으로 고통받는 상태. 그러나 미국에서 생산되는 곡물의 70%가 사람이 아닌 가축들이 먹고 있다.

도시화가 진행되면서 토지/땅 또한 악화되어 비옥함을 상실하고 있다. 우리가 농사를 지을 수 있는 땅은 지표면에서 얼마 되지 않는 표토라는 것인데 현재 기온 변화로 인해 표토가 매우 급격하게 유실되고 있다. 표토를 지나 지구 더 안으로 들어가면 농사를 지을 수 없는 땅이라고 한다. 세계 인구가 지금 70억 명인데, 그중 7분의 1인 10억 인구가 굶주림으로 고통받고 있다. 그런데 모순적인 것은 미국에서 생산되는 곡물의 70%를 사람이 아닌 가축이 먹고 있다는 것이다. 더 기름진 고기를 먹으려 하는 육식문화 때문이다. 말을 좀 심하게 하면 내가 오늘 고기를 먹으면 아프리카 어디에서는 누군가가 죽어가고 있는 것이다.

우리는 내가 지금 먹는 고기와 아프리카의 죽어가는 사람들이 연관된 세상에서 살아가고 있다. 생태학이 가르치려고 하는 가장 근본적인 것이 바로 이렇듯 모든 것이 다 상호 연결되어 있다는 사실이다.

화석연료와 농사

- 석유: 국제 에너지 기구(IEA), 2006년 피크에 달함
- 2008년 배럴당 140달러까지 급등
- 모든 농사가 석유에 의존, 한국 경제 전체 석유 의존
- 우리나라 식량 자급도 25%, OECD 최저(일본 또한 40%, 석유 소진시 1%)
- 석유 4통 = 곡물 1통 수확
  → 우리는 밥이 아닌 석유를 먹고 사는 셈!

현재 모든 농사는 농부가 짓는다기보다는 석유가 짓는다는 말이 맞을 것이다. 아이오와 주는 미국 최대의 곡창지대인데 나는 그곳에서 오래 살았지만 실제로 농부를 본 적이 거의 없다. 항공기로 씨와 약을 뿌리고, 콤바인으로 수확한다. 그 모든 것을 농부의 노동이 아니라 석유를 근간으로 하는 기계가 담당하고 있는 것이다. 석유의존도는 우리나라 경우 정말 심각한데 농사뿐만이 아니라 경제 전체가 석유에 의존하고 있다. 2006년도에 이미 석유 피크는 지나갔지만 우리나라의 식량 자급도는 25퍼센트로 OECD 최저다. 게다가 우리나라가 자급자족할 수 있는 식량은 쌀밖에 없으며, 쌀을 빼면 몇 퍼센트 되지도 않는다. 기근이 발생하고 전쟁이 난다고 생각해보라. 식량은 곧 무기가 되고 전력이 될 것이 명백하다. 그러나 이런 상황에 대한 대책을 얼마나 적절하게 세워두고 있는지 심히 의심스럽다.

21세기 말이 되면 지구의 온도가 3℃ 정도 상승할 것이라고 한다. 섭씨 1도가 아주 큰 영향을 미친다. 많은 생물들에게 치명적인 결과를 초래해 20~70%의 종이 멸종할 것이라고 전문가들은 이야기한다.

지구온난화
·················

- 21세기 말: 지구 온도 섭씨 3도 상승
  - → 많은 생물들에게 치명적 결과 초래, 종의 멸종(20~70%)
  - → 남해안 적조, 태풍, 쓰나미, 가뭄 및 홍수로 인한 기근, 생태계의 교란
  - → 양봉업자 올해 꿀 생산이 예년의 1/5, 모든 꽃이 한꺼번에 피었기 때문
    벌꿀: 세계 식량 30% 생산

다른 종이 멸종되는 일이 우리의 삶과 관련이 없을까? 굉장히 밀접한 관계를 갖고 있다. 몇 년 전 울산 지역에 석유화학공장이 우후죽순으로 생기면서 그곳에 있는 연못이 오염되기 시작했다. 오염된 후에는 개구리가 살 수 없게 되었고, 개구리가 사라지고 나니 모기들의 천국이 됐고 집밖에 나오려면 양봉업자들처럼 무장을 하고 나와야만 했다. 그곳은 결국 모기 때문에 살 수 없는 곳이 되어 모든 사람들이 떠날 수밖에 없었고 결국 황폐화됐다.

생태계에서 한 종이 없어지면 그 종이 하던 일을 누군가가 대신해줘야만 한다. 그러므로 종의 멸종은 위험신호(warning sign)이다. 올해 꽃이 피는 순서는 어땠는가? 봄에 가장 먼저 피는 꽃은 얼음을 뚫고 올라오는 노란 복수초이다. 복수초부터 시작해서 매화, 개나리, 진달래, 목련, 철쭉, 아카시아 대략 이런 순서로 꽃이 피는데, 올해는 모든 꽃이 거의 한꺼번에 피었다. 그래서 양봉업자들은 꽃이 피는 시기에 따라 남쪽에서 시작하여 북진하면서 꿀을 따야 하는데 올해는 예년의 5분의 1도 채 안 되는 꿀을 생산했다고 한다.

두 번째로 이야기하려고 하는 사람은 마이클 폴란(Michael Pollan)이다. 음식에 관한 글을 쓰고 있는 가장 유명한 작가 중 한 명이다. 그가 집필한 여러 책 중에서 『잡식동물의 딜레마(Omnivore's

- 미국 작가, 저널리스트, 활동가, 뛰어난 정원사, UC 버클리 저널리즘 대학원 교수
- 2006년 New Yor Times 서평은 폴란을 "liberal foodie intellectual"이라고 묘사함
- 저서: 『세컨 네이처』, 『나만의 자리』, 『욕망하는 식물』, 『푸드 룰』, 『잡식동물의 딜레마』, 『마이클 폴란의 행복한 밥상』

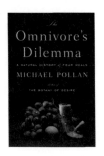
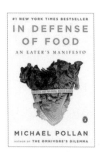

Dilemma)』와 『마이크 폴란의 행복한 밥상(In Defense of Food)』이라는 두 책에 관한 이야기를 하려고 한다. 『잡식동물의 딜레마』에서 폴란은 우리가 음식을 얻는 방법에 대해 얘기하며 처음에는 수렵과 채집의 단계, 그 다음에는 전원적인, 전통적인 농사, 그 다음에는 현대적인 산업농을 언급한다. 잡식동물은 무엇이든지 다 먹을 수 있는데 우리는 물론 잡식동물이다. 잡식동물의 축복은 자연의 아주 많은 것들을 모두 다 먹을 수 있다는 것이지만 잡식동물의 저주는 그 가운데서도 먹어도 안전한 것이 무엇인지를 늘 생각하면서 먹어야 한다는 것이다. 해마다 산에 가서 버섯을 잘못 캐먹고 죽는 사람이 생긴다. 먹으면 안 되는 것들이 수없이 많은데 이것들을 가려내야 하는 것이 잡식동물의 과제이다.

폴란이 문제로 삼는 것은 현대적인 상황 속에서 인간이 인간으

〈잡식동물의 딜레마〉

'코알라는 무엇을 먹을지 걱정하지 않는다. 유칼립투스 잎처럼 생기고 그런 냄새와 맛이 나는 것을 먹으면 된다. 코알라의 음식 취향은 유전자에 내재되어 있다.'

'잡식동물의 축복은 자연에 있는 아주 많은 것들을 모두 먹을 수 있다는 데 있다.'

'반면 잡식동물의 저주는 그 가운데서 먹어도 안전한 것이 무엇인지 생각하면서 많은 부담을 져야 한다는 것이다.'

로 건강하게 살기 위해서는 무엇을 먹어야 하는지에 대한 물음이다. 요즘 대부분의 가축은 차마 눈뜨고는 볼 수 없을 지경의 처참한 환경에서 사육되고 있다. 산업농이 설계한 비참한 환경에서 자라난 가축이 건강할 리 없는데 이런 건강하지 못한 가축의 고기를 우리는 먹고 있는 것이다. 해마다 되풀이되는 AI, 구제역, 중국의 멜라닌 분유, 가짜 음식, 방사능에 오염된 농산물, 수산물의 범람 속에서 과연 어떤 음식이 안전한가? 중국의 어떤 여자 농부는 자신이 키운 돼지고기를 먹는 것은 독극물을 먹는 것과 같다는 양심선언을 한 적도 있다.

〈마이클 폴란의 행복한 밥상〉

- 식사 선언문: 음식을 먹어라, 과식하지 마라, 주로 채식을 해라!
- 1부: 영양주의에 대한 실태
- 2부: 서구식 식사에 관하여
- 3부: 건강과 식사의 즐거움을 키워줄 20여 가지의 규칙 제시

영양주의

1. 중요한 것은 음식이 아니라 영양이다.
2. 영양은 과학자들 말고는 누구도 알 수 없고 그렇기 때문에 무엇을 먹을지 결정하는 데 전문가의 도움이 있어야 한다.
3. 식사는 육체적 건강이라는 목표를 충족하기 위한 것이다. 그렇기 때문에 음식은 무엇보다 생물학적인 문제, 따라서 과학적으로, 전문가의 지시를 따라 행해져야 한다.

그는 『마이클 폴란의 행복한 밥상』에서 세 가지 이야기를 하고 있는데 첫 번째로, 음식을 먹으라고 이야기한다. 여기서 생략된 말은 '진짜' 음식을 먹으라는 것이다. 폴란이 보기에 식품산업을 통해서 나오는 음식은 진짜 음식이 아니다. 그것들은 그저 음식처럼 보이는 물질, 즉 food-looking substance일 뿐이다. 두 번째로는 과식하지 마라이고, 마지막으로 채식을 하라고 조언한다.

식품산업의 근간은 영양주의인데, 이는 음식이 중요한 것이 아니라 영양이 중요하다는 뜻이다. 때문에 무엇을 먹을지 결정하는 데에는 전문가의 도움이 있어야 한다는 것이다. 식사는 육체적 건강이라는 목표를 충족하기 위한 것이고, 따라서 음식은 무엇보다도 생물학적인 문제이기 때문에 과학적인 전문가의 지시를 따라야 하는 것이다. 그러나 사실 음식은 생물학적 필요 이상의 것으로서, 먹는 일을 통해 우리는 여러 즐거움을 추구한다고 폴란은 말한다. 하지만 현대에 와서 음식은 그러한 기능을 거의 상실하고 말았다. 식품과학자들에 의해 식사는 음식을 먹는 행위에서 영양소를 섭취하는 행위로 바뀌었다. 따라서 영양학자들은 영양이 부족하면 그 영양소를 담은 캡슐을 먹으면 된다고 주장한다.

우리 음식 문화에 '식약동원(食藥同源)'이라는 말이 있다. 음식이 약과 같다는 뜻이다. 한 마디로 밥이 보약이라는 것이다. 그러나 이 말을 완전히 뒤집어 약이 음식이라고 설치는 시대가 되고 말았다.

폴란이 보기에 이 혼란을 틈타 음식처럼 보이는 물질이 우리의 식탁을 점령했다. 영농산업은 우리를 음식의 근원에서 분리시키고, 원래 상태가 어땠는지 짐작할 수도 없을 만큼 음식을 가공하고, 화장하고, 포장해서 우리에게 가져다주는 것이다. 그래서 마치 음식이 공장에서 제조할 수 있는 공산품과 별반 다를 바 없는 것이라고 믿게 만들고 있다. 그래서 우리가 정말 건강에 관심을 가지고 있다면 건강 정보 표기가 붙어 있는 제품은 오히려 먹지 말라고 이야기한다. 식품 포장의 건강 정보 표기는 그 제품이 사실은 음식이 아니라는 것을 말해주고 있기 때문이라는 것이다.

어떤 대학생들은 자신이 친구가 없다는 사실을 들키지 않기 위해 화장실에서 식사를 해결한다는 이야기를 들었다. 화장실에서

마이클 폴란(Michael Pollan)

• "음식 사슬이 정말 사슬이며 그 안의 모든 고리들이 연결되어 있다. 토양의 건강에서 우리가 먹는 동식물의 건강, 우리의 음식문화, 우리의 몸과 정신까지 모든 것이 연결되어 있다. 음식은 단순한 화학물질의 직접물이 아니다. 아래로는 땅과 밖으로는 다른 사람들과 연결된 사회적이고 생태적인 관계의 집합이 바로 음식이다."

함께 음식을 먹는 일

• 함께 음식을 먹는 일은 식사를 몸에 연료를 채우는 기계적인 과정을 가족과 공동체 의식으로, 단순한 동물의 생리 기능을 문화의 행위로 끌어올린다.(우리나라 말 가운데 식구라는 말. 밥상공동체라는 말의 아름다움을 생각해 보라)

음식을 먹는 일이 과연 식사인가? 음식을 먹는 일이라기보다는 차라리 동물들의 먹이활동에 가깝다. 여러분은 식사를 제대로 하고 있는지 모르겠다. 미국인의 5분의 1이 식사를 차 안에서 한다고 한다. 이런 행동은 우리의 내장을 연료통으로, 우리가 먹는 음식을 기름, 그리고 우리의 몸을 음식연료에 의해 작동하는 기계로밖에 보지 않는 일이다. 실제로 이러한 기계론적 사고가 식품산업의 견해라고 이야기를 한다.

공장사육은 동물을 기계로 간주하지 않고서는 불가능한 축산 형태인데, 예를 들면 질 좋은 송아지 고기를 생산하기 위해 태어나자마자 몸도 제대로 가누지 못하는 공간에 가두고 고기의 육질을 부드럽게 하기 위해 햇빛도 들지 않는 공간에서 키운다.

우리나라의 한우도 무늬뿐인 한우다. 목초로 키우는 한우는 거의 없고 주로 미국산 사료를 먹여서 키우는데, 미국산 사료의 70%는 옥수수이고, 그 옥수수의 40%는 유전자 조작 옥수수이기 때문이다. 유전자 조작 식품이 과연 안전한지는 아무도 모른다. 단기적으로 현재는 문제가 없어 보일지 모르지만 장기적으로 먹어본 경험이 없기 때문에 앞으로 수십 년 후에 우리 몸에 어떤 변화가 생길지 모르는 일이다. 여러분이 '나는 그런 옥수수를 한 번도 먹지 않았다'고 생각할지도 모르지만 우리가 먹는 음식의 대다수는 옥수수다. 이미 우리 몸속에 유전자 조작 식품이 상당히 많이 들어가 있을 것이라는 생각이 든다.

강희진이라는 작가가 2011년에 『유령』이라는 소설을 썼는데, 이 소설은 탈북자들의 삶에 관한 이야기다. 이 소설에 나오는 한 탈북자가 함흥냉면집에 가서 냉면 한 그릇을 먹는다. 그 식당의 벽에는 백석의 「국수」라는 시가 걸려 있다. 이 탈북자는 냉면을 먹고 나서는 집에 가서 신문사 기자에게 유언을 남기고는 자살한다. 고향이 그리워서 자살한 것이다. 여기서 냉면 한 그릇은 바로 고향이고 그 고향이 그리워서 자살을 한 것이다. 백석의 시는 「국수」 속에 한 가문의 역사와 동네의 분위기와 문화 그 모든 것이 들어가 있음을 노래하고 있다. 음식은 이처럼 단순히 영양을 제공하는 역할 그 이상의 것이다.

육식 위주의 식단은 메탄, 이산화질소, 이산화탄소 같은 온실가스 배출량을 증가시켜서 기후변화에 막대한 영향을 미친다. 특히 소가 트림을 하면 메탄 가스가 나오는데 오존에 치명적이라고 한다. 또 황사가 갈수록 심해지는 것은 몽고에서 양을 지나치게 많이 키우기 때문이다. 양이 한 번 지나가면 푸른 것은 다 먹어치워 뿌리조차 남아 있지 않다고 한다.

중국 사람들이 돼지고기와 쇠고기를 소비하는 양은 엄청난데, 쇠고기 1kg를 생산하기 위해 들어가는 물과 풀의 양이 얼마나 많은지 한 번쯤 고려해보아야 한다. 1kg의 쇠고기를 만들기 위해서는 11~16kg의 곡물과 22만 리터의 물이 필요한 반면 1kg의 닭고기에는 3.5kg의 곡물과 11만 리터의 물이 들어간다. 그러니 닭고기를 먹는 것이 그나마 환경에 도움이 되는 것이다. 현재 지구에는 230억여 마리의 가축이 살고 있는데 이 중에서 229억 마리는 식용으로 길러지고 있다. 이런 것들이 결국 지구의 황폐화에 큰 영향을 미치고 있는 것이다.

소를 빨리 키우기 위해서 95% 이상의 사육장에서 성장 호르몬을 쓰고 있는데, 성장 호르몬 중에 다이에틸스틸베스톨

〈마이클 폴란의 행복한 밥상〉

▪ 육식:

- 육식 위주의 식단 – 메탄, 이산화질소, 이산화탄소 같은 온실가스 배출량을 증가시키므로 기후변화에 막대한 영향 미침
  - 전 세계 자동차가 내뿜는 이산화탄소 양보다 더 많음. 몽고의 황사문제.
- 먹잇감의 에너지는 10~20%만이 포식자에게 흡수
- 사람 한 명 1년 생명유지 = 송어 300마리

    송어 300마리 = 개구리 9만 마리

    개구리 9만 마리 = 메뚜기 2,700만 마리

    메뚜기 2,700만 마리 = 풀 1,000톤
- 1kg 쇠고기 = 11~16kg 곡물 & 220,000l 물 필요
- 1kg 닭고기 = 3.5kg 곡물 & 110,000l 물 필요
  - → 영국 미국 등지에서는 전체 농지의 50~70% 사용됨
  - → 고기를 생산하기 위해 땅, 물, 사용, 곡물 경작하는데 엄청난 양의 온실가스 배출

(diethylstilbestrol)이라고 하는 것이 있다. 이 성장 호르몬을 가축에게 투여했더니 수컷이 암컷의 특징을 띠게 되었다. 이런 가축을 섭취한 사람도 똑같은 증상을 보였다. 우리가 지금 무엇을 먹느냐에 따라 우리의 건강이 좌우될 뿐만 아니라 앞으로 우리가 낳을 2세의 건강에까지 영향을 미친다는 사실은 굉장히 큰 문제다.

　기업농들은 대부분 단작을 한다. 가장 대표적인 것으로 옥수수와 콩이다. 그런데 우리가 먹는 감미료의 반 이상이 옥수수에서 나오고 있다. 옥수수는 가공되어 다양한 형태로 우리가 먹는 음식 속에 포함되어 있는데, 스테이크가 된 송아지의 사료도 옥수수, 닭과 돼지의 사료도 옥수수, 전부가 옥수수다. 연어를 먹으면서 옥수수를 먹는다는 생각은 꿈에도 하지 못할 것이다. 그러나 육식어종인

Ruth Ozeki, "My Year of Meats" DES diethylstilbestrol

figure 18.9   Diethylstilbestrol (DES)

Diethylstilbestrol

- Man-made strogen 1938년 개발, 수탉한테 먹이면 화학적으로 거세, 가슴이 커지고 고기가 육즙이 많아짐. 피부에다 임플랜트 함
- 그런데 문제는 이런 값싼 닭을 먹은 사람들에게도 같은 증상이 나타나 남자가 가슴이 커지고 목소리가 가늘어짐(1959)/미국 정부 마침내 사용금지 조치

연어도 유전자 조작을 통해 옥수수를 먹도록 바꾸어 기르고 있다. 결국 우리는 연어를 먹어도 옥수수를 먹는 셈이다. 계란이나 치즈, 우유, 요구르트 등도 결국 옥수수를 먹고 자란 소에서 나온 것이기 때문에 그 근원은 모두 옥수수다. 청량음료도 물을 제외하면 거의 다 옥수수감미료이다. 맥주도 마찬가지다. 우리의 몸이 우리가 먹는 음식과 같다고 보면 우리는 대부분이 옥수수인 셈이고, 인간은 다양한 음식을 섭취해야만 하는데 이렇듯이 옥수수만 섭취하는 경우에 어떤 건강상의 문제가 생길지 아무도 모르는 일이다.

우리가 어떤 음식을 먹든 그것은 산업이 아니라 자연에 의해 주어진 은총이다. 그래서 우리가 먹는 음식은 다름 아닌 세상의 몸이라는 이야기를 하고 싶다. 앞에서 이야기했던 소로는 결국 자연과의 조화로운 삶을 위협하는 문명, 특히 산업화와 상업주의가 가져오는 생태계의 황폐와 인간 삶의 피폐함에 주목했다. 그래서 소로는 문명이 인간 삶의 바탕인 자연을 무차별적으로 파괴하는 것을 보면서 발전이라는 이데올로기에 사로잡힌 문명의 맹목성을 지적한다. 문명이 오히려 사람들의 삶을 돈의 노예로 전락시키면서 왜

소하게 만든다는 것이다. 그리고 모든 것을 이성과 논리, 금전적 가치로 판단하는 문명의 광기는 오직 자연이라는 영약에 의해서만 치유가 가능하다고 이야기한다. 따라서 절망의 삶에서 벗어나 자연의 법칙에 순응하는 생태적 삶을 살 것을 촉구하고 있다. 소로에게는 자연이야말로 가장 위대한 교사이며 우주 전체가 우리의 학교였다.

폴란은 인간 삶의 근간인 먹는 것의 문제를 통해 먹는 것의 즐거움은 우리가 먹는 음식이 어디서 비롯된 것인가를 아는 데서 나온다고 이야기한다. 우리가 식품산업의 노예로 사는 일에서 벗어나야 진정한 자유를 누리는 삶을 살 수 있다. 우리가 먹는 것은 세상의 몸이고, 우리 자신이 무엇을 어떻게 먹느냐가 우리와 세상의 운명을 결정한다. 우리 몸을 건강하게 하는 일도, 망치는 일도, 세상을 아무도 살 수 없는 불모의 땅으로 만드는 것도, 세상을 생명이 약동하는 아름다운 장소로 만드는 것도 결국 다 우리의 몫이라는 이야기를 전하면서 오늘의 이야기를 마치도록 하겠다.

Q1 오늘 말씀해주신 대부분의 문제는 기술 발전에 의해 생긴 문제라는 생각이 든다. 기술 발전은 앞으로도 멈추지 않고 더 가속될 것이다. 이런 기술을 찬성하는 사람은 역설적이게도 기술이 앞으로 문제들을 해결할 수 있는 방안까지 제공할 것이라고 한다. 교수님의 입장에서 기술의 발전은 항상 부정적인지, 그리고 오늘 말씀해주신 문제들은 기술로 해결할 수 없는지 교수님의 생각이 궁금하다.

A1 현대 기술에 반대하지는 않는다. 오히려 그런 기술이 어떤 환경문제를 해결하는 데 상당한 도움을 줄 것이라는 생각도 한다. 산업사회 초기의 런던은 숨을 쉬기 어려울 정도로 하늘이 검었다고 한다. 그 모든 것을 정화한 것도 기술의 발전이다. 나는 기술의 발전이 우리가 고민하고 있는 여러 가지 문제를 해결할 수 있을 것이라고 생각하는 한편 결국은 그 모든 것이 인간의 문제라는 의식을 갖고 있다. '우리가 자동차를 탈 것이냐, 대중교통을 탈 것이냐'와 같은 결단의 문제다. 그래서 그 두 가지가 같이 가야 하는 것이 아닌가라고 생각한다. 내가 하는 생태문학은 자연과 환경에 관해 상당히 융합적인 성격을 가지고 있다. 나도 생태문학을 하게 되면서 여러 가지 책을 읽고 독단적인 방법보다는 융합적인 방법으로 문제를 해결해 나가야겠다는 생각을 한다.

Q 2   현재에 관해서 여쭤보고 싶다. 우리 사회에서 자연을 되찾는 게 물론 중요하고 생태계적인 생각을 하는 것도 중요하지만 우리에게 선택권 자체가 굉장히 제한되어 있는 것 같다. 막상 모든 것을 버리고 자연으로 돌아갈 수는 없다고 생각한다. 그렇다면 교수님께서 자연으로 돌아가기 위해, 그리고 생태계에 관심을 갖기 위해 실천하고 계신 것은 어떤 것이 있는지, 그리고 인문학자로서 우리가 현재 실천할 수 있는 방안으로 어떤 것을 생각하시는지 궁금하다.

A 2   내가 현재 실천하고 있는 것, 그리고 우리 모두가 실천할 수 있는 것에 대해 이야기하자면 나의 제자 중 한 명은 몇 년 전 구제역 사건 때문에 수많은 돼지가 산 채로 매장당하는 것을 보고 실제로 채식주의자가 되었다. 그런 극단적인 선택을 할 수도 있지만 그것이 어려우면 우리가 고기를 조금만 덜 먹어도 된다. 강의가 끝나면 학생들이 찾아와 무슨 음식을 먹어야 되는지조차 혼란스럽고 종이컵을 쓰는 것도 망설여진다고 이야기한다. 나는 아주 간단하다고 생각한다. 우리가 할 수 있는 조그마한 일, 재활용을 잘 하고, 일회용품을 쓰지 않는 등 우리가 상식적으로 아는 사소한 일을 통해서 지구에 도움을 줄 수 있다고 본다.

Q 3   마이클 폴란의 견해에 전적으로 찬성한다는 느낌을 받았다. 반대하는 부분은 없는지.

A 3   마이클 폴란은 미국 사람이고 따라서 미국의 정서에 맞는 이야기를 하고 있다. 따라서 우리나라의 실정에 그대로 적용할 수는 없는

것도 상당 부분 있다. 마이클 폴란이 이야기하는 것처럼 식품과학이 전적으로 나쁜 것이라고는 생각하지 않는다. 그러나 그가 말하는 커다란 지침은 따라갈 만하다. 진짜 음식을 먹고, 채소를 많이 먹고, 과식하지 않는 것, 이 정도의 선이 적당하지 않나 싶다. 우리는 미국인에 비해 다행스럽게도 꽤 균형 잡힌 식사를 하고 있다.

공성훈 교수

성균관대학교 미술학과 교수
서울대학교 서양화과 및 동 대학원 졸업
서울산업대학교 전자공학과 학사

개인전: 금호미술관(1997), 금산갤러리(2001),
아트포럼 뉴게이트(2005, 2007), OCI미술관(2012)

국립현대미술관 2013 '올해의 작가상' 수상

현실 속의 작가,
작가 속의 현실

　이 강의를 통해 나의 작품 속에서 내가 어떻게 현실에 반응하고 현실이 다시 나에게 어떤 영향을 미치는가를 살펴보며 나 자신을 사례로 들어 '현대미술에서 현실과 작가의 관계'에 대한 이야기를 풀어나가려 한다. 물론 내 작품이 현실과 작가와의 관계를 대표하는 것은 아니고 부분적인 단편에 불과할지 모르지만 내가 제일 잘 아는 것은 나의 작품일 것이므로 내가 가장 잘 알고 있는 것에 대해 이야기하도록 하겠다. 피카소(Pablo Ruiz Picasso)가 1951년에 그린 「한국에서의 학살」이라는 그림이 있다. 한국전쟁 와중에 많은 학살 사건이 있었다. 그 학살 사건을 보도로 접하고 피카소가 그린 그림이다.

　한국미술사에 대한 나의 의문은 왜 우리나라 작가가 한국전쟁에 대해 그린 그림이 남아 있지 않느냐는 것이다. 그리긴 그렸는데 남아 있지 않든지 혹은 의도적으로 미술사에서 배제되었을 가능성도 있긴 하다. 어쨌든 한국전쟁에 관한 작품은 문학에도 있고 대중가

요에도 있다. 예술 중에서도 특히 미술이 우리 사회에서 어쩐지 현실을 떠나 있는 듯한 분야로 여겨지는 경우가 많은 것 같다. 그러나 사실은 그렇지 않다. 미술 작가도 현실을 동시대 사람들과 같이 살면서 그 현실에 반응하고, 실제에 대해서 생각하는 부분이 분명히 있다. 나의 경우에 그것들을 어떻게 풀어나갔는가에 대해 말씀드리고 싶다.

내 작품은 사실 많이 변했다. 처음에는 설치미술이라고 할 수 있는 작업을 했다. 1990년대 후반부터는 그림을 그리기 시작했다. 그래서 나의 작품활동은 크게 설치미술과 그림으로 나뉜다. 형식은 이렇게 나누어지지만 작품을 대하는 나의 기본적인 태도는 별반 달라지지 않았으므로 여기서는 설치미술 부분에 관해 언급하고자 한다. 회화는 화면으로 보는 것과 직접 보는 것이 굉장히 다르기 때문이다. 회화작품은 개인적으로 중요하다고 생각하는 일부만 보여드리려고 한다.

나는 1980년대 초중반에 대학을 다녔는데, 1979년도에 박정희 대통령이 서거하고 '서울의 봄'이라고 불리던 민주화가 잠깐 오는 듯싶었으나 곧 군사독재가 지속되는 그런 시대였다. 그래서 사실 1970년대, 80년대까지도 미술이 현실과 직접적으로 반응하는 일이 많지 않았다.

한국 모더니즘 추상미술의 대표적인 작가인 박서보 선생의 작품과 같은 그림들을 한국적 미니멀리즘(Minimalism) 또는 모노크롬(Mono-Chrome) 추상회화라고 부르는데 현실적이고 구체적인 주제를 배제하고 있다. 1970년대 말 특히 80년대 들어오면서 우리 미술계에 민중미술이라는 것이 등장한다. 민중미술은 미술이 현실과 접점을 갖지 못하고 붕 떠 있는 상태를 극복해보고자 하는 젊은 작가들의 미술 운동이다. 민중미술은 사회적, 정치적, 제도적인 문제에 대해 많은 관심을 두고 있다.

다음은 신학철 작가의 〈통일도〉이다. 이 그림을 고른 것은 1986년에 이 그림이 제작된 뒤 몇 년 후에 그림을 압수당하고 작가가 보안법 위반으로 구속되었기 때문이다. 작가가 경북 김천 출신인데 작가의 말에 의하면 이 그림은 고향을 생각하며 그린 것이라고 한다. 통일에 대한 본인의 생각을 위쪽 백두산 천지에 담았고, 무릉도원을 연상시키는 복숭아를 그리고, 초가집이 있는 풍경에 마

통일도 신학철, 1986

을 농민들은 막걸리를 마시고 잔치를 벌이고 아이들은 뛰어노는 그런 장면이다. 그리고 여러 가지 미사일과 같은 군사무기와 자본주의의 생산물을 논에서 밀어내고 있다. 작가 본인은 자신의 고향이 가진 이미지에 통일에 대한 생각을 담아 그렸다고 하는데 문제는 이 그림이 검찰의 눈에는 다르게 보였다는 것이다. 초가집은 김일성 생가이고, 농민들과 아이들이 뛰어노는 곳은 북한이고 그 밑은 남한이라는 것이다. 따라서 이 그림은 남한을 비판적으로 묘사하고 북한을 찬양했다는 이유로 작가가 구속되고 수감되는 일이 벌어졌다. 1심과 2심에서는 무죄 판결을 받았으나 마지막 3심에서는 유죄 판결을 받았는데 전직 간첩이었던, 미술과는 전혀 상관없는 사람의 증언이 결정적인 계기가 되었다. 후에 국제UN인권위원회에 제소하여 정부 측에서 작품을 작가에게 돌려주고 배상하라는 권고를 받았지만 이 그림은 여전히 검찰청 증거보관실에 있다. 1980년대는 크게 보면 이런 민중미술과 추상미술이 서로 경쟁하고 각축하던 시절이었다. 그런 시절에 학교를 다니면서 양쪽 분야에 관심을 두기도 했으나 결론적으로는 자연과학과 관련된 미술을 해봐야겠다는 생각을 했다.

이것은 대학교 4학년 때 하던 작품을 나중에 연장시켜 만든 작품이다. 민중미술이나 모더니즘 페인팅과는 다르게 이 작품은 작품을 통해 아무 말도 하지 않는다. 오로지 망막에 비추는 것만 있을 뿐이다. 이렇게 시각적 효과만 있는 것을 미술사에서는 Op(Optical) art라고 한다. 혹은 Kinetic art라고도 한다. 4학년 때 이런 작품을 하다가 졸업한 뒤 군대에 다녀와서 공부를 좀 더 하고 싶었다. 그때 하필이면 왜 공대를 선택했는지 질문을 많이 받았는

Blind−Work 블라인드 커튼에 형광페인트, 은박테이프, 모터, 1991

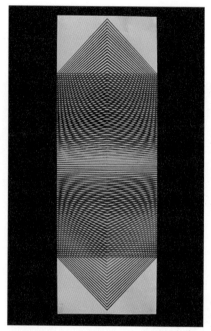

Drawing for Blind-work 종이에 잉크, 1990

데 제일 큰 이유는 체질개선을 하고 싶었기 때문이다. 다른 쪽에서
다시 한 번 미술을 바라보고 접근해보고 싶은 생각이 컸다. 공대에
서 배울 수 있는 기술적인 측면을 이용한 작업을 해보고 싶기도 했
다. 이러한 블라인드 작업들은 채도가 아주 높은 색들로 칠해져 있
다. 창문에 다는 블라인드 커튼의 재료를 구입해서 구(球) 모양이
나 기둥 형태로 만들기도 하고 거울을 붙여서 반사가 되게도 하고
모터를 이용해서 작품을 움직이게도 만들었다. 직선과 직선이 만
나면서 파동무늬가 생기는데 이를 모아레(Moire) 효과라고 한다.

첫 개인전을 1991년도에 했었는데 1990년대 초 우리 사회는 민
주화와 올림픽 이후에 호황을 누리고 있었다. 구소련이 몰락하고

독일이 통일되었으며, 1992년 즈음에는 백남준 선생님이 국립현대미술관에서 대규모 회고전을 하기도 했다. 1980년대에 펼쳐졌던 상황이 많이 바뀌게 된 것인데 미술 분야도 많은 변화를 겪었다. 미술이 점차 상업화, 이벤트화되기 시작했고 젊은 작가로서 내 현실을 돌아보면서 작품을 통해서 말을 해야겠다는 생각이 들었다.

모더니즘은 대체로 20세기 초부터 추상미술로 대표되는 미술 분야를 일컫는다. 모더니즘의 특징은 예술의 순수성, 자율성을 강조한다는 것이다. 작가가 작품을 하다 보면 어떤 개인적인 맥락이 들어갈 때도 많고 사회, 정치, 문화적으로 여러 가지 개입될 요소가 많다. 그러나 모더니즘에서는 점, 선, 면, 색체, 질감과 같은 시각적인 요소 이외에 나머지가 들어오는 것을 매우 싫어했다. 그러다 보니 아주 단순화된 추상이 되는 것이다. 물론 추상미술이 단지 그런 것만 있는 것은 아니지만 대체로 그런 면이 있다. 그와 같은 것을 '예술지상주의'라고도 하고 '예술을 위한 예술'이라고도 이야기한다. 이때 나는 '예술을 위한 예술'보다는 '예술에 대한 예술' 그러니까 미술 작품으로 하는 예술비평을 하겠다는 생각을 했다. 요즘 말로 하면 개념적인 미술, 개념미술, 이렇게 이야기할 수 있겠다. 사실 젊은 작가의 현실이라는 것이 그리 녹록치 않다. 돈을 벌려고 하면 시간이 없고, 시간이 있으면 돈이 없는 환경 속에서 작업을 해나가야 한다. 한 번은 지하철역에서 검문을 당한 적이 있는데 내 가방에서 온갖 공구에 이상한 물건이 나오니까 전경이 내 직업을 물었다. 화가라고 대답했더니 화가가 직업이냐고 반문했을 때 굉장히 상처를 받았다. 그 뒤로 미술관계자라는 자칭 수식어를 자조적으로 달고 다녔다.

예술은 비싸다 전광판, 음향회로, 코인시스템, 1992

이 화면 뒤에 보면 전광판에 art라는 글자가 보이는데, 전광판을 가지고 실험하던 중에 찍은 사진이다. 지금은 전광판이 싸고 흔하지만 그때는 전광판이 우리나라에 이제 막 도입되기 시작하던 때고 회사도 많지 않았다. 그래서 직접 만들었고, 이것이 관객에게 말을 거는 첫 작품이었다. 금호미술관의 전시장 입구에 세워놓고 관객에게 입장료를 받는 것이다. '돈을 넣으십시오', '입장료를 넣으십시오' 하는 메시지가 떴다가 관객이 돈을 넣으면 전자음이 나오고 몇 가지 패턴의 빛을 보여준다. 그 다음에는 '이것이 예술이라고 생각하시나요?'라고 질문을 던지고 yes를 누르면 '돈을 더 넣으십시오. 왜냐하면 예술은 비싸기 때문입니다.'라고 뜨고, no라는 버튼을 누르면 '그래도 돈을 더 넣으십시오. 왜냐하면 당신은 게임을 하고 있기 때문입니다.'라고 뜬다. 이때는 젊은 작가들을 위한 지원책이 전혀 없었다. 그런 현실을 담아 입장료를 받는 작업을 했던 것이다. 이렇게 관객의 반응에 따라 달라지는 미술을 'Interactive art'라고 한다.

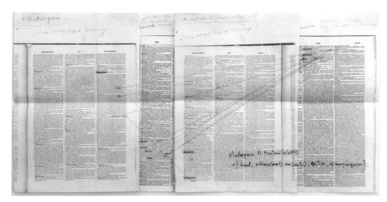

개념간의 교집합(masterpiece ∩ masturbation) 종이에 드로잉, 1992

위의 작품은 내가 관심을 가지고 있는 두 단어를 찾아 그 단어를 설명하는 지문에서 공통적으로 쓰인 단어를 뽑아낸 것이다. 그러면 두 표제어 사이의 연관성이 밝혀지지 않을까 했다. 내가 찾아본 단어는 걸작이라는 단어, Masterpiece와 자위행위라는 단어인 Masturbation이다. 두 단어를 사전에서 찾아보니 설명 부분에 공통적으로 Hand라는 단어와 Action, Achieve(Achievement), (em)Body 그리고 뜻이 비슷한 Climax와 Orgasm 등이 포함되어 있었다. 이를 통해 내가 전달하고자 한 것은 '걸작은 자위행위나 다름없는 것 아니냐' 하는 풍자적인 메시지였다.

예술작품 자판기 담배자판기를 개조, 1992

1992년에는 국립현대미술관에서 '젊음 모색전'이 개최되었다. 국립현대미술관은 굉장히 권위 있는 기관이라 젊은 작가에게 호락호락한 곳이 아님에도 불구하고 젊음 모색 전시회는 유일하게 개방된 전시였다. 거기서 작가로 선정이 되어 전시 의뢰를 받아 만든 작품은 담배자판기를 개조한 「예술작품 자판기」이다. 20명의 젊은 작가에게 1,000원 정도에 팔 수 있는 작품을 만들어달라는 부탁을 해서 20개의 샘플을 자판기에 전시하고 한 달 반 동안 각 작품을 실제로 관객에게 팔았다. 전시가 끝난 다음에는 작품을 제공해준 작가들에게 판매금액에서 약간의 수수료를 제외하고 다 돌려주었다. 내가 여기서 한 일은 작품을 만들거나 그려서 표현한 것이 아니라 작가를 선정하고, 전시를 기획해서 광고 및 판매하는 행위를 한 것이다. Critic-dealer system이라고 하는데, 미술계에는 일종의 매개 기능을 하는 사람들이 있다. 미술 평론가, 큐레이터, 갤러리 주인 등의 사람이 그런 매개 기능을 담당하는데, 나는 그런 역할을 자판기에다 부여한 것이다.

화투토피아 종이에 옵셋인쇄, 1993

「화투토피아」라는 작품은 잡지에서 오려낸 이미지를 조합해서 만들어낸 화투장이다. 1990년대 초가 호황이다 보니 그 당시 TV에는 황금색을 사용하는 광고가 굉장히 많았다. 그리고 기업들이 회사나 제품 이름 뒤에다 '-토피아'를 붙이는 것이 유행이었다. 나도 어딘가에 이 접미사를 붙여보자는 마음에 화투에다 토피아를 붙여서 「화투토피아(Whatutopia)」라고 제목을 붙였다. 다르게 읽으면 'What utopia'라고도 읽힌다. Utopia라는 것이 원래 U가 없다는 의미이고, Topia는 땅이라는 뜻인데, 실제로 없는 땅이라는 의미를 가지고 있는 단어를 상업적인 환상을 창조하는 데 이용하던 세태를 비판하고자 했던 목적이었다.

말 못할 속사정 만화책, 1993

100쪽 짜리 만화책인 「말못할 속사정」도 대중문화의 욕망에 대해 비슷한 접근을 했던 작품이다. 기존에 있는 순정만화와 여성잡지를 가지고 편집을 한 것이다. 표지를 보면 '공성훈 지음'이라고 되어 있지 않고 '공성훈 엮음'이라고 되어 있다. 대사까지도 실제 만화에 있는 그대로이다. 원래 있던 대사에서 고유명사는 다 오려내고 사용했다. 고유명사나 구체적인 명사를 다 오려내면 예를 들어 '우리 식사하러 갈까?' 같은 문장이 '우리 하러 갈까?'가 되면서 말이 야해진다. 우리는 성적인 대화를 의식적으로 회피하는 경향이 있어서 성적인 용어는 대동사나 대명사를 많이 쓴다. 그런 점을 이용해서 작업한 만화이고, 성적 상상력을 발휘해서 읽으면 내용 전개가 매끄럽지는 않아도 충분히 이해할 수 있는 만화다.

정서불안 모나리자 하드보드에 아크릴, 145×116cm, 1993

이것은 드로잉으로 그렸던 그림인데, 제목은 '정서불안 모나리자'다. 현대미술이 때로는 선정적이고 난해할 때가 많은데, 모나리자가 현대미술 전시에 같이 전시된다면 정서불안에 걸리지 않을까 하는 생각이 들어서 손가락을 떨고 눈동자는 방황하는 모나리자를 계획했지만 드로잉만 하고 만들지는 않은 작품이다.

다음 작품은 지름 60cm짜리 렌즈를 달아서 전시장 전체를 카메라로 만든 프로젝트이다. 직접 만든 렌즈이기 때문에 정확성은 떨어지지만 도립상(倒立像)의 이미지가 확실히 맺히긴 한다. 카메라

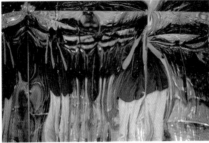

완벽한 리얼리티 완벽한 평면성을 위한 프로젝트(∴완벽한 회화) 칸막이에 렌즈, 1993

방과 거울방을 만들어놓고 이 전시 제목을 '완벽한 평면성, 완벽한 리얼리티를 위한 프로젝트(완벽한 회화)'라고 붙였다. 평면성은 모더니즘에서 가장 중요한 화두 중 하나다. 다른 매체와는 구별되는 회화의 가장 중요한 특징은 평면이라는 것이다. 이 평면이라는 조건을 가장 잘 드러낼수록 좋은 그림이라는 것이 모더니스트들의 생각이다. 이런 평면성과 함께 리얼리티는 민중미술을 포함한 1980년대 예술에서 중요하게 생각하는 화두였다. 또 개인적으로 미술의 역사에서 가장 중요한 사건은 사진술의 발명이라고 생각한다. 그래서 이 작품에는 우리가 복제 이미지가 범람하는 세계에 살고 있다는 것과, 그 시초가 된 원초적인 사건, 즉 사진술을 관객에게 직접적으로 경험하게끔 해주고 싶은 생각이 담겨 있다.

예전에 붕어빵 기계를 산 적이 있었다. 겨울에 장사를 하려고 했지만 하지는 않았고 비닐 봉지에다 물을 넣은 뒤 그 안에다 석고로 찍어낸 붕어빵을 집어넣고 우표를 붙여 매달아 놓은 작품을 만들었다. 붕어빵도 어딘가로 가고 싶지 않을까 하는 생각이 들었기 때문이다.

붕어빵 석고, 물, 비닐, 거울, 우표, 1993

아래의 작품은 Virtual reality를 소재로 제작한 드로잉과 작품이다. 1993년에 우리나라에서 처음 엑스포가 열렸는데, 그 당시에 전시 의뢰를 받아서 만들었다. 만화경을 자동화한 것이라고 볼 수 있다. 디스크에다 반짝이와 기름을 채워넣고 뒤에는 모터를 달아 천천히 돌아가게 해서 만화경을 자동화한 헬멧을 만들어놓고 'Virtual virtual reality' 즉 가상현실을 가상으로 만든 것이라는 제목을 붙였다.

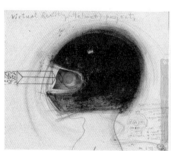

Virtual Virtual Reality 1994

노스탤지어─쨈과 곰팡이(Installation View) 캔버스에 쨈, 1994

벽에 걸려 있는 다섯 개의 캔버스도 나의 작품인데, 이것은 노스탤지어라는 주제로 작업했던 것이다. 전시 의뢰를 받고 나의 노스탤지어는 뭐가 있는지 가만히 생각해봤다. 내가 어릴 때는 명절선물로 설탕을 선물할 만큼 설탕이 굉장히 귀했다. 그런데 요즘은 설탕을 잘 먹지 않는 것은 물론이고 옛날처럼 단것에 매달리지는 않는 듯하다. 그래서 경제적 진보가 단맛에 대한 욕구를 충족시켜주는 것이 아닌가 하는 생각이 들었다. 또 달콤함에 대해 생각하다보니 내가 어릴 때 미술에 대해 가졌던 어떤 달콤한 꿈과 같은 것이 생각이 났고, 그래서 설탕에 대한 욕구와 미술을 생각했을 때 느꼈던 달콤함을 다루어보고 싶었다. 그래서 캔버스에다 각종 과일 쨈과 마요네즈를 바르고 곰팡이를 피워 마치 모노크롬 추상화와 같이 보이는 작품을 만들었다.

다음 작품은 「당신을 환영합니다」가 제목인데, 이 전시는 굉장히 중요한 전시였다. 문제는 전시 시기가 입시철과 겹쳐 도저히 작품을 구상할 시간이 충분하지 않았던 것이다. 예전에 아무도 없는

당신을 환영합니다 칸막이에 전광판,
타이머, 센서, 자동개폐장치, 1994

곳에서 혼자 화장실에 갇힌 경험이
있는데, 그때 기억이 나면서 왠지
비슷한 상황이라는 느낌이 들었다.
그래서 내가 작가한답시고 큰돈을
버는 것도 아니고, 명예를 얻는 것
도 아닌데 나만 왜 이렇게 고생을
하고 있을까 싶어서 역으로 관객도
당해보게 해야지 하는 생각을 했다.
그래서 제목은 「당신을 환영합니
다」인데 관객이 방 안에 들어가면
문이 닫히고 불도 모조리 꺼진다.
그리고 30초 동안 나올 수 없다.

다음 사진은 홍대 앞에 있던 일
반 주택을 미술관으로 잠시 쓴 것이다. 「인스턴트 갤러리」라는 이
름을 붙이고 작가들이 모여서 철거를 앞두고 있는 주택에 전시를
했다. 현관 앞에 서 있는

미술관에서는 감전과 추락에 주의합시다
감전회로, 라이트박스, 마루에 구멍, 1995

여자가 잡고 있는 문을
통과하면 집 내부로 들
어갈 수 있고, 내부에 다
른 작가의 작품이 있다.
내가 여기 구멍을 파냈
기 때문에 「미술관에서는
감전과 추락에 주의합시
다」라는 제목을 붙였고,

문손잡이를 잡으면 전기가 통하기 때문에 감전을 조심하라는 제목이 붙었다. 미술 중에서도 특히 현대미술을 보면 조금 선정적인 면이 있다. 센세이셔널리즘은 사실 현대미술에서 많은 작가들이 사용하는 전략이기도 하다. 감전회로를 손잡이에다 붙여놓고 관객이 감전당하게 하는 일은 젊을 때의 무모함으로 시도한 것이었지 지금이라면 하지 못할 것이다. 실제로 위험한 작업이기 때문이다. 게다가 장마철이었기 때문에 전압을 많이 낮춰놨음에도 불구하고 꽤 항의를 받았다.

개방과 국수 모형국수, 개집, 1995

「개방과 국수」는 1994년의 작품이다. 삼청동에 선재아트센터가 있는데, 우리나라 미술계에서 중요한 역할을 한 매우 좋은 미술관이다. 지금은 없어진 대우그룹에서 만든 미술관인데 그 당시는 세계화에 대해 많은 사람이 이야기하고 세계화 열풍이 불기 시작했던 시기였다. 그러한 글로벌리즘과 내셔널리즘을 농담으로 풀어낸 작품이다. 한자를 보면 더 명확해진다. 이런 것을 미술에서는 PUN

이라고 하는데, PUN은 시각적 정보와 언어적 정보를 불일치시켜서 농담처럼 동음이의어를 이용하는 것이다.

해방50주년기념 석고소묘 종이에 목탄, 1995

이것은 1995년에 그렸던 석고 데생이다. 미술이 굉장히 자발적이고 창의적인 분야임에도 불구하고 치열한 입시경쟁 탓에 갈수록 학생들이 미술을 마치 암기과목처럼 외우고 훈련해서 미술대학에 들어온다. 나는 이것을 통해 이런 석고 데생이 미술이라면 왜 작가들은 이런 작품을 하지 않는가 하는 것과 이것이 미술이 아니라면 왜 학생들에게 이런 것을 시키는지, 우리나라의 미술 교육에 대한 질문을 하고 싶었다.

Art Fair는 일종의 미술시장인데, 요즘은 국내에서도 많이 열리고 있다. 작품성도 중요하지만 상품성이 더 중요하다. 거기서 부스 하나를 줄 테니 작품을 출품해 달라는 의뢰를 받고 그 당시에 사람들 사이에 많이 떠돌던 '회화의 죽음'에 대해 생각해봤다. 당시 살고 있던 갈현동 뒷산에서 스케치를 하고 사진을 찍어서 옛날 동양화가 연상

먼지그림-소나무 227.3×181.8cm,
캔버스에 먼지, 아크릴, 1996

먼지그림 181.8×227.3cm,
캔버스에 먼지, 아크릴, 1996

되게끔 그림을 잘 그려보려고 했다. 재료는 먼지였다. 멀리서 보면 그럴 듯하지만 가까이서 보면 굉장히 더러운 그림을 과연 사람들이 살 것인가가 궁금했다. 인간은 하루에 몸에서 1g의 먼지를 흘린다고 한다. 여기에 사용된 먼지는 다 내 방이 출처이기 때문에 내 몸으로 이루어진 작품이라고도 할 수 있겠다. 예술은 영원하다고 하는데, 먼지만큼 영원한 것이 어디 있겠는가? 그래서 먼지로 그림을 그렸다.

나는 젊은 여성들이 찢어진 청바지를 입고 다니는 것을 처음 보고 매우 충격을 받았다. 어릴 때 옷을 찢는다는 일은 감히 상상도 못했기 때문이다. 본인이 직접 찢어 입는 것인 줄 알았는데 찢어진 청바지를 가게에서 판다는 사실을 알고서는 더더욱 충격을 받았다. 나중에는 체게바라를 프린팅해서 입고 다니는 등 저항과 같은 제스처들이 스타일화되고 상품화되는 면이 보였다. 그전까지는 나를 둘러싼 미술이나 사회의 상황, 제도 등에 관심을 뒀다면 점점 그 관심의 초점이 나의 내면으로 들어오기 시작했다. '나' 자신에

무제 변기에 슬라이드프로젝터 투사, 1996

추락 벽면에 12대의 슬라이드 프로젝터
투사, 타이머, 1996

대해 이야기를 해보고 싶다는 생
각을 한 것이다.

그런 생각에서 자화상을 찍기
시작했고 이것은 슬라이드를 겹
쳐서 변기에 투사한 실험을 한 작
품이다. 요즘은 액정 빔 프로젝터
를 쓰다 보니 슬라이더 프로젝트
를 잘 모를 수 있다. 슬라이더 프
로젝터는 슬라이드, 즉 포지티브
필름을 집어넣는 프로젝터다. 내
몸을 찍은 사진으로 간단한 동영
상을 만들기 위해서 80대의 슬라
이드 프로젝터를 손수 제작하기
시작했고 그것들을 타이머로 연
동시켜 움직임을 구현했다.

「추락」이라는 작품은 발가벗은
내 몸을 네 부분으로 나누어서 찍
고 각 부분을 따로 움직이게 해
서 허공에서 하염없이 발버둥치
게 만든 것이다. 다음 작품은 「다
지류」인데 나는 작업실에 돈벌레
가 들어오면 그 움직임을 주의 깊
게 관찰하는 편이다. 절대 다리가
꼬이는 법 없이 많은 다리가 일사

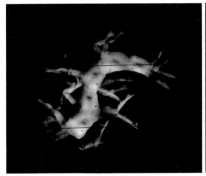 

다지류 벽면에 59대의 슬라이드
프로젝터 투사, 타이머 1997

머리굴리기 벽면에 12대의 슬라이드
프로젝터 투사, 타이머 1998

불란하게 움직이는 것이 놀라울 정도다. 그래서 그와 같은 움직임을 무식한 방법으로 구현한 영상이라고 할 수 있다. 「머리굴리기」는, 이때도 전시 의뢰를 받고 고민하다가 '내가 지금 뭐하고 있지? 머리를 굴리고 있구나. 그럼 전시장에서도 머리를 굴려야겠다' 하는 생각으로 만들게 된 작품이다.

작가의 작품관이 변하게 되는 계기가 여러 가지가 있을 수 있는데 그 중 하나가 내게는 이사를 다니는 일이다. 이사를 하면 보는 것도 달라지고 보는 것이 달라지면 생각하는 것도 달라지기 때문에 결과적으로 작품도 변하게 된다. IMF 사태 이후에 벽제로 이사를 가면서 직장이 멀어서 매일 새벽과 늦은 밤에 오가면서 보게 되는 것이 교외의 밤풍경과 누군가 사육하는 보신탕용 개들이었다. 교외는 어떻게 보면 도시에 기생하는 지역이다. 우리 사회에 어떤 모순이 있으면 그 중심에서는 모순이 봉합되어 티가 잘 나지 않지만 변두리나 주변부로 가면 꿰매놓았던 것이 벌어지면서 그 모습이 드러나곤 한다.

개 130.3×193.9cm,
캔버스에 유채, 2000

개 밥주는 남자 150×150cm,
캔버스에 아크릴, 2008

　매일 보신탕용 개들을 보면서 개를 이용해서 작업을 해봐야겠다
고 마음을 먹었을 때 사실은 작품의 형식에 대해서 고민을 했었다.
미디어는 기본적으로 간접적인 매체다. 예를 들어 키보드에 'ㅁ'
을 손가락으로 누르든 발가락으로 누르든 화면에는 똑같이 'ㅁ'이
라고 찍힌다. 그러나 페인팅이나 드로잉은 굉장히 신체적이고 직
접적이다. 매일 출퇴근길에서 만나는 개들을 간접적으로 다룬다는
것은 뭔가 예의에 어긋난 행동이라는 생각이 들어서 직접적으로
다뤄보고 싶다는 생각이 들었다. 그래서 벽제에 갔던 1998년부터
혼자서 페인팅을 하기 시작했고 2000년에 처음 개인전을 열었다.
크게 보면 내 그림들은 세 종류라고 볼 수 있다. 초반에 내가 한 일
은 주로 개를 그린 것이었는데 이것은 그때 내가 살던 마당을 그린
것이다. 그 다음에는 교외풍경을 그리기 시작했다. 내가 보기에 그
곳의 풍경이 굉장히 초현실주의적으로 느껴졌기 때문이다. 그 다
음에는 시야가 더 넓어져서 좀 더 자연 자체를 다루게 됐다.
　다음 작품들은 모두 교외 풍경이다. 모텔들이 있고 동네의 팔각

모텔 130.3×193.9cm,
캔버스에 아크릴, 2006

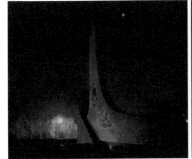

필리핀군참전비 130.3×162.2cm,
캔버스에 유채, 2004

팔각정 130.3×193.9cm,
캔버스에 유채, 2004

정이 있다. 벽제에는 한국전쟁 때 필리핀 군인이 지원을 온 것을 기념해서 세운 기념탑도 있다. 이 동네의 그린벨트 내에는 조그마한 공장이 많은데 그곳에는 필리핀을 포함한 동남아시아 출신 이주노동자가 아주 많다.

다음은 내가 참가했던 민방위 훈련을 그린 것이다. 사실 사진을 가지고 작업한 것인데 이런 사진 같은 경우는 열 장이 넘는 사진을 합성해서 그린 것이다. 비닐하우스 왼쪽이 내가 살던 곳이고 그 뒤에 있는 교회는 내가 없는 것을 그려넣은 것이다. 「낚시」는 벽제천에서 낚시하는 사람을 그린 것인데 황혼이 지는 배경에서 이 사람의 실루엣이 마치 기도하는 사람 같아 보였다. 나는 운동을 잘 하

민방위훈련 181.8×227.3cm, 캔버스에 아크릴, 2006   **비닐하우스** 181.8×227.3cm, 캔버스에 유채, 2006

낚시 130.3×193.9cm, 캔버스에 유채, 2007   **운동장** 130.3×193.9cm, 캔버스에 유채, 2007

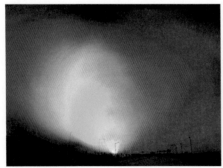 

자유로 65.1×90.9cm, 캔버스에 유채, 2007   **호수공원** 181.8×227.3cm, 캔버스에 유채, 2006

지 않는 편이지만 해야 되겠다는 생각이 들어 화정에 있는 운동장에 간 적이 있다. 그곳을 그린 것인데, 거기 가면 많은 사람들이 한 방향으로 계속 걷고 있다. 그것을 보고 묘한 기분을 받았다. 이것은 자유로를 그린 것이고, 이것은 일산의 호수공원을 그린 것이다. 이때 '근린자연'이라는 이름으로 전시를 했다. 우리가 자연을 소비할 때 대체로 도시에서는 아마존과 같은 있는 그대로의 자연을 접하지는 않는다. 사실은 다 가짜 자연이라고 할 수 있다. 그래서 제목을 '근린자연'이라고 붙였다. 다음은 일산 호수공원에서 봤던 인공절벽을 그린 그림이다.

요즘 내가 자주 그리는 것 중 하나가 돌 던지기와 험악한 날씨다. 나름대로 여러 가지 의미가 있다. 그리고 또 하나 자주 그리는 것은 쪼그려 앉아서 담배를 피우는 남자다. 담배 피는 남자의 뒷모습은 노무현 대통령이 돌아가셨을 때 그리기 시작했다.

요즘 나의 그림은 대체로 불안해 보인다. 내가 갱년기가 와서 그런지도 모르겠지만 어쨌든 '불안정'을 화두로 몇 년 동안 그림을 그려왔다. 우리 사회가 점점 더 불안해지고 불안정한 사회가 되는 것 같아 보인다. 어릴 적에 내가 나이를 먹으면 세상이 이렇게 달라지겠지 하는 기대감이 있었는데 그것과는 다

인공절벽 227.3×181.8cm,
캔버스에 아크릴, 2008

돌던지기 227.3×181.8cm,
캔버스에 아크릴, 2012

담배피는남자 112×123.7cm,
캔버스에 유채, 2009

른 방향으로 세상이 변한 것 같다. 나에게 중학교 3학년인 딸이 있는데 그 딸아이가 살아갈 앞으로의 세상이 나는 무척 걱정스럽다. 쉽지 않을 것 같다는 생각이 든다. 크고 작은 위기를 거치면서 우리 사회에는 어떤 알 수 없는 불안감이 만연해 있는 것 같다. 내가 을씨년스러운 풍경화를 그리는 이유는, 근원도 알 수 없고 통제할 수도 없는 자연의 힘으로 우리의 삶을 뒤흔드는 어떤 힘을 상징적으로 드러내기 위함이다. 지금 사회에서는 돌을 던질 대상이 어디 있는지도, 누구인지도 잘 모르겠다. 상황이 예전보다 훨씬 더 복잡해졌고 통제하기도 힘들어졌으며 그래서 막연한 불안감을 안고 살 수밖에 없다. 그래서 풍경화라는 익숙한 장르를 통해서 명확하게는 아니더라도 지금의 심리나 정서를 반영할 수 있지 않을까 싶어서 이런 그림들을 많이 그리고 있다.

Q 1 　작품을 하실 때 항상 어떤 의도를 염두에 두고 하시는지, 아니면 어쩌다보니 작품이 탄생하는 것인지 궁금하다.

A 1 　명확하게 구분할 수는 없는 것 같다. 개인적으로 나는 대체로 의도를 가지고 한다. 우리가 보통 현대미술이라고 일컫는 것은 사실 모던(Modern) 아트와 컨템퍼러리(Contemporary) 아트인데 이 두 가지는 입장이 굉장히 다르다. 모더니즘 미술에서는 미술의 콘텐츠를 구성하는 개인적, 사회적, 정치적, 문화적, 경제적, 계급적, 계층적 등 여러 가지 맥락을 다 제거하려고 노력한다. 그래서 콘텐츠로 무언가를 전달하겠다는 메시지가 강력하지는 않다. 그런데 요즘 미술은 개념적이라고 이야기를 하는 경우가 많은데 '개념적'이라는 것은 미술을 하나의 커뮤니케이션 도구로 생각하는 것이다. 나 역시 작업을 할 때 내 작품을 통해서 관객에게 무엇을 이야기할 것인지 어느 정도는 결론을 내리고 들어가는 편이다. 그러나 무조건 그런 것은 아니고 작업을 하다가 어떤 생각이 떠오를 때도 있다.

Q 2 　교수님의 작품을 보면 순간적인 상황에 떠오른 생각을 놓치지 않고 작품에 연결시키는 부분이 많은 것 같아 인상 깊었다. 그 순간적인 생각을

잡아내는 요령이 있는지 궁금하다.

A2   어떤 면에서는 과학과 예술이 엇비슷한 부분이 있다. 나는 비슷하다고 생각한다. 특별한 요령은 잘 모르겠지만 일단 내 체질과도 좀 관계가 있는 것 같다. 무언가를 볼 때 늘 거리를 두고 보려 하는 경향이 있다. 사실 많은 경우에 나의 작업의 에너지원은 '마감'이다. 닥치면 어쨌든 무언가를 해야 하기 때문이다.

Q3   작가마다 전달하려는 메시지에 대한 입장이 다른 것으로 알고 있다. 예를 들면 작가는 작품으로만 말해야 한다는 생각을 가지고 있는 작가도 있고, 필요하다면 해설도 곁들여야 관객과 의사소통이 가능하다는 생각을 하는 작가도 있을 것 같다. 이에 대해서 교수님은 어떻게 생각하시는지 궁금하다.

A3   미술의 흐름 중에 하나로 이런 것이 있다. 잭슨 폴록(Jackson Pollock)의 작품은 엄청 쉽다. 우리도 운동장 나가서 천 깔아놓고 페인트 몇 통 사다가 흘리고 다니면 잭슨 폴록의 작품을 따라할 수 있을 것이다. 그런데 왜 잭슨 폴록의 작품은 미술관에 걸리고 우리 작품은 그렇지 못한가? 과거의 미술사는 작품의 미술사라고 했다. 물론 작가가 중요하지 않은 것은 아니었지만 작품이 더 중요했다. 작품이 미술사에 등장하고 그 작품을 해석하는 그런 분위기였는데 언젠가부터, 특히 1960년대 이후부터 앤디 워홀(Andy Warhol)의 등장 이후로 미술이 작가의 역사가 되어버렸다. 잭슨 폴록은 예술가니까 그 사람의 작품은 예술이고 우리는 예술가가 아니므로 우리의 것은 예술로 인정받지 못하

는 것이다. 즉 작품도 중요하지만 예술가가 예술가로 인정받기 위한 어떤 시스템이 존재한다는 것이고, 그 시스템이 굉장히 엄격하게 작동한다는 의미다. 그렇다고 예술가나 작가가 되는 데 무슨 자격증이 필요한 것도 아니고 공식적인 어떤 루트는 없다. 그러나 누구에게든 '이 사람은 예술가구나' 하는 일종의 인증이 반드시 필요해진 것은 사실이다.

Q 4 전자공학과에서 배운 것을 적용한 또 다른 작품이 더 있는지 궁금하다.

A 4 전자공학과에 편입해서 2년을 다닌 것은 사실이지만 어떤 높은 수준의 기술을 쓴 적은 많지 않다. 어떤 한 가지를 개발하려면 시간과 돈도 많이 들여야 하고 무엇보다도 내가 대학원 때 기술을 이용한 미술에 대해서 굉장히 회의적인 논문을 쓴 적이 있다. 하버마스(Jurgen Habermas)라는 학자가 한 이야기가 있는데 "시는 $E = mc^2$라는 공식을 보고 떠오르는 것이 아니라 히로시마에 떨어진 원자폭탄의 구름을 보고 떠오르는" 것이라는 말이 있다. 지금도 미술에서 미디어 아트라고 할 수 있는, 전자 매체나 미디어를 사용하는 흐름이 많다. 그런데 조심해야 될 것은 미디어가 최신이고 첨단이라고 해서 첨단의 작품이 나오는 것은 아니다. 특히 1990년대 초에는 그런 미술이 막 시작될 때여서 무조건 새로우면 좋다는 식의 생각이 있었던 것 같다. 그래서 나는 사실 그런 생각에 매우 비판적이었다.

서민아 교수

성균관대학교 바이오메디컬 엔지니어링학과 & 생명과학과 부교수
전 코넬대학교 의과대학 조교수

뇌=1.4kg의 우주

1. 뇌의 기본 구조와 기능

뇌과학은 굉장히 분야가 넓은 학문이다. 거울 속을 보면 항상 내가 있듯이 내 안에는 항상 뇌가 있다. 뇌는 우리와 떨어지려야 떨어질 수 없는 필수불가결한 관계에 있고, 우리를 있게 하는 배경에 바로 뇌가 있다. 이 짧은 시간에 뇌에 대해서 많은 것을 이야기하는 것은 불가능하지만 뇌의 기본 구조와 뇌의 기능으로 시작해서 다양한 뇌세포들의 역할, 기초과학연구원에서 활발히 연구하고 있는 뉴로이미징(Neuroimaging), 그리고 뇌와 마음이라는 약간의 인문학적인 요소가 가미된 주제를 다루어보려고 한다.

내가 좋아하는 그림 중에 사람의 뇌와 호두를 비교해 놓은 것이 있다. 소장에 수많은 융기들이 표면적을 늘려 영양분을 최대로 흡수하는 원리와 같이 뇌도 100억 개의 신경세포들을 포함하기 위해 울퉁불퉁한 구조를 가짐으로써 면적을 최대한 늘리고 있다. 지능이 발달하면 발달할수록 뇌에 주름이 많이 잡혀 있다. 하등동물로 갈수록 뇌가 굉장히 평평하다. 쥐, 토끼와 같은 하등동물에서부터 사람에 이르기까지 다양한 동물의 뇌를 비교해봤다. 쥐의 뇌는 약 1cm에서 1.5cm 정도 된다. 토끼의 뇌를 보면 주름이 거의 없는데 실제로 토끼는 지능이 매우 떨어지는 편이다. 이어서 고양이, 돌고래, 침팬지, 사람으로 갈수록 뇌에 주름도 많아지고 지능도 높아진다. 절대적인 뇌의 크기를 비교하면 오히려 사람보다 돌고래가 더 크다. 어쩌면 돌고래의 머리가 더 좋을 수도 있다. 돌고래의 뇌에도 주름이 엄청 많으며 자기들만의 언어도 구사한다고 알려져 있다. 특정 돌고래는 잠을 아예 자지 않기도 한다. 잠을 자게 되면 급류에 떠내려갈 수 있기 때문에 좌반구와 우반구를 번갈아가며 깨어 있는 상태로 유지하는 것이다. 사람은 전혀 그럴 수 없다는 것을 생각하면 돌고래가 오히려 사람보다 더 똑똑할지도 모르겠다. 알 수 없는 일이다.

내가 박사 때 인지신경과학을 공부하면서 뇌에서 어떻게 행동이 조절되는가를 다룰 때 원숭이를 가지고 실험했다. 원숭이의 머리를 열어서 뇌 안에다가 전극을 꽂고 뇌 안에 있는 신경세포들에 자극을 주면서 그 자극과 행동의 연관관계를 살피곤 했는데, 원숭이들은 아주 똑똑하다. 원숭이의 뇌를 사람의 뇌와 비교해보아도 크기나 주름 같은 면에서 별 차이가 없다. 크기 면에서는 돌고래의 뇌가 가장 크지만 원숭이는 사람의 키, 몸무게와 대비해서는 고등생물 중에서 비교적 가장 큰 뇌를 가지고 있다고 볼 수 있고, 홈과 주름이 굉장히 많은 울퉁불퉁한 구조로 되어 있다.

뇌가 없는 우리는 상상할 수 없다. 주의력, 기억력, 학습 등 모든 인지기능을 관장하는 고차원적인 생명기관이며 시각피질, 청각피질, 후각피질 등과 같은 식으로 뇌는 영역별로 담당 분야가 정해져 있다. 그러나 동시에 뇌는 가소성이 매우 뛰어난 기관이기도 하다. 서번트 신드롬(Savant syndrome)이라는 것이 있다. 갑자기 불의의 사고로 뇌를 다친 사람이 한 번도 배우지 않은 악기를 천재적으로 다룬다든지, 미술교육을 한 번도 받지 않은 사람이 천재적인 화가가 된다든지 하는 경우를 일컫는다. 이런 식으로 뇌의 다양한 영역은 서로를 대체할 수 있는 능력이 있는 것 같다. 뇌에는 전두엽, 두정엽, 후두엽, 측두엽 등이 있는데 이 안에도 다시 무수한 작은 영역이 있다. 이 영역들이 어떻게 연결되어 있는지가 뇌기능에 아주 중요한 단서가 된다. 서번트 신드롬을 가지고 있는 사람은 뇌를 다침으로써 각 영역 간의 연결이 재구성되고, 그 이후에 몰랐던 잠재능력이 표출되는 것이다.

뇌는 아주 질서 있는 기관이다. 우리가 중추신경계라고 부르는 것에는 뇌와 척수가 포함되어 있고 말초신경계는 우리 몸 안에 있는 신경을 말한다. 영어로는 각각 CNS, PNS라고 한다. 우리는 영장류 중에서도 제일 큰 대뇌를 가지고 있는데 대뇌는 전두엽, 측두엽, 두정엽, 후두엽으로 나뉜다. 그러나 동시에 위치나 기능에 따라 다시 분류할 수도 있다. 구체적으로 그 용어를 다 아는 것은 무리가 있고 단순하게 뇌가 여러 가지 기준으로 다양한 영역으로 나뉠 수 있다는 정도까지만 알고 있어도 충분할 것 같다. 대뇌가 인간의 고차적인 인지기능을 수행하는 영역을 담당하고 있다면 소뇌는 대뇌 뒤에 조그맣게 붙어 있는 부분으로, 입력신호를 주는 세포는 굉장히 많지만 Output을 만드는 세포는 단 하나뿐이라는 것이 특징이다. 소뇌는 운동과 밀접한 관계가 있고 인지능력에도 어느 정도 관여한다. 아주 정교한 네트워크로 구성되어 있지만 Output이 유일하기 때문에 연구하기 좋은 대상이다.

뇌 안을 들여다보면 10의 11승 개에 달하는 아주 많은 뉴런이 있다. 어떤 화학적 방법을 통해 염색해서 얻은 그림을 살펴보면 실제로 아주 많은 세포가 뇌에 들어 있고 마치 우주와 같이 복잡한 네트워크처럼 보인다. 기억을 관장하는 아주 중요한 기관인 해마의 그림도 볼 수 있고 고유의 기능을 담당하고 있는 수많은 뉴런들이 저마다 특정한 색깔을 띠고 있는 것을 볼 수 있다. 뇌 안의 어떤 세포는 항상 흥분만 한다. 반면에 억제만을 담당하는 세포도 있다. 우리의 뇌기능이 원활하게 조절되기 위해서는 이 흥분과 억제가 서로 적절하게 조화를 이루어야 한다. 흥분성 뉴런과 억제성 뉴런의 균형이 잘 맞추어져야 정상적인 뇌기능을 수행할 수 있다. 흥분이 지나치게 많으면 병이 된다. 예를 들어 간질 같은 병이 그렇다. 반대로 억제가 지나치면 자폐와 같은 병이 생길 수 있다. 이제까지는 뇌과학을 공부하는 사람들이 뉴런에만 집중했다. 그런데 사실은 뉴런이 우리 뇌 부피 전체의 10% 정도밖에는 차지하지 않는다.

내가 개인적으로 무척 좋아하는 비유 중 하나가 뇌를 초콜릿칩 쿠키라고 생각하는 것이다. 초콜릿칩 쿠키에는 초콜릿칩이 드문드문 박혀 있다. 그리고 나머지는 쿠키 도우다. 뉴런이 바로 드문드문 박혀 있는 초콜릿칩과 같고, 교세포는 그 사이를 채워주는 쿠키 도우에 해당한다. 이 교세포가 예전에는 그저 부피를 채워줄 뿐 아무 역할도 하지 않는다고 여겨졌지만 지금은 뉴런의 활성을 돕는 결정적인 역할을 한다는 사실이 밝혀졌다.

뉴런이 하는 가장 중요한 기능은 신호를 전달하는 것이다. 신경세포는 어떤 신호를 전달해야만 한다. 엄청나게 많은 수의 신경세포가 얽혀 있는 만큼 신호의 발생도 어마어마하기 때문에 신호를 받아들이는 안테나 같은 것도 잘 발달되어 있어야 할 것이다. 신호를 받아들이는 안테나의 역할을 하는 부분을 Dendrite(수상돌기)라고 하고 신호를 보내주는 영역은 Axon(축색돌기)라고 한다. 그래서 신경세포는 Cell body는 다른 세포와 똑같지만 Dendrite와 Axon이 특히 더 발달된 차별적인 구조를 가지고 있다. 교세포는 크게 Astrocyte, Oligodentrocyte, Microglia 이렇게 세 가지로 나뉘는데 가지고 있는 기능이 각각 다르다. 예를 들어 Astrocyte는 뉴런과 혈관 사이에 굉장히 많이 존재한다. 신경이 활성화된다는 것은 물질대사적 수요가 높아진 것이다. 근육이 일을 할 때 산소와 영양분이 필요한 것처럼 신경세포도 마찬가지로 산소와 영양분을 필요로 한다. 신경세포에게 산소와 영양분을 전달하는 것은 혈관이다. 혈관과 뉴런은 떨어지려야 떨어질 수 없다. 만약 혈관이 뉴런에게 산소나 영양분을 공급하지 못하면 뇌세포들이 죽게 된다. 이렇듯 긴밀한 관계의 뉴런과 혈관의 사이에 바로 Astrocyte가 있다.

뇌세포를 조직 염색을 통해 관찰하게 되면 어떤 뉴런이 감각뉴런인지, 중개뉴런인지, 운동뉴런인지, 그리고 위치는 어디쯤인지에 따라 모양이 굉장히 달라진다. 일반적인 뉴런 모양에 가장 가까운 것이 운동뉴런이고 엄청나게 많은 Dendrite를 가지고 있는 중개뉴런은 신호가 집약되는 소뇌와 같은 영역에 많이 분포되어 있다. 감각뉴런은 Dentrite와 Cell body가 약간 분리되어 있는 형태를 띠고 있다. 이런 식으로 Unipolar cell, Bipolar cell,

Pseudounipolar cell, Multipolar cell 등 뇌세포가 굉장히 많다.

대뇌피질에 중요한 뉴런으로서 피질에 들어오는 많은 신호들을 축약해서 output을 만드는 Pyramidal neuron은 말 그대로 Cell body가 피라미드처럼 생겨서 이름이 그렇게 붙었다. 발견한 사람의 이름을 딴 Purkinje cell은 아주 복잡한 Dendrite를 가지고 있다. Purkinje cell은 소뇌에 위치하고, 소뇌는 아주 많은 신호들이 집약되는 장소이기 때문에 Dendrite가 매우 복잡하게 발달했다. 이처럼 어떤 뉴런의 위치와 그 기능에 따라 구조도 이에 맞게 아주 다양하다. 그래서 뇌과학자들이 다 똑같은 뉴런을 연구하는 것은 아니다.

뉴런은 전기적 신호와 화학적 신호 두 가지를 이용해서 신호를 전달하는데 전기적 신호는 활동전위라고도 한다. 뉴런이 생성하는 활동전위가 신경을 잘 통과할 수 있도록 교세포가 도와준다. 뉴런을 감싸는 절연체 역할을 하는 것을 Myelin sheath라고 하는데 이것을 교세포가 만든다. 교세포가 망가지면 이 절연체가 벗겨진다. 절연체의 존재로 생기는 랑비에결절 사이를 전기신호가 '도약' 하면서 훨씬 더 빠른 속도로 전달될 수 있는데 이 Myelin sheath 가 없으면 신경세포의 전달 속도가 현저히 떨어진다. 만약 Myelin sheath가 없어지는 질병에 걸리면 의지에 따라 본인의 몸을 움직일 수 없다. 내가 생각한 걸음에 대한 명령이 다리까지 전달되기까지 너무 긴 시간이 걸리는 것이다. 이렇듯 중요한 역할을 담당하는 Myelin sheath가 바로 교세포에서 만들어진다.

또 하나 중요한 것은 뉴런과 뉴런 사이가 닿아 있지 않고 떨어져 있다는 사실이다. 신경세포 간의 떨어진 접촉 부분을 시냅스라고 한다. 시냅스가 많으면 많을수록 다양한 뉴런의 접촉이 많아져서 뇌의 연결이 풍성해진다. 뇌를 사용하면 사용할수록 시냅스는 굉장히 많아진다. 시냅스는 뉴런의 개수보다도 더 많다. 하나의 뉴런이 수십 개, 수백 개의 시냅스를 가질 수 있기 때문이다. 다행인지 불행인지는 모르겠지만 시냅스는 가변적이다. 쓰면 쓸수록 많아지고 쓰지 않으면 퇴화된다. 시냅스에서는 전기신호가 전달되는 것이 아니라 화학물질이 신호전달을 담당한다. 그런 화학물질을 Neurotransmitter, 즉 신경전달물질이라고 한다.

2. 뇌의 활성과 기능

뇌의 구조와 기능에 대해서는 여기까지 다루는 것으로 하고 다음으로는 뇌의 활성과 그 기능에 대해서 이야기해보도록 하자. 소리, 빛, 온도 등 굉장히 많은 감각 신호가 뇌 안으로 들어오고, 뇌는 이것들을 통합적으로 아우른다. 뇌 안에 있는 Pyramidal cell, Purkinje cell과 같이 중요한 세포는 이러한 모든 감각 신호를 받아들여서 통합한 뒤 output을 만들어낸다. 만들어진 output은 몸의 특정한 부분으로 전달되어 자극에 대한 적절한 반응을 일으킨다. 이 모든 것을 가능하게 하는 것은 전기적 신호와 화학적 신호다.

원숭이 실험을 통해 단일 뉴런의 활동을 관찰할 수 있는데 요즘 이루어지고 있는 연구 중 하나는 사람들 사이에 텔레파시가 가능한지에 대한 것이다. 작년쯤 미국에서 텍사스에 있는 교수와 뉴욕에 있는 교수의 머리에 전극을 연결하고 한 교수가 '나는 콜라를 먹고 싶다'는 생각을 계속 반복하는 실험을 했더니 연결되어 있는 다른 한 교수에게 그 생각이 전달되는 것이 가능했다. 요즘 사람들이 하루 종일 스마트폰을 들고 다니는 것처럼 나중에는 뇌파를 감지하는 헬멧 같은 것을 쓰고 돌아다닐 수도 있는 일이다. 굳이 말을 하지 않아도 생각만으로 의사소통이 가능해질지도 모르는 것이다.

시냅스에서 신경전달물질이 어떻게 신호를 전달하는지를 좀 더 자세히 살펴보자면 시냅스전세포와 시냅스후세포로 나누어서 생각해볼 수 있다. 시냅스전세포에서 전기신호가 Synaptic terminal 이라는 부분까지 전달되면 신경전달물질을 포함하고 있는 소낭이 준비되어 있다. 전기신호가 다다르면 세라토닌, 도파민, 아세틸콜린 등 우리에게 익숙한 신경전달물질이 소낭으로부터 방출된다. 신경전달물질은 화학물질이기 때문에 뉴런과 뉴런 사이의 빈 공간을 이동하면서 시냅스후세포에 전달된다. 시냅스후세포의 세포막에는 신경전달물질을 받아들이는 수용체가 있기 때문에 수용체를 이용해서 화학물질을 받아들인 다음 이것을 활동전위로 전환한다. 이런 식으로 시냅스전세포, 시냅스, 그리고 시냅스후세포를 거치면서 신호가 전달되면서 뇌기능이 정교하게 수행되는 것이다. 신경전달물질 중에서 한 가지만을 평생 연구하는 뇌과학자도 있다.

박지성 선수가 축구를 잘하게 된 배경에는 물론 타고난 운동신경도 있겠지만 끊임없는 노력이 가장 큰 요인일 것이다. 축구는 몸으로 하는 것 같지만 사실 뇌가 있기 때문에 반복적인 학습을 통해서 훌륭한 경지에 다다를 수 있는 것이다. 축구공을 차는 간단한 행동에도 엄청나게 많은 뇌의 부분이 관여한다. 공이 시야에 들어올 때는 시각피질, 전운동피질, 편도체, 시상하부와 같은 부분이 관여하고, 공을 차는 행동 역시 고도의 조정이 필요한 움직임이다. 기저핵, 뇌간, 척수, 해마 등이 통합적으로 한 번에 잘 기능해야 하는 것이다. 그중에서도 소뇌가 운동을 조절하는 굉장히 중요한 기관인데 이런 것들을 박지성 선수는 수백만 번의 반복적인 연습을 통해서 훈련한 것이다. 수없는 반복이 시냅스의 연결들을 거의 영구적인 수준까지 고정시켜놓았다고 볼 수 있다. 많은 운동선수가 나중에는 의식하지 않아도 자동적으로 몸이 반응하는데 이런 행동의 뒤에는 엄청나게 잘 기능하도록 훈련된 뇌가 존재한다.

뇌의 수많은 신경은 굉장히 정교하고 자세하게 지도화되어 있다. 우리가 운동에 대해서 이야기했으니 운동뉴런을 살펴보면 운동피질에서 조절하는 몸의 부분을 다 연결해보았더니 일대일 대응이 되었다. 얼굴 부위를 조절하는 부분이 얼굴 크기에 비해 상대적으로 크고 특히 입이 굉장히 민감한 영역이다. 그 다음은 손, 손 중에서도 엄지손가락과 연결되는 부분이 크고, 허벅지나 팔과 같은 부위는 그 크기에 비해 조절하는 영역의 크기가 작다. 1960~1970년대에 신경과학이 인기를 끌기 시작했을 때 사람들이 지금 보면 다소 잔인한 실험을 했는데, 원숭이의 손가락 하나를 잘라버린 후 그 잘려나간 손가락을 조절하는 뇌의 영역이 어떻게 될까 관찰한 적이 있다. 손가락이 사라지면 그 부분을 담당하던 뇌부분이 할 일이 없어진다. 그렇게 되면 그 부분은 다른 일을 하는 공간으로 바뀌게 된다. 다른 손가락이 사라지고 엄지손가락만 남게 되면 다섯 손가락을 담당하는 뇌의 영역이 모두 엄지손가락의 운동을 조절하게 되고, 손이 통째로 사라지면 손을 담당하던 영역이 팔목을 담당하는 등 우리의 뇌의 능력은 가변적이고 무궁무진

한 것이다. 무엇이든지 노력하고 연마하게 되면 어마어마한 수준으로 발전할 수 있는 잠재능력이 누구에게나 있는 것이다.

꾸준히 강조하는 사실이지만 뇌에서 가장 중요한 것은 연결, Connection이다. 뇌세포가 아무리 전기신호와 화학신호를 동원해서 활발하게 활동하더라도 그 사이의 연결이 제대로 되어 있지 않으면 일을 수행할 수 없다. 그래서 요즘에는 뇌과학 분야에서 Connectome이라는 용어가 새로 생겼다. Connection만을 연구하는 분야인데 여기서는 뇌의 영역 간에 어떻게 소통이 진행되는지를 중점적으로 다루고 있다. 인간이 어떤 단순한 행동을 할 때에도 수십 개의 영역이 동시다발적으로 관여하지만 이것이 무질서하게 동원되는 것이 아니라 정해진 신경경로와 연결통로를 따라 진행되기 때문에 굉장히 질서 있는 현상이다. 시각피질은 후두엽에 존재하는데 눈과 거리가 아주 멀다. 뇌를 포함한 모든 생물학적인 기관은 일반적으로 가장 효율적인 체계를 추구하는데 왜 시각피질은 눈과 가장 먼 곳에 있는지 그 이유는 아직도 밝혀지지 않았다.

3. 뉴로이미징

처음에 언급했지만 성균관대 IBS, 즉 기초과학연구단에서 연구단으로 선정되어 뇌이미징을 연구하게 됐다. 우리 연구단은 뇌과학이미징연구단이라 명명되었고, 살아 있는 기능하는 뇌에서부터 세포 수준의 뇌에 이르기까지 많은 단계에서 뉴로이미징 기술을 이용하여 뇌를 연구한다.

뇌를 찍으면 뇌기능을 시각화하는 근간이 되는 것이 혈류량의 변화이다. 굉장히 많은 혈류 변화를 기반한 뉴로이미징 기술이 이 혈류의 변화에 민감하게 반응하도록 개발되어 있다. 혈관 안에는 헤모글로빈이 있고 헤모글로빈은 4개의 산소 분자를 가지고 있을 수 있는데, 뇌신경세포의 활성 정도에 따라서 헤모글로빈 내부의 산소 분자의 포함 정도가 달라지고, 이러한 변화를 광학적 이미징 방법을 이용하여 측정할 수 있다. 그런 식으로 신경세포와 혈관 간의 동적인 변화를 관찰하는 것이 혈류량을 기반한 광학이미징의 근간이다. 임상에서도 뇌혈관이 건강하지 못하면 뇌경색, 뇌출혈, 치매 등의 질병이 나타날 수 있고 이것은 식습관과도 상당히 밀접한 관계가 있다. 건강이 나빠진다는 것은 혈류의 공급이 제대로 되지 않는다는 것이고 이것이 뇌세포에 영향을 끼치면 뇌사에까지 이를 수 있는 것이다. 덧붙이자면 치매를 예방하기 위해서는 끊임없이 배워야 한다. 똑같은 것을 반복하다 보면 뇌가 타성에 젖을 수 있고 나이가 팔순이어도 새로운 언어를 배운다든지 계속해서 뇌에 신선한 자극을 주어야 치매를 예방할 수 있다. 그런 활동들이 전부 뇌에 혈류 공급을 원활히 하는 결과를 가지고 온다.

앞서 언급한 뇌혈관질환을 예측하는 데에도 뉴로이미징 기술이 아주 중요하다. 기술의 종류에는 여러 가지가 있는데 Functional MRI, 즉 fMRI는 기능하고 있는 뇌에서 활성하는 뇌영역을 가시화하는 데 적합한 이미징 방법이다. 예를 들어서 연인을 생각하면 좋아하는 마음이 들게 하는 뇌의 영역이 어디인지 알고 싶다면 Magnet 안에서 그 생각을 하라고 시킨다. 그러면 이때 뇌를 fMRI로 찍으면 그 생각이 나오는 뇌의 영역이 어딘지 눈으로 볼 수 있다. 이것도 사실은 혈액에 얼마만큼의 산소가 있는지에 따라 영상에 차별을 두는 원리를 따른다. PET(양전자단층촬영)도 마찬가지다. 뇌활성이 있는 곳에 혈당량이 올라가는 것을 잡아내어 보는 것이 PET다. 광학이미징도 많이 활용하는 기술 중 하나인데 빛으로 활성된 영역을 측정하는 방법에 해당한다. 빛은 다양한 파장을 가지고 있는데 뇌가 어떤 상태인가에 따라 흡수하는 파장대가 달라진다. 예를 들면 디옥시헤모글로빈과 옥시헤모글로빈이 흡수하는 파장대가 각기 다르다. 그런 차이를 이용해 수학적으로 계산해서 뇌 영역을 가시화하는 것이다. 알고 보면 단순한 광학적 원리이지만 살아 있는 뇌에 적용하면 아주 실용적인 기술이 된다. 혈류량을 파악하든 흡수하는 파장대를 파악하든 궁극적인 목표는 뉴런의 활성을 아는 것이다. 살아 있는 사람에게 적용할 때는 fMRI가 굉장히 좋지만 세포 수준까지 볼 수는 없다. 조직 수준에서는 광학이미징을 사용하게 되고, 세포 하나하나가 변하는 것을 살아 있는 뇌에서 실시간으로 찍을 때는 Multi photon imaging이라는 것을 사용한다.

fMRI로 얻은 결과와 광학이미징으로 얻은 결과가 비슷하다는 것을 우리 연구단의 단장님을 비롯하여 몇몇 연구 그룹에서 밝힌 바 있다. 사람에게 적용할 수 있는 기술은 fMRI뿐인데 fMRI만 이용하다보면 과연 이것을 이용해서 보고 있는 것이 진짜인지 의구심이 들 수 있다. 그런데 이러한 연구들을 통해 그 호기심이 완전히 해결되게 되었다. 혈류량을 이용한 이미징이 실제 뉴런의 활성영역보다 좀 더 넓은 영역을 보여주긴 하지만 어느 방법을 이용하든 거의 동일하다고 할 수 있는 결과를 반영한다고 볼 수 있다. 이 밖에도 NO, CO와 같은 생체분자를 이용해 실시간으로 데이터를 얻어

Neuroimaging을 할 수도 있다. 이러한 방법은 동물에게만 적용된다. 뇌수술을 받는 환자를 대상으로 한 실험적인 광학이미징 연구도 진행되었지만, 여전히 이러한 방법은 연구 수준에 머무르고 있다. 아까 언급한 Multi photon imaging 같은 것을 하게 되면 뇌 안에 있는 조직의 아주 미묘한 혈관 구조와 혈관을 연결하는 교세포 수준의 영상까지 얻을 수 있다. 뇌를 떠올리면 우리는 보통 두부같이 하얀 모양을 생각하지만 실제로는 꽤 진한 분홍색을 띠고 있고 핏줄도 상당히 많다. 모세혈관도 많고 굵은 동맥도 있다.

심리나 인지를 뇌과학적으로 연구하는 것은 최근 상당한 관심을 받고 있다. 주의력이 무엇인지 물어본다면 그 답은 굉장히 추상적일 수밖에 없다. N-Back Test는 고전적인 실험 중 하나인데 기억력을 테스트하는 것이다. 기억력을 뇌 안의 어떤 영역이 관장하는지는 뉴로이미징을 통해서만 볼 수 있다. 그래서 인지연구를 하는 동안 주로 fMRI를 이용해서 뇌의 활성 영역을 관찰한다. 고전적인 주의력 실험 중의 하나는 마이크 포스너(Mike Posner)라는 교수가 한 실험이다. 눈을 십자에 고정시킨 후 다섯 개의 화살표 중에서 중심에 있는 화살표에 주의를 기울이고 가운데 화살표가 가리키는 방향에 맞게 응답하는 실험이다. 간단해 보이지만 교수가 실험을 여러 가지 방법으로 변형한다. 가운데 화살표를 제외한 나머지 네 가지 화살표가 같은 방향일 때와 서로 반대방향일 때 피실험자가 헷갈리는 정도가 다를 것이다. 모두 같은 방향일 때가 제일 쉽고, 방향이 섞일수록 헷갈린다. 그래서 반응속도가 느려지게 된다. 이런 것들을 MRI Scanner 안에서 오랫동안 반복하면서 Conflict score와 Alerting network, Orienting network, Attention network 등의 영역을 결정한다. EEG는 뇌파를 측정하는 것인데 fMRI보다 훨씬 경제적이라 많은 연구팀에서 사용하고 있다. 뇌가 어떤 활동을 하고 있는지에 따라 뇌파의 종류도 달라지는데 뇌파의 활성과 정신활동의 관계를 다루는 연구를 많이 한다.

4. 뇌와 마음

뇌와 마음에 대해 이야기하고 마무리하는 단계로 들어가려고 한다. 내가 마음을 연구하는 사람은 아니지만 마음이라는 것은 굉장히 철학적이다. 신경과학 연구를 하는 사람은 늘 마지막에 마음을 건드려보곤 한다. 누구나 마음이 어디에서 오는지 궁금하기 때문이다. 뉴런이 모여서 나를 만들고 나의 마음을 조절하는데 그 마음이 어디에서 오는지는 흥미로운 질문이 아닐 수 없다. 많은 사람이 마음의 기원이 되는 뇌의 영역은 과연 어디인지 연구를 하고 싶어 하지만 매우 어려운 주제다.

마음에 대한 연구에는 엄청난 역사가 있다. 우리가 잘 아는 아리스토텔레스는 심장이 마음의 근원이라고 이야기했다. 뇌는 그저 어떤 운동을 조절하는 부속적인 기관이며 심장이 의식과 마음의 원천이라고 생각한 것이다. 요즘은 이 말이 틀렸다고 생각하지만 심장이식을 받은 환자의 성격이 갑자기 바뀌는 사례를 볼 수 있다. 평범한 중년 남성이 심장이식을 받고 난 뒤에는 자전거를 갑자기 타고 싶고, 어떤 음악을 들었더니 이유도 없이 눈물이 나더라는 것이다. 알고 보니 심장을 기증한 사람이 30대 스턴트맨이었는데 운동을 매우 좋아했고, 심장을 받은 중년 남성이 듣고 울었던 음악이 그 스턴트맨이 가장 좋아했던 음악이었던 것이다. 이러한 사례는 아리스토텔레스의 생각이 100% 틀린 것이라고는 장담할 수 없게 한다. 결국 심장도 신경과 혈관 등으로 뇌와 연결되어 있는 기관이라는 것을 생각해봐도 그렇다.

사실은 뇌를 파헤치고 파헤치면 결국 기본 단위는 세포이고, 세포를 파헤치면 분자, 분자에서 단백질, 단백질에서 RNA, DNA로 내려가게 된다. 인지적인 마음이나 정신 같은 것이 유전자의 수준에서도 조절이 될 수 있을지도 모른다. 이런 것을 고민해보면 볼수록 생명체라는 것이 굉장히 심오하다는 생각이 든다. 프로이트는 "마들렌을 먹으면 특정 기억이 더 잘 기억된다."고 이야기했는데 맞는 소리다. 후각신경구는 뇌에서 가장 바깥으로 돌출되어 있는 민감한 곳이며 후각과 작업기억 사이에도 어떤 분명한 관계가 존재할 것이다. 피니어스 게이지(Phineas Gage)라는 환자가 있는데 이 사람은 사고로 인해 막대기가 머리를 관통했으나 기적적으로 살아남았다. 별다른 부작용 없이 성공적으로 수술이 끝났는데 중요한 것은 성격이 변해버린 것이다. 원래는 온순한 사람이었는데 사고 이후에는 굉장히 폭력적이고 포악해졌다고 한다. 이 환자가 사망한 뒤 의사들이 해부해보았더니 그 당시의 상처가 전두엽, 특히 전전두엽 부분에 집중되어 있었다. 그래서 전전두엽이 손상되면 성격이 변할 수 있지 않을까 하는 가설이 제기되었는데 요즘도 이런 사례가 아주 많다. 전두엽을 다치게 되면 그 후유증으로 성격이 변하는 사람이 많다.

또 우리의 뇌에는 변연계라는 부분이 있는데 이 부분은 하나의 기관이 아니다. 뇌의 여러 영역이 동시다발적으로 그물처럼 얽혀 있다. 이 변연계가 감정과 밀접한 관계가 있다. 내가 화를 낸다든지 절망한다든지 하는 상황에 변연계가 반응한다. 복잡한 구조로 되어 있어서 연구하기 쉽지 않은 영역이다. 마음에서도 역시 연결이 굉장히 중요하다. 뇌의 각 영역을 연결해주는 연결통로가 뇌기능을 결정하는 중요한 역할을 한다. 뇌는 머리에 고정되어 있지 않고 뇌척수액 안에 둥둥 떠 있는데, 머리를 다칠 때 가운데를 다치면 경증뇌외상환자가 될 확률이 적지만 옆쪽을 다치게 되면 전두엽과 소뇌를 연결해주는 섬유다발이 끊어지게 된다. 뇌 영역은 정상이고 그 연결 부분만 끊어지는 것이지만 이 환자들은 피로도가 심하고 두통의 정도도 강하다. 한 번에 소통되어야 할 것이 수백 번을 시도하고도 되지 않으니까 뇌가 피곤할 수밖에 없는 것이다. 뿐만 아니라 인지기능도 떨어진다. 경증뇌외상환자에게 안구운동을 시켜보면 잘 따라하지 못한다. 연결이 떨어져서 순간적인 주의력이 떨어지기 때문이다.

우리는 지금 뇌에 대해 빙산의 일각 정도로밖에 이해하지 못하고 있기 때문에 앞으로 할 일이 굉장히 많이 남아 있다. 세포에도 의식이 있다는 말도 있지만 그 세포들의 다발과 연결이 우리의 의식을 결정하는 중요한 역할을 할 것이고 마음이 어떤 세포에서 어떤 연결을 통해 오는지는 모른다. 뇌는 이 순간에도 끊임없이 변하고 있다. 이런 뇌와 마음과의 관계를 어떻게 하면 잘 알 수 있을지는 앞으로의 과제로 남아 있다.

현재 Brain computer interface, Brain Machine Interface, 인공지능 등 매우 미래지향적인 이야기들이 많이 나오고 있는 상황

이다. 전신이 마비된 환자에게 탐침을 심어 생각만으로 환자의 몸을 움직일 수 있게 만드는 것이 현실화될 수 있기 때문에 앞으로 3~40년 후 미래가 어떻게 될지는 감히 상상하기가 쉽지 않다. 말할 필요 없이 마음만으로도 모든 소통이 가능할지도 모르는 일이다. 우리가 근래 2~30년 동안 겪어왔던 변화를 생각하면 그리 놀라운 일도 아니다. 그렇게 되면 내 마음과 남의 마음을 어떻게 구분할 것인지의 문제와 같은 것은 굉장히 철학적임과 동시에 중요한 문제가 되며 매우 융합적인 접근이 필요한 부분이다. 이런 문제에 뉴로이미징과 같은 뇌과학 관련 연구가 중요한 통로를 제공할 수 있지 않을까 하는 것이 나의 생각이다.

Q 1 　쥐와 인간의 뇌가 많이 다를 텐데 보통 실험이나 연구에 많이 쓰이는 동물은 쥐다. 그것이 어떻게 가능한지, 실험에 어떻게 유용하게 쓰이는지 궁금하다.

A 1 　동물 연구가 없으면 안 되는 것들이 많다. 주름의 정도도 다르고 크기도 다르긴 하지만 뇌 안에서의 기본적인 세포구조나 회로는 동일하다. 예를 들면 피라미달 세포, 그리고 그것들을 연결하는 중간세포, 혈관과의 관계와 같은 기본적인 단위체는 똑같기 때문이다. 물론 인간과 같은 고차적 인지기능을 쥐가 할 수는 없지만 우리가 지금 연구하는 것들이 보통 뇌의 기본 단위 수준에 머무르고 있기 때문에 이런 실험은 동물연구로도 충분히 가능하다.

성균관대
융복합
특 강

변혁 교수

영화감독
성균관대학교 영상학과 교수
파리 제1대학교 미학 박사

주요 작품: 〈인터뷰〉, 〈주홍글씨〉,
〈오감도〉, 〈자유부인〉

영화, 스토리텔링의 미학

   본론으로 들어가기에 앞서 먼저 나에 대한 소개를 간략하게 해
보려 한다. 중학교를 졸업할 때쯤 철들고 나서 처음으로 진지하게
장래희망을 생각해봤는데, 그게 변호사였다. 학교에서 했던 적성검
사 결과 때문이기도 했지만 실은 그 즈음 TV에서 본 미니시리즈에
나온 변호사가 멋있어 보였던 게 이유였던 것 같다. 하지만 불행히
도 대학입시는 뜻대로 되지 않았고, 결국 2지망으로 지원했던 불어
불문학과에 입학하게 되었다. 지금 생각하면 나쁘지 않은 결과였
지만 당시에는 상당한 좌절감이 있었던 것 같다. 대학입시를 다시
준비해야 할지 갈등하는 시간이 꽤 길었던 것으로 기억하는데, 그
렇게 힘없이 시작했던 대학생활에 의미와 활력이 생기게 된 계기
는 바로 교내 방송국의 모집공고였다. 방송과 관련된 아르바이트
를 하고, 방송반 활동을 하면서 겨우 학교생활에 정을 붙여 졸업을
했다. 대학을 졸업할 때까지도 내가 영화와 관련된 일을 할 것이라
고는 생각하지 않았다. 나 스스로도 전혀 그럴 마음이 없었고 유학

을 떠날 때 부모님께서도 그저 공부를 계속해서 교수가 되겠거니 여기셨다.

근대까지는 미학이라 불리는 예술철학이 미술작품을 중심으로 논의되었다면 프랑스를 비롯한 현대 철학자들은 영화를 중심으로 그들의 논의를 전개하는 경향성이 많아졌다. 그래서 영화에 대해 좀 더 알아야 공부를 하겠구나 싶어서 정말 다른 마음 없이 딱 1년 정도만 영화에 대해서 공부를 해보자는 마음으로 한국 영화 아카데미에 응시했다. 어렵게 합격한 그 영화 아카데미를 다니면서도 영화를 업으로 삼을 생각은 전혀 하지 않았다. 그런데 졸업 작품으로 만든 단편영화 「호모 비디오쿠스」는 지금도 한국 단편영화를 이야기할 때 빼놓을 수 없는 영화로 언급될 만큼 주목을 받게 되었다. 그것이 계기가 되어 프랑스로 유학을 떠나서도 영화연출에 대한 꿈을 키울 수 있게 되었다.

프랑스 유학시절 대학 기숙사에서 친하게 지낸 한 선배는 원자력에 관련된 물리학을 전공했다. 솔직히 말해서 유학 기간 동안 모든 면에서 비교해봤을 때 그 선배보다 내가 훨씬 더 똑똑한(?) 편이었다고 자부할 수 있다. 그런데 선배와 내가 한국에 들어와서 일을 하기 시작하면서부터는 상황이 달라졌다. 원자력을 전공한 그 선배의 말 한마디에는 정부 관계자들이 움직이는데, 영화를 전공한 나는 제작현장에서뿐 아니라 영화가 상영되고 나서 관객들로부터도 종종 다른 의견들의 반박, 또는 비판을 듣기도 한다. 예술적 결정이라고 하는 것이 상당히 주관적인데다가 무엇보다 절대적인 기준을 제시할 수 없는 까닭이다. 10여 년의 유학을 마치고 돌아와 만든 첫 영화가 「인터뷰」였는데, 당시 최고의 스타였던 심은하, 이

정재가 주연을 맡은 영화였지만 역시나 원자력을 전공했던 그 선배의 말이 가진 절대적 권위와 다르게 나에 대한, 나의 작품에 대한 평가는 호불호가 갈리는 불확실한 것이었다. 이렇게 영화와 함께 시작한 첫 10년의 감상은 '차라리 원자력을 공부했더라면'이라는 억울함이다.

두 번째로 만든 영화가 2004년에 감독한 「주홍글씨」라는 영화인데, 한석규, 이은주 등이 출연했던 이 작품은 10년이 지난 지금도 나를 소개할 때 언급되는 영화이다. 대학에서 교수로 강의를 하고 있고, 한국 공연으로서는 최초로 모스크바 볼쇼이 극장에 초청 공연을 올렸음에도 불구하고, 일본 오사카 인터내셔널 홀에서 오페라를 연출하고, 융복합 연구소를 만들어 여러 편의 논문을 저널에 발표했음에도 불구하고, 나는 '여전히' 10년 전에 만든 「주홍글씨」의 감독으로 소개된다는 말이다.

한편으로는 프랑스에서의 10년 영화 유학에 대해서는 그렇게 평가가 박하더니, 또 한편으로는 찍었던 영화 한 편에 대해 10년이 넘도록 기억해주고, 지금까지도 나를 소개하는 화두가 되고 있다는 아이러니한 상황이 벌어졌다. 그러니 영화에 대한 나의 감상은 '인정받지 못해서 억울하다'와 '너무 인정해줘서 감사하다'가 동시에 있는 양가적인 것이다.

주목할 지점은 내가 학교를 다닐 때와는 상당히 다른 상황이 전개되고 있다는 것이다. 내가 대학을 다닐 때만 해도 영화를 한다는 것은 굉장히 특수하고 지엽적이며, 광적으로 좋아하는 사람들이나 하는 일로 여겨지곤 했는데 지금은 수많은 사람들이 이 분야에 열광하고 있다. 사실 영화산업의 매출 규모는 생각보다 크지 않다. 전년도 매출총액이 2조 원 정도로 라면시장과 비슷한 규모라고 한다. 그러나 한국에서의 영상 콘텐츠에 대한 관심은 매출 규모와 관계없이 대단히 높다. 이런 흐름의 덕을 내가 본 것이다. 이것은 꼭 우리나라에서만의 상황이 아니다. 외국에서도 마찬가지로 이런 부분에 대한 인정과 관심을 보인다. 영화를 하고 있는 두 번째 10년의 기억은 '역시 원자력보다는 영화가!'라고 하는 뿌듯함이다.

사람들은 사람들에게 무슨 이야기를 할 때 그 이야기가 그대로 전달되는 것에 대한 욕구가 매우 크다. 아주 예전에 인류 문명이 바벨탑을 쌓을 때도 그렇고, 에스페란토어로 만들었을 때도 그렇고, 전 세계를 한 가지 언어로 통일해보려는 시도는 여러 차례 있었다. 그러나 항상 성공적이지는 못했다. 그런데 사진이 등장하면서 이 문제가 해결되기 시작했다. 사진 이미지를 통해서 어느 나라에서든지 같은 말로 이해하기 시작했고, 영화가 등장하면서 그것이 더 강력한 언어로서 통일성을 만들기 시작한다. 이야기를 제대로 전달하고 싶어 하는 인간의 욕구가 해소될 수 있는 이와 같은 언어가 만들어지면서 사람들은 그것의 힘을 알게 되었다. 구 소련과 제2차 세계대전을 준비하던 독일이 특별한 관심을 가졌던 것은 주목할 만한 일이다. 히틀러의 지시로 만들어진 「의지의 승리」 같은 다큐멘터리 영화에서는 CG로도 그렇게는 할 수 없을 것 같은 완벽한 군대 도열 장면을 볼 수 있다. 기록에 의하면 그 장면을 찍기 위해서 나치당의 전당대회 행사를 몇 번이고 다시 했다고 한다. 히틀러는 이미 영상이 굉장한 힘을 가진 언어가 될 수 있다는 것을 알고 있었던 것이다. 그래서 다큐멘터리 작가에게 엄청난 권리를 허락하고 그 많은 군대를 여러 번이고 다시 도열하게 해서 완벽한 장면을 찍었다는 것이다. 사실 영화는 기술적으로 이 두 번의 세계대전에 빚진 것이 매우 많다. 그전까지는 카메라가 짐수레 정도 규모로 컸다. 그러나 히틀러가 보기에 전쟁터에서 독일군의 승리를 기록하기에는 당시의 장비가 너무 무거워보였기 때문에 어떻게든 가벼운 카메라를 개발하도록 지시했다. 그에 더해 고성능의 렌즈, 조명 없이 찍을 수 있는 필름 등을 개발해내며 중요한 기술적 발전들이 이루어진다. 그만큼 연설문을 낭독하는 것과는 차원이 다른 영화의 에너지에 대한 인식이 저변에 깔려 있었던 것이다.

영화가 가지는 에너지에서 '스토리텔링'이라는 것이 중요하다고들 한다. 사실 이 '스토리텔링'이라는 단어가 사용된 것은 불과 20년 정도밖에 되지 않았다. 그 전에도 스토리텔링은 분명히 있었겠지만 그 단어를 지금처럼 사용한 지는 그렇게 오래되지 않았다. 마치 이것이 마법을 일으키는 어떤 힘이 있는 것처럼, 모든 곳에서 스토리텔링이 필요하다고 말한다. 스토리텔링이라는 단어는 두 개 단어의 조합으로 구성되어 있다. '스토리'와 '텔링'이다. 이 조합은 너무 쉽지만, 너무 중요하다.

위의 그림은 프랑스의 베이유(Bayeux)라는 곳에 있는 양탄자로, 세계문화유산으로 지정되어 있다. 폭은 1m 정도로 그다지 크지 않지만 길이가 무려 70m로 매우 길다. 이 양탄자에는 50개 정도의 이야기가 담겨 있다. 쉽게 말하면 70m의 양탄자가 50개 정도의 웹툰 같은 형식으로 채워져 있는 것이다. 지금까지 이것이 남아 있고 세계문화유산으로 지정되어 관광객들이 찾아가는 이유는 무엇일까? 이 속에 담긴 50개의 이야기 때문일까, 아니면 70m라는 길이 때문일까? 역사적 기록으로서 이야기도 중요하겠지만 아무래도 70m짜리 작품이라는 것이 더 큰 이유일 듯하다. 여기에는 전쟁에서 승리한 이야기가 담겨 있는데, 그 당시에 전쟁에서 이겼다는 이야기가 과연 한둘이었을까? 어떤 전쟁에서 이겼다는 이야기는 많았겠지만 70m라는 특수성 때문에 이 양탄자는 지금까지 남아 있는 것이다.

사람들은 쉽게 '스토리가 중요하다'고 이야기하지만 그렇지 않다. 우리는 둘 중에 뭐가 중요하냐는 질문을 받았을 때 한쪽은 중요하고 다른 한쪽은 중요하지 않다고 말하고 싶어 한다. 하지만 이 두 가지 요소는 불가분의 관계로 적절한 시너지가 일어나지 않으면 주목받지 못한다. '스토리'와 '텔링'은 어느 것이 더 중요하다고 말할 수 없는 완전체의 요소들이다. 천 년 전에도 '스토리'는 중요했다는 점, 그리고 그 강력한 이야기에 합당한 '70m라는 엄청난 작업'이 더해졌기 때문에 천 년이 지나도 지금까지 남아 있는 것이라는 점이다. 그러므로 스토리텔링에 대해 이야기할 때 너무 쉽게 스토리가 중요하다고 하지 말자. '스토리'만큼이나 그것을 만드는 데 공을 들여 적절한 조합을 이루어내는 '텔링' 역시 중요하다는 것을 간과해서는 안 된다.

아마 여러분 중 대부분에게 한번쯤 이런 경험이 있을 것이다. 어딘가에서 엄청 재미있는 이야기를 듣고는, 잘 기억해 놓았다가 다른 데 가서 똑같이 다시 했는데 아무도 웃지 않을 때가 있다. 뭐가 문제였을까? 똑같은 스토리였을 것이므로 스토리 책임은 아니다. 바로 '텔링'하는 방법의 문제다.

대부분의 이야기는 이렇게 시작된다. 옛날 옛적에 어느 마을에 누가 살았는데……. 아리스토텔레스는 세 가지 축이 스토리를 이루고 있다고 했다. 이야기가 어떻게 진행되는가를 말하는 '액션'이라는 것과, '인물', 그리고 시간과 공간의 '배경', 이 세 가지가 그 축이다. 그래서 대부분은 쉬운 배경에 해당하는 시간과 공간을 먼저 깔고 시작한다. 옛날 옛적, 어느 마을, 이러면 따질 것도 없고 그냥 그대로 받아들이면 된다. 남는 것은 액션과 인물이다. 바로 이 두 가지가 이야기의 실질적인 두 축을 이룬다.

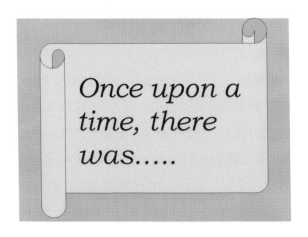

스토리에는 두 가지 전통이 있다. 한 가지 전통은 '진짜 같은 이야기에 사람들이 감동한다'는 것이다. 한번 생각해보자. 매일 아침 폐지를 줍고, 새벽 4시에 일어나서 하루를 시작하고, 그래서 아이들을 키워서 이렇게 저렇게 사시는 할머님의 이야기. 이런 진짜를 배경으로 하는 이야기에는 감동이 있다. 그런 이야기들이 좋은 이야기라고 여겨지는 전통이다. 또 다른 한 가지 전통은 사람들이 꿈같은 이야기를 좋아한다는 전통이다. 로또에 당첨되는 이야기. 새들과 하늘을 날아다니고, 물고기들과 바닷속을 거니는…… 현실에서는 일어나지 않는 꿈같은 이야기의 환상성을 좋아하는 것이다. 이 두 가지가 커다란 이야기의 전통으로 남아 있다. 어느 것이 더 좋다고 하기에는 어려울 정도로 두 가지의 전통은 각자의 매력을 명백하게 가지고 있다.

　1920년대에 플래허티라고 하는 다큐멘터리 작가가 「북극의 나
누크」라는 다큐멘터리 영화를 제작했다. 극장용 다큐멘터리의 효
시라고 불리는 작품인데, 이것이 뉴욕에서 대박을 터뜨렸다. 북극
에 사람이 사는 장면을 생생히 찍어서 보여주는 이 영상에는 유명
한 배우가 있는 것도 아니고 엄청난 아티스트가 연출한 것도 아니
었으며 세트가 있는 것도 아니었고 의상이 돋보이는 것도 아니었
다. 아무것도 없었다. 그러나 진짜 이야기라는 점이 사람들로 하여
금 열광하게 한 것이다. 나중에는 「북극의 나누크」의 주인공을 뉴
욕에 초청해서 말 그대로 '전시'를 하기도 했다. 사람들이 진짜 이
야기에 감동하는 이 전통이 오늘날의 픽션까지 그대로 남아 있는
것이다. 진짜 이야기를 배경으로 한 이야기의 강력함은 여전하다.

　또 하나의 전통은 「아바타」와 같은 환상성을 보여주는 영화다.
이 전통의 시초에는 1906년도에 멜리에스가 만든 「달나라 여행」

이라는 영화가 있다. 멜리에스는 프랑스 출신의 제작자 겸 감독인데 심지어 주연까지 한다. 이 영화는 불과 십 몇 분에 불과한 길이지만 여러분께 강력하게 추천해드리고 싶다. 사람들이 달나라에 가려는 계획으로 멜리에스를 뽑아서 로켓에 태운다. 멜리에스는 로켓을 타고 날아가다가 달나라에 박히듯 착륙하고는 내려서 여러 가지 일을 한다. 무려 60년이 지난 이후에 비슷한 일이 일어난다. 이 영화가 달 착륙의 가이드라인을 제시해준 것이다. 어쨌든 이 영화가 나오고 난 뒤 이 전통이 지금까지 이어지는 환상성을 추구하는 이야기의 세계로 이어진다. 지금도 「반지의 제왕」 또는 공상과학 이야기와 같은 판타지 영화는 대체로 성공한다. 우리 현실에서는 보지 못하는 이야기를 보고 싶어 하는 것이다.

대박을 터뜨리는 영화의 스토리에는 어떤 공통적인 법칙이 있지 않을까? 이것에 대해서 수많은 서사학자들과 문화학자들이 연구를 했다. 『인간의 마음을 사로잡는 스무 가지 플롯』이라는 책이 있다. 대표적인 플롯이 20가지라는 말이다. 이탈리아의 극작가 고치(Gozzi)는 서른여섯 가지의 플롯을 말했고, 키플링(Kipling)은 예순아홉 가지의 플롯이 있다고 정리했다. 이 외에도 장르를 몇 가지로 나누고, '호러 영화의 문법에 의하면~' 이런 식의 표현을 쓰기도 한다. 장르의 문법이 있다는 것이다. 쉬운 건 이런 것이다. '가장 행복한 시점에서 반전 포인트가 있어야 한다.' 혹은 '주인공의 갈등을 극대화하라' 등등. 그런 것을 법칙화해서 만들어놓고 이제 공장처럼 그것을 이용해 스토리를 만들어서 내는 것이다. 상당히 많은 이야기가 이런 방식으로 정리가 된다.

예를 들어보자. A라는 텀블러가 B라는 텀블러에게 사랑에 빠진다는 이야기를 가정한다. 그러려면 A가 B에게 다가가는 것이 어려워야 한다. 앞에 장애물이 놓여 있어서 A가 B에게 가는 일이 어려워져야 우리가 감동하는 것이다. 너무 쉽게 가면 재미없어한다. 액션에 들어가기 전에 우선 캐릭터부터 설정한다. 남자 캐릭터는 김수현, 여자 캐릭터는 전지현? 「별에서 온 그대」는 언급하지 않기로 하자. 캐릭터를 정할 때에는 첫 번째로, 플롯과 관계없이 '그냥 봐도 봐줄 만한' 캐릭터를 만들어야 한다. 김수현은 굳이 액션을 하지 않아도 그냥 보기에도 괜찮다. 전지현도 마찬가지다. 어디를 가도 주인공 중에 못난 캐릭터는 없다. 스틸 사진으로만 있어도 봐줄 만하다. 이것이 캐릭터를 만드는 기본이다. 캐릭터가 중요하지 않다면 텀블러A를 남자라고 하고 텀블러B를 여자라고 해도 스토리만 탄탄하면 아무 상관없다. 그러나 그렇지 않다는 것이다. 캐릭터는 이야기와 관계없이도 버텨줄 수 있을 정도로 강력한 매력이 있어야 한다. 그래서 사람들이 이들의 사랑이 이루어지기를 더욱 더 바라게 된다. 그저 당연히 텀블러A와 텀블러B가 함께 있으면 좋겠다는 생각이 드는 것이 아니라 매력 넘치는 이들만큼은 정말 잘됐으면 한다는 간절한 소망을 관객들에게 만들어주는 것이다.

이것이 잘 되기가 어려우려면 앞에서 언급했듯이 서로를 가로막는 장애물이 커야 한다. 그래야 사람들은 안타까운 감정을 가지고 한 회, 한 회를 본다. 그래서 주인공 두 명을 만나기 어렵게 만드는 것이 플롯을 만드는 기본이다. 그래서 우리가 흔히 말하는 갈등이 늘 존재하고, 누군가의 방해가 있는 것이다. 「로미오와 줄리엣」을 상기해보자. 양쪽 집안이 두 주인공의 만남을 결사반대한다. 「춘향전」은 어떨까? 사또와 천민이 어떻게 만나느냐는 사회적 반대에 부딪힌다. '견우와 직녀'는 또 어떤가? 역시 일 년에 겨우 한 번 만나는 주인공들이 사랑을 쉽게 이루기는 힘들어 보인다. 다 똑같이 주인공들은 서로 만나기가 어렵게 설정되어 있다. 그러다 끝내 만나면 사람들은 감동한다. 주인공들의 사랑이 이루어진다고 관객들에게 좋은 일이 일어나는 것도 아닌데 관객들은 감동하며 박수를 친다. 이 대리만족은 극복할 과제가 크면 클수록 효과적이다. 오죽했으면 「아바타」는 어려움을 만들기 위해 남자주인공이 외계인과 사랑을 할까.

두 개의 멋진 캐릭터가 만나게 되는 과정을 그리는 아주 간단한 플롯에서 지금 정해진 두 개의 캐릭터를 어떻게 멋지게 만들까? 시나리오 작법이다. 두 주인공이 만나는 것을 어떻게 힘들게 만들까? 시나리오 작법이다. 갈등 구도의 비밀이라고 말한다. 어떻게 하면 주인공들을 힘들게 할까, 어떻게 하면 가운데 끼어드는 현실적인 제약이 관객들에게도 공감을 주는 동시에 분노를 불러일으킬까 하는 것을 조금씩 다르게 그려낸다. 그 다음에는 시간적 배경과 공간적 배경을 달리 해서 마치 다른 이야기인 것처럼 포장해주는 것을 우리는 스토리텔링이라고 한다. 멋지고 매력 있는 캐릭터들이 우리에게 익숙할 정도로 법칙화되어 있는 장르의 문법을 따라 험난한 사랑의 여정을 거친다. 끝내는 같은 이야기를 하는데 우리는 속고 있는 것이다.

사람들이 '새로운 이야기를 좋아한다'고 말은 하지만 사실 그렇지 않다. 사실 우리는 '들었던 이야기를 또 듣고' 싶어 한다. 알고 있는 이야기지만 마치 처음 듣는 이야기처럼 조금 색다르게 느끼게 해주기를 바란다는 말이다. 그래서 때로는 사람들이 색다른 엔딩에 대해 분노한다. 예상치 못한 엔딩에는 심지어 배신감을 느끼기도 하는 것이다. 결론적으로 스토리는 별반 차이가 나지 않는데 텔링에서 차별성이 생긴다. 여전히 스토리는 중요하긴 하다. 어떤 고전이나 신화가 가지고 있는 메인 플롯의 에너지는 지금도 강력하다. 복수, 영웅의 성공, 고난의 극복과 같은 기본 플롯의 에너지는 강렬하다. 그것들을 잘 지키면서도 텔링은 전혀 새롭게 하는 것이다. 멜로드라마와 마찬가지로 다른 장르의 이야기들에도 전형적인 플롯이 있다. 정해져 있는 라인이 굉장히 유사하게 적용이 된다. 거기에서 벗어나면 장르의 법칙에 위배되고, 마이너 효과를 보게 되는 일이 생긴다. 그러므로 철저하게 기본적인 플롯은 지키되 그것을 포장하는 방식을 완전히 새롭게 하는 일이 스토리텔링의 핵심이라고 할 수 있겠다.

그렇다면 중요한 스토리를 어떻게 하면 재미있고 효과적으로 전할 수 있는지, 영화는 어떻게 그것을 이루어왔는지, 이것이 얼마나 쉽지 않은 일인지에 관해 이야기해보도록 하자. 요즘 아이들은 초등학교 들어가기 전에 한글을 다 뗀다. 어린 나이에 영어는 물론이고 3개 국어를 하는 아이도 있다. 한글을 초등학교 1학년 때 완벽하게 배웠다고 치자. 한글을 배운 이 초등학교 1학년 학생이 대하소설을 쓰는 데 얼마나 걸릴까? 단편소설을 쓰거나 시 한 편을 쓰는 데 얼마나 걸릴까? 한글을 배운 것과 글을 쓰는 것에는 굉장한 차이가 있다. 카메라를 배운 것과 영화를 찍는 것은 다른 이야기라는 것이다. 그런데 우리는 새로운 테크놀로지에 대해서는 이 차이에 대한 감이 없어서 마치 3주 동안 바이올린을 배웠으니까 다음 주에 연주회를 하겠다는 식이 되어버린다. 언어를 '틀리지 않게 구사할 수 있는 기술'을 배운 것과 언어로 '세계를 창조하는 작품'을 쓰는 것은 완전히 다른 이야기이다. 그런데 그 차이를 인식하지 못하고 한글을 틀리지 않게 쓸 수 있으니 대하소설도 쓸 수 있다고 착각하는 현상이 바로 현재 융합시대의 문제점 중 하나다. 융합이라고 하는 것이 굉장한 에너지를 가지고 있으면서도 한편으로는 전문화의 체계가 위협을 받는 위험성을 동시에 가지고 있다. 텔링을 할 때 그 언어에 대한 전문성의 강조가 갈수록 줄어들고 있다는 것이다.

텔링을 과연 어떻게 할 것인가. 앞의 그림은 『어린왕자』에 나오는, 코끼리를 먹은 보아뱀을 그린 그림이다. 어린왕자에 다음과 같은 구절이 나온다. "나는 내 걸작품을 어른들에게 보여주면서 그 그림이 무섭지 않느냐고 물어보았다. 무서워? 왜 모자가 무섭단 말이니? 하고 대답했다. 내 그림은 모자를 그린 것이 아니었다. 그것은 코끼리를 소화시키고 있는 보아구렁이였다." 어린왕자가 밤에 잠을 자다가 꿈을 꾼 것이다. 거대한 코끼리가 어린왕자를 향해 돌진하고 절벽에 몰려서 이제 영락없이 코끼리에 밟혀 죽겠구나 하는 찰나에 거대한 보아뱀이 코끼리를 집어삼킨다. 그리고 이 그림

과 같이 소화를 시키면서 느릿느릿 평원으로 기어가고 있는 보아 뱀을 보면서 어린왕자가 깨어난 것이다. 이 감동을 놓칠 수가 없어서 그림으로 바로 그려놓고 흡족해한다. 그리고 어른들에게 가서 그림을 보여주지만 어른들은 무엇을 그린 그림인지도 알지 못하는 것이다. 쉽게 말하면 나는 어마어마한 꿈을 꾸고 그 이야기를 그림에 담았는데 보는 사람은 이해하지 못하고 싱거워하는 상황이다. 스토리는 분명히 좋았다. 보아뱀이 코끼리를 먹는다는 스토리는 상상력이 풍부해야 나올 수 있는 스토리였다. 그런데 이 스토리가 왜 사람들에게는 감동을 주지 못했을까? 어떤 것을 엮어내는 코딩 방식과 그것을 읽어내는 방식 사이에서 차이가 생긴 것이다. 나는 보아뱀을 이런 그림의 형태로 인코딩을 했는데 이것이 사람들에게서 디코딩될 때는 모자로 디코딩되는 것이다.

이런 현상은 영화관에 갈 필요 없이 뉴스만 봐도 자주 나온다. 여야 모두 국민을 위한다는 슬로건을 내걸지만 한쪽에서는 4대강 사업을 추진해야 한다고 하고, 다른 한쪽에서는 4대강 사업을 중단해야 한다고 주장한다. 똑같이 국민을 위한다고 소리치는데 내용상으로는 완전히 다른 이야기를 하고 있는 것이다. 다른 주장을 하면서 둘 다 뜻은 같다고 한다. 이렇게 되면 뜻이 같은 것이 무슨 의미가 있을까. 같은 의미를 '인코딩'했다고 인정을 하더라도 완전히 다른 종류의 이야기로 '디코딩'될 가능성이 있다는 것이다. 그렇다면 내가 뱀을 그릴 때는 꿈에서 봤던 장면을 그림으로 제대로 표현해낼 수 있는 전문성이 필요하고, 관객은 그것을 읽어낼 최소한의 교양을 갖추고 있어야 한다. 우리는 어린왕자를 알기 때문에 이 그림을 보고 보아뱀이라고 대답할 수 있는 것이다. 그런데 지금은 관객이 어린왕자를 읽었는지 읽지 않았는지를 아는 것 자체가 연출자의 책임이다. 그림을 잘 그리는 것이 다가 아니다. 혼자 집에서 글을 쓸 때는 상관없지만 자본을 들여 영화를 찍었을 때는 자본에 대한 책임감이 필요하다. 그 자본에 해당하는 소통을 가능하게 해주는 것까지가 연출자의 책임이다. 이것이 연출의 능력이다. 영상을 통해 소통에 성공할 수 있는 '인코딩'과 '디코딩'의 규칙을 만드는 것!

40만 점이 넘는 루브르 박물관 소장품 중에서 가장 인기있다는「모나리자」그림을 보자. 직접 가서 보면 사진 찍기도 힘들뿐더러 그림도 생각보다 작다. 생각했던 것만큼 감동이 크지 않다. 이렇게 사진으로 보는 것이 장담건대 해상도도 훨씬 좋고 보기 편하다. 이것을 '아우라의 몰락'이라고 표현한다. 그림이 하나밖에 없을 때는 어마어마한 파워를 지니지만 그렇지 않으면 아우라가 파괴된다고 말을 한다. 하나뿐인 그림을 보러 가려면 굉장히 지난한 과정을

거쳐서 가야 했기 때문에 그로 인한 이상한 가치가 만들어진다. 그 공간과 그 시간에만 존재하는 어떤 가치를 아우라라고 불렀던 것인데 그림의 복제가 가능해지면서 굳이 그 공간과 그 시간에 있지 않아도 그것을 향유할 수 있다 보니 그 가치가 깨진 것이다. 예전에는 그런 가치를 가진 작품을 직접 보고 온 사람이 힘을 가질 수 있었지만 하루아침에 그 가치와 힘이 무너졌으니 '몰락'이라는 표현을 쓸 만하다.

이렇듯 우리의 가치체계가 완전히 변한 것은 사진과 영화의 등장 때문이다. 이제는 「모나리자」를 다빈치보다 더 잘 그릴 수 있는 사람이 수두룩하다. 포토샵 작업을 하고, 디테일을 살리고, 컬러를 복원하는 등 다빈치 부럽지 않은 그림을 그릴 수 있는 기술이 존재하기 때문이다. 그래서 지금 시대에는 새로운 가치들이 만들어지기 시작한다. 대표적으로 이 변화를 선언한 사람이 워홀 같은 사람이다. 「브릴로 박스」와 같은 작품들을 통해 고의적으로 이것을 말하려고 하는 것이다. 이제는 아우라가 아닌 다른 종류의 가치들이 생겨나고 있다는 이야기다.

아우라의 몰락과 더불어 그것을 대체하고 있는 것들은 무엇일까? 영상이 만들어지고 아우라의 복제가 가능해지면서 그 아우라는 모두 붕괴되었다. 영상은 클로즈업이라고 하는 것을 만들어냈다. 그전까지는 공간을 재단한다는 개념이 그림 속에 존재했다. 그림의 액자 테두리는 공간을 제한했다. 반대로 무대예술의 경우에는 공간을 쪼갤 수 없었다. 즉 과거에는 시간성이 부여될 때는 공간성을 건드릴 수 없고, 공간성이 부여될 때는 시간성을 건드릴 수 없었던 것이다. 그런데 영화가 나오면서 처음으로 두 가지가 동시에 다루어지기 시작한다. 스타는 이와 같은 변화의 물살을 타고 만들어졌다.

스타가 탄생하게 된 배경에는 '클로즈업(close-up)'이라는 영상 언어가 자리 잡고 있다. 영화가 시간과 공간을 조합하기 시작하면서 새로운 종류의 아우라를 만들어냈다. 우리의 눈은 화각이 양옆으로 굉장히 넓은 렌즈이다. 우리가 TV에서 늘 보는 익스트림 클로즈업 샷은 상대가 내 눈앞에 불과 한 뼘 정도의 거리를 두고 있을 때 볼 수 있을 정도의 사이즈로 스타를 보여준다. 거리감을 없앤 이미지의 지속적인 노출, 그렇게 계속 스타를 일상에서 마주하게 되므로 친밀감을 느끼게 되는 것이다. 노래도 마찬가지다. 귓속말로 이야기하는 사람이 주변에 얼마나 있을까? 연인인 관계에서나 가능할 귓속말로 새벽 2시에 혼자 자고 있는 침실에서 가수가 귓가에 노래를 속삭여준다. 바로 이 '유사 아우라'가 스타를 지탱해주는 힘이다.

영상 시대에 접어들면서 과거의 언어가 붕괴되고 그것을 대체하는 훨씬 강력한 언어가 만들어지기 시작하면서 이 언어를 어떻게 이용할 것인지가 중요해졌다. 스토리는 여전히 중요하며 강력한 스토리의 핵이 무엇인지를 분석하는 연구 역시 중요하다. 그리고 어떠한 텔링을 통해 스토리가 가진 에너지를 그대로 전달할 것인가에 관한 문제도 마찬가지다. 이 전달의 상당 부분을 영화와 같은 매체가 맡고 있다 보니 나 같은 사람도 생각하지 못했던 아우라를 가진 사람으로 인정받는 것이다. 현 시점에서는 굳이 영화나 드라마가 아닌 부분에서도 이와 비슷하게 강력한 효과를 얻을 수 있다는 점이 검증되고 있다. 그래서 문화산업이 엄청나게 커지기 시작했다.

　그러나 어떤 콘텐츠의 흥행 요인을 분석하는 일은 매우 어렵다. 텔링의 기술에 대한 정리가 되어 있지 않기 때문이다. 「대장금」이라는 TV 드라마가 대성공을 거둔 후 한류의 대표작품으로 자리매김했는데, 이것이 성공한 이유가 과연 음식이라는 화두 때문인지, 사극이라는 장르의 특성 때문인지, 이영애와 같은 배우의 힘 때문인지, 우리는 알 수가 없다. '대장금같이 만들어주세요.'와 같은 주문을 받아도 그 '같이'라는 말의 함의를 정확히 알 수 없다. 제목을 세 글자로 하자는 것인지, 음식을 다루자는 말인지, 주인공을 이영애로 캐스팅하자는 것인지, 24부작이 무조건 된다는 것인지 알 수 없이 무작정 결과를 분석하려는 시도는 많지만 그것이 다음 창작에 영향을 주지는 못한다. 영화를 분석하는 것은 얼마든지 할 수 있는 일이기는 하다. 사회의 어떤 측면을 건드렸고, 어떤 부분이 잘됐고, 배우가 어떻다는 것은 충분히 분석 가능하지만 이것을 기반으로 다른 콘텐츠를 만들어서 성공하는 일은 드물다.

　앞서 언급한 시나리오 작법들이 완성품에 기어할 수 있는 혹은 100점 만점에 70점 정도의 규칙까지 밝혀낼 수 있다는 정도이다. 웬만큼 잘 되는 것까지는 훈련과 체계적인 시스템을 통해 만들어낼 수 있다는 이야기다. 남은 30점은 과거 시대의 예술가들이 보여주었던, 이해할 수 없는 아우라를 만들어내던 그 능력이 여전히 요구되는 것이다. 이 30점에 대한 인정이 바로 지금 우리가 인문학의 필요성을 절감하고 예술에 대한 이해를 추구하는 현상으로 나타난다. 매뉴얼로 충분히 획득할 수 있는 점수는 70점 정도다. 나머지는 개인의 책임이다. 우리가 1차적으로 해야 하는 일은 기본적인

70점을 잘 채우는 것이다. 정말 열심히 하면 아무리 재능이 없는 사람이라도 70점짜리 시나리오를 쓸 수는 있다.

영화가 '제7의 예술'이라 불리고, '종합예술'이라고 정의되지만 수많은 영화를 전공하는 학생들이 단지 '영화만' 본다. 음악회나 미술관은 절대 가지 않으면서 영화에만 몰두하는 것이다. 이런 편벽한 태도가 아류는 나오지만 기존의 창작물을 넘어서는 것은 잘 나오지 않는 문제의 원인이다. 70점 이외에 나머지 30점은 개인이 미술적인 것, 음악적인 것, 혹은 문학적인 것 등을 추가해서 채워나가겠다는 전략을 만들어야 한다. '내가 뭘 좋아하는가?', '내가 무엇을 잘할 수 있는가?'가 진짜 중요한 물음이다. 남들이 좋아하는 것은 시시각각 바뀐다. 그것을 찾는 일은 대단히 중요하지만 그 트렌드를 따라가기 바쁘고 나만의 것을 찾지 않는다면 삶만 벅차질 뿐이다.

최근에 진행했던 작업 한두 가지를 소개하면서 이야기를 정리하고자 한다. 다음 사진에 보이는 것은 공연 장면 하나와 우리나라 최초의 베스트셀러라고 알려져 있는 정비석의 『자유부인』이라는 소설의 표지다. 당시는 서구문물이 들어오면서 춤을 추는 것이 서양문물의 고급스러움과 묘하게 닿아 있던 까닭에 춤이 자유와 고급화의 상징이 됐던 시절이었다. 그래서 굉장한 선풍을 일으켰고, 네 번이나 영화로 만들어졌다. 지금도 영화사에서 이때쯤 한 번 더 영화화 해봐도 괜찮다는 이야기를 한다. 그러나 지금 춤을 추는 것이 예전처럼 사람들에게 자유의 상징으로 와 닿을지는 모를 일이다. 이것을 먼저 무대로 한번 옮겨보았다. 현대무용이 많이 들어가 있고 뮤지컬 같은 형식으로 공연을 했는데 무대에서 여러 가지 인터랙션 기술과 영상 효과를 이용하며 색다르게 연출을 했더니 나름 새로운 매력이 있었다. 다시 한 번 강조하지만 텔링의 기술이자 연출의 기법은 우리가 전달할 이야기를 소통 가능하게 포장하는 능력이다.

또 다른 작업은 작곡가 윤이상에 대한 것이었는데 그에 대해서는 몇 년 전에 영화를 제작하려고 평양에 소재한 음악 단체와 만나 이야기를 하면서 작품을 기획한 적이 있다. 끝내 영화보다는 무용을 주로 한 복합 장르 공연을 만들게 되었는데, 무용과 음악과 영상이 함께 참여하는 작업이어서 비록 스토리는 딱딱한 내용이었지만 텔링의 방법이 나름 참신해 결과가 나쁘지 않았다. 그러나 여전히 어렵다. 복합적인 언어를 사용하면 그만큼 인코딩의 섬세함이 필요하고, 디코딩 또한 예측하기 어려운 지점이 생긴다. 어떻게 하면 좀 더 소통이 쉬운 방식을 찾을까 고민하면서 다큐멘터리를 만들 듯 친절하게 소개도 하고, 춤을 통해 시적 모호함도 더해보았다.

　위 사진을 마지막으로 소개하며 글을 마치려 한다. 프랑스 남부에 라스코(Lascaux)라고 하는 동굴이 있다. '미술의 기원'이라고 소개되곤 하는 선사시대에 그려진 동굴벽화로 유명해진 동굴이다. 그러나 직접 가서 보고 난 뒤 이것을 미술의 시작으로 보는 것은 적절치 못하다는 생각이 들었다. 가서 보면 미술책에서 볼 수 있는 것과는 달리 입구부터 끝까지 엄청나게 긴 동굴에 소가 수백 마리 그려져 있다. 이렇게 그림만 그려놓고 이 커다란 공간에서 사람들이 가만히 있었을 것 같지는 않다. 사람들은 분명히 사냥으로 잡아온 소고기를 먹으면서 이야기를 나누거나 춤을 췄을 수도 있고, 거대한 집회를 했을 수도 있다. 즉 다양한 스토리가 들어 있는 다양한 언어의 텔링이 가미된 퍼포먼스, 다시 말해 종합예술이 이루어졌을 개연성이 굉장히 높다. 지금은 그림만 남아 있지만 정작 이 그림은 배경화였을 뿐이고 이 앞에서 엄청난 극이 있었을지, 연설이 있었을지는 알 수 없는 일이다.

오늘 강연을 통해 여러분들이 스토리와 텔링을 나눌 수 있는 이해, 철학적으로 말하면 내용과 형식을, 형상과 질료를 나눌 수 있는 이해를 토대로, 스토리의 강렬함을 키우는 전략과 텔링의 전문화를 위한 전략을 구별하여 훈련할 수 있게 되기를 바라는 마음이다. 이 시대가 기다리는 호모 사피엔스는 훈련된 '스토리텔러'이다.

성 균 관 대 융 복 합 특 강

김범준 교수

성균관대학교 물리학과 교수
전 스웨덴 Umea 대학 조교수
서울대학교 물리학과 박사

주요 저역서: 『복잡계 워크샵』(공저)
『주간동아』〈물리학자 김범준의 이색연구〉 연재

세상 속의 복잡계
— 물리학으로 살펴본 인간 그리고 사회

1. 복잡하다는 것

살다보면, 특히 이해하기 힘든 이야기를 들을 때면, '뭐가 그렇게 복잡해?'라고 되뇔 때가 있다. 우리가 그런 말을 자주 쓰는 것을 보면 '복잡하다'는 것이 어떤 것인지에 대해서 사람마다 차이는 있겠지만, 어느 정도의 공통된 무엇인가는 있다고 할 수 있다. 이처럼 일상에서 부지불식중에 친숙하게 사용되는 말임에도 불구하고, 복잡한 것과 복잡하지 않은 것이 무엇이 다른 것인지, 또 그 다른 점을 어떤 정량적인 방법으로 측정할 수 있는지는 상당히 심오한 과학적인 문제가 된다. "동해물과 백두산이"로 시작하는 애국가를 끝으로 텔레비전 방송이 끝나면 '지지직' 하는 잡음과 함께 까맣고 하얀 점들이 마구잡이로 섞여 있는 화면을 볼 수 있다. 이렇게 마구잡이로 뒤죽박죽의 모양을 갖고 있는 화면도 복잡하다고 할 수 있을까? 이에 대한 과학자들의 답은 '그렇지 않다'가 될 텐데, 왜냐

하면 이러한 텔레비전 화면에는 우리가 이해하고자 노력해야 할
정보가 거의 없기 때문이다. 반대의 극단으로 단순한 네모 모양을
규칙적으로 늘어놓아서 채운 서양 장기판을 생각해보자. 이러한
규칙적인 모양의 단순한 반복도 결코 복잡성을 보이는 예가 될 수
는 없을 것이다. 이러한 두 극단의 비교로부터, '복잡성'에는 그 안
에 들어 있는 '정보의 양'이 중요한 역할을 한다는 것을 알 수 있다.
아직도 모든 과학자가 동의하는 '복잡성'의 정량적인 정의는 요원
하지만.

2. 복잡계 그리고 세상

1980년대에 태동한 카오스 이론에서 이야기된 복잡성
(complexity)은 시스템의 구성의 복잡성이 아닌, 시스템이 보여
주는 현상의 복잡성이 주된 관심이었다. 20세기가 저물어가던
1990년대 후반부터 이 분야 연구자의 관심이 구성이 복잡한 시
스템(complex system)으로 이동하게 되며, 최근 소위 '복잡계 과학
(science of complexity)'이라는 새로운 학제간 성격을 갖는 학문 분
야의 눈부신 발전이 이루어지고 있다. 필자가 몸담고 있는 물리학
의 한 분야로서의 통계물리학은 바로 이처럼 구성이 복잡해서 많
은 수의 자유도를 갖는 물리계에 대한 연구 분야이다. 그리고 우리
가 쉽게 볼 수 있는 가장 복잡한 것은 무엇일까. 바로 우리 자신이
다. 본 강연의 주제는 물리학의 눈으로 본 인간, 그리고 복잡계로서
의 사회이다.

3. 인간: 물리적인 특성에 대해

작은 민들레 홀씨 안에 하나의 세계가 있고, 그 안에서 우리와 같은 고등한 생명체들이 마을을 이루어 살아간다는 주제를 다룬 애니메이션 영화 「Horton」, 오리온이라는 이름의 고양이가 목에 차고 있는 벨트에 하나의 은하가 담겨 있는 장면을 보여주는 영화 「맨인블랙(Man in Black)」을 보았는가. 누구나 다 읽었을 『걸리버 여행기』도 있다. 이처럼 우리가 사는 세상 보다 엄청나게 작거나 큰 세상의 존재는 상상력을 자극하는 많은 영화나 문학작품의 빈번한 주제이다. 정말 이런 일이 가능할까. 예전에 「Microcosmos」라는 자연 다큐멘터리 영화를 본 적이 있다. 그 영화의 장면 중 우리에게는 얼굴을 약간 적실 정도에 불과한 몇 방울의 작은 물방울이 개미와 같은 작은 곤충들에게는 얼마나 큰 충격을 주는지를 보여주는 고속 촬영 장면이 떠오른다. 나뭇잎 위에 놓인 작은 물방울에서 물을 마시는 개미의 사진을 보라. 사람의 크기가 개미와 같아진다면, 당연히 우리는 지금처럼 잔에 따라 물을 마실 수가 없게 된다. 가까스로 잔에 물을 담았다 해도, 잔을 뒤집으면 물이 아래로 떨어지지 않을 테니까. 만약 개미만한 사람이 있다면 우리와 완전히 다른 생활 방식을 갖지 않는 한 생존할 수 없다.

천체도 마찬가지다. 태양계를 이루는 것들 중 큰 것은 다 둥글고 작은 것은 둥글지 않다. 갈릴레오(Galileo Galilei)가 망원경으로 발견한 목성의 위성들은 모두 둥근 구의 모양이지만, 크기가 작은 화성의 두 개의 위성은 찌그러진 감자처럼 보인다. 그 이유도 쉽게 생각할 수 있다. 크기가 커질수록 함께 커지는 천체의 내부 압력이

그 천체를 구성하는 물질이 버틸 수 있는 한계를 넘어서면, 그 천체의 내부 물질은 부서지게 되고, 따라서 전체적으로는 둥근 모양을 유지할 수밖에 없다. 이와 같은 여러 가지 물리학적인 이유로 영화 「맨인블랙」에 나오는 오리온의 벨트 안 은하는 존재할 수 없다. 그처럼 작은 은하를 구성하는 별들은 질량이 너무 작아 당연히 핵융합을 시작할 수 없고, 따라서 빛을 낼 수도 없다.

갈릴레오의 유명한 책『두 새로운 과학의 대화』에는 사실 천체의 운동에 대한 이야기와 더불어 개의 뼈에 대한 얘기도 나온다. 무슨 개뼈다귀 같은 소리냐고 의아하겠지만 사실이다. 친절하게 개뼈의 삽화도 들어 있다. 갈릴레오의 질문은 단순하다. 작은 개의 뼈가 있다 하자. 만약 그 개의 몸의 길이보다 몇 배 더 큰 길이를 갖는 큰 개가 있다면, 그 큰개의 뼈는 어떤 모양이어야 할까를 묻는다. 그리고 답도 삽화로 보여준다. 개의 몸무게는 길이의 세제곱에 비례해 늘어나는데 비해, 개의 뼈의 단면적은 단지 길이의 제곱에 비례해 늘어나게 된다. 따라서 큰개의 뼈가 작은 개의 뼈를 마치 확대 복사한 것처럼 크기만 클 뿐 모양은 같다면, 그 큰 개는 자기 몸을 지탱할 수 없게 된다. 네 배 늘어난 뼈로 여덟 배 늘어난 몸무게를 버틸 수는 없으니까. 따라서 큰 개의 뼈는 두터워야 한다.

　마찬가지로 왜 코끼리와 공룡의 다리는 두꺼운지, 개미허리는 왜 가는지도 이해할 수 있다. 또한 동물의 몸에서 만들어지는 열량은 부피에 비례하고, 그렇게 만들어진 열이 외부로 방출되는 양은 표면적에 비례한다는 것으로부터, 왜 작은 햄스터는 귀엽게 동글동글한 모양인지(구가 면적 대 부피의 비가 가장 작다), 그리고 왜 털로 덮여 열손실을 줄여야 하는지도 이해할 수 있다. 마찬가지로 덩치가 큰 코끼리의 피부는 털도 거의 없고 쭈글쭈글 주름이 많아야 한다. 비슷한 이유로 고등의 정신활동을 담당해 사람의 진화에 큰 역할을 했을 사람 뇌의 피질 부분도 그 면적을 두개골이라는 제한된 공간 안에서 늘리려면 주름을 많이 만들 수밖에 없다는 것도 설명할 수 있다.

　비슷한 방법으로 생각해볼 수 있는 것이 소화기관의 면적이다. 대형 포유류일수록 소화기관의 길이가 길다. 사람의 장에서 발견된 기생충인 촌충 중 가장 긴 것은 그 길이가 거의 10m에 육박한다고 한다. 이처럼 긴 촌충이 있는 이유는 당연히 사람의 장의 길이가 길기 때문이다. 아마도 진화의 과정을 거치면서 작은 포유류

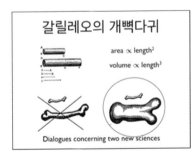

갈릴레오의 개뼉다귀

area $\propto$ length^2
volume $\propto$ length^3

Dialogues concerning two new sciences

Galileo's square-cube law

•Elephant's legs and ant's waist
(bone area $\propto$ L^2 , weight $\propto$ L^3)

•Small mouse with a thick fur coat and elephant with no fur and lots of wrinkles
(heat loss $\propto$ L^2, heat production $\propto$ L^3)

Human Lungs

total surface area = tennis field

Sierpinski Carpet

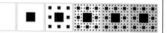

Removed area = $(1/3^2) + 8(1/3^4) + 8^2(1/3^6) + ...$

$= (1/9)/(1-8/9) = 1!$

Sierpinski carpet has zero area, but has infinite number of points

의 몸은 점점 커졌을 것이다. 장의 표면적은 단지 몸길이의 제곱에 비례해서 늘어나게 되는데, 이걸로는 따라잡을 수 없는 음식물의 소화량을, 장의 길이를 늘려 해결하려 한 것으로 보인다.

생명체가 효율적인 구조로 사용하는 모양 중에는 또 '쪽거리 (fractal)'도 있다. 쪽거리는 부분을 확대해도 전체와 모양이 흡사하게 되는 특징이 있다. 쪽거리는 또한 정수 차원이 아닌 2.31처럼 소수로 주어지는 차원을 갖는다. 만약 어떤 쪽거리의 차원이 2.31이어서 3보다 작다면, 그 의미는 쪽거리의 3차원 부피를 구하면 그 값이 놀랍게도 0이 된다는 것이다. 치즈 한 덩어리를 부분들을 도려내면서 쪽거리로 만들면, 그렇게 도려낸 치즈의 전체 양은 원래 치즈의 부피와 같다는 것을 수학적으로 보일 수 있고(사실 고등학교 수학에서 무한급수를 배울 때 흔히 배우는 문제이다), 따라서 이처럼 치즈를 쪽거리로 만들어 팔면 부자가 될 수 있다. 많은 수의 쪽거리 모양 치즈를 팔아도 원래 재료가 전혀 없어지지 않아 영원히 계속 팔 수 있으니까. 물론 문제도 있다. 이 치즈를 먹은 사람은 전혀 배가 부르지 않게 된다. 당연히 실제 자연에 존재하는 쪽거리는 부피가 영은 아니다. 그럼에도 불구하고, 가능한 작은 부피를 가지면서

How to be rich?

You buy a piece of cheese, and make it fractal.
You can sell infinite times and you still have the cheese!
Your customers will be hungry though.

Human:
Information

동시에 큰 면적을 갖게 하려면 쪽거리의 형태를 이용하는 것이 아주 효율적인 방법이 된다. 사람의 허파 내의 기관의 분포 모양, 콩팥의 혈관의 분포 모양 등이 모두 다 쪽거리의 형태라는 것이 잘 알려졌다. 참고로 사람의 허파 안의 크고 작은 기관의 면적을 모두 다 더하면 테니스 경기장 하나의 면적과 같다고 한다. 이처럼 큰 면적을 사람의 작은 몸 안에 넣으려면 그 답은 쪽거리를 이용하는 것이다.

다음으로 사람이 어떻게 외부의 정보를 효율적으로 처리하는지를 살펴보자. 사람이 받아들이는 정보 중 시각을 통한 것이 정보의 양이 많다는 것은 잘 알려져 있다. 사람의 뇌는 이처럼 엄청나게 쏟아져 들어오는 시각 정보를 처리하기 위해 다양한 전략을 사용한다. 그 중 하나는 많은 시각 정보 중 극히 일부분에만 주의를 기울이게 하는 것이다. 중요하다고 판단해서 주의를 기울이는 물체의 정보는 충실히 받아들이지만, 다른 시각 정보는 무시하는 것이다. 책을 펴서 왼쪽 페이지에 눈의 초점을 두어 글을 읽으면서 오른쪽 페이지의 글을 읽을 수는 없다(적어도 필자는). 그래도 우리는 오른쪽 페이지에 그림이 있는지 없는지 정도의 정보는 어렵지 않

게 동시에 받아들인다. 이처럼 공간적인 '집중'뿐이 아니다. 시각으로 들어온 정보를 기억할 때도 중요한 정보와 중요하지 않은 정보를 선별해서 처리하며 중요하지 않은 정보는 무시된다. 강연 중에 여러 장의 카드를 화면에 보여주고 그 중 하나를 마음속으로 택하도록 한 후, 다음 화면에서는 택한 카드가 없어지는 트릭을 보여주었는데, 그 장난이 작동하는 이유는 사람들은 자기가 택한 카드만 기억하고 그 주변의 카드는 잘 기억하지 않기 때문이다. (아직 안 해본 사람에게는 미안하지만 그 트릭의 비밀을 알려주면, 첫 화면과 둘째 화면에 공통된 카드는 사실 하나도 없다는 것이다.) 이러한 간단한 장난 같은 실험을 통해서도, 우리가 눈으로 본다는 것에 과도한 신빙성을 부여하는 것이 위험함을 알 수 있다.

효율적인 정보처리를 위해서는 중요한 대상으로의 '집중'이 필요하고, 이는 당연히 과거 사람의 생존을 좌우했을 중요한 기술이다. (내게 달려오는 호랑이를 보면서 옆 나무에 과실이 달렸는지를 동시에 살펴보는 것은 멀티태스킹이 아니라 자살행위다.) 마찬가지로 시각 정보의 엄청남 때문에 우리의 뇌는 쏟아져 들어오는 시각 정보를 실시간으로 시간에 대해 연속적으로 처리할 수는 전혀 없다. 과거 브라운관 TV 화면을 카메라의 셔터 속도를 바꿔가면서 찍어보면, 우리가 맨눈으로 볼 수 없던 깜박임을 볼 수 있다. 사실 TV 화면은 매 순간 이처럼 깜박이고 있지만, 우리 눈은 이러한 시각 정보들을 하나의 연속된 정보로 처리한다. 영화도 사실은 정지한 사진들을 보여주고 있을 뿐이다. 단지 일 초에 수십 번 사진을 바꾸기만 할 뿐. 이처럼 들어오는 불연속적인 시각 정보를 시간에 대해 연속적인 정보로 인식하는 것은 눈이 아니라 뇌가 하는 일이다.

4. 인간: 집단적인 특징에 대해서

여러 사람이 모인 집단이 보여주는 거동은 당연히 한 사람 한 사람의 거동과는 다르다. 본 강연에서는 강연자의 몸무게를 추측해서 적어내게 하고, 이 값들의 평균을 함께 구해보았다. 흥미롭게도 이렇게 구한 평균값이 강연자의 실제의 몸무게와 크게 다르지 않음을 알 수 있었다. 이러한 현상을 최근 '집단지성'이라는 말로 표현한다. 즉, 전체 사람들의 집단이 함께 만들어내는 거시적인 결정

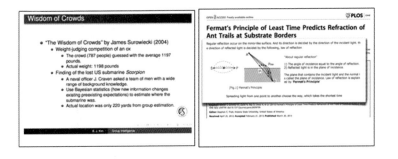

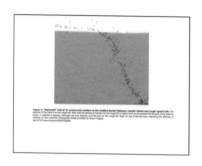

이 개개인의 이성에 기반한 의사결정보다 많은 경우 우월할 수 있다는 것이다. 강연에서는 이러한 집단지성의 예로, 미국의 예측시장에서의 미국 대통령 당선자 예측에 대해서 이야기를 나눴다. 실제 선거일보다 거의 한 달 전부터 이 예측시장은 선거의 결과를 거의 맞출 수 있었다. 또한 여러 마리의 개미가 페로몬이라는 물질을 이용해서 집단적으로 찾는 길이 상당히 효율적임도 보여주었다.

물리학에서 서로 다른 굴절률을 갖는 두 매질을 빛이 진행하면 그 경로가 꺾이는 현상이 있다. 빛의 경로는 다름 아닌 두 지점을 잇는 가장 빠른 길임을 페르마의 원리라고 부르는데, 마찬가지 현상을 최근 개미가 길을 찾는 실험에서도 볼 수 있음이 알려져서 흥미를 끈 바 있다. 양탄자처럼 표면에 짧은 털이 많아 개미가 느리게 움직일 수밖에 없는 지역을 통과하게 되면 개미의 경로가 꺾이게 되는데, 그 현상이 물리학의 페르마의 원리를 따른다는 것을 실험으로 살펴본 연구다. 흥미롭게도 이러한 현상에서 개미 한 마리 한 마리는 전체 경로의 이동시간을 최소로 하겠다는 어떠한 동기도 의지도 없다. 단지 많은 개미들이 집단적으로 찾아낸 최종 경로가 효율적인 경로일 뿐이다. 이러한 집단 지성이 효율적으로 작동하기 위해서는 집단을 이루는 구성원의 독립성이 어느 정도 보장되어야 한다는 점, 그리고 구성원 사이의 의사 전달이 활발해야 한다는 점, 즉 구성원의 협력이 중요하다는 점은 현대 사회를 살아가는 우리들에게도 큰 함의를 갖는다고 할 수 있다.

송위진 선임연구위원

과학기술정책연구원 선임연구위원
과학기술정책연구원 혁신정책연구본부 본부장
고려대학교 행정학과 박사(과학기술정책 전공)

주요 저역서:『사회문제 해결을 위한 과학기술혁신정책』,
『창조와 통합을 지향하는 과학기술혁신정책』

과학기술로 사회문제 해결하기

　　최근 환경·에너지·안전·고령화·보건의료와 관련된 사회문제
를 해결하기 위해 기술혁신을 어떻게 활용할 것인가에 대한 관심
이 증대되고 있다. 그동안 경제성장과 경쟁력 강화를 위한 수단으
로 파악되었던 기술혁신을 사회문제 해결의 수단으로서 고려하기
시작한 것이다. 사회 양극화가 심화되고 사회통합이 중요한 이슈
로 등장하면서 기술혁신을 통해 사회통합을 촉진시킬 수 있는 방
안에 대한 검토가 이루어지고 있는 것이다.

　　우리나라에서도 사회문제 해결형 혁신에 대한 관심이 증대되고
있다. 과학기술 혁신정책에서 공공적 성격의 혁신활동을 강화하는
것이 필요하다는 논의가 제기되고 있기 때문이다. 그동안 산업혁
신정책을 통해 민간의 혁신 능력이 향상되어 글로벌 기업들이 등

1　이글은 『과학기술정책』 제20권 제2호(2010)에 수록되어 있다.

장하는 수준에 이르렀기 때문에, 이제 정책의 초점을 공공·복지 부문의 혁신활동으로 돌려야 한다는 것이다. 최근 이런 논의를 반영해 사회적 혁신을 촉진하기 위한 혁신정책들이 나타나고 있다.[2]

사회문제 해결을 지향하는 혁신활동인 사회적 혁신(societal innovation)은 경제적 목표를 지향하는 산업혁신과 비교할 때 여러 측면에서 차이가 있다. 혁신의 목표가 다르고 혁신이 진행되는 방식과 과정도 다르기 때문에, 사회적 혁신은 이윤을 지향하는 산업혁신과는 혁신 주체의 특성이 다르고 혁신활동의 모습도 차이가 있다. 이 글에서는 사회적 혁신의 정의와 특성을 살펴보고 사회적 혁신이 갖는 의미를 탐색해보고자 한다.

I. 사회적 혁신의 정의

사회적 혁신은 보건복지, 의료, 교육, 위생, 환경, 안전 분야 등에서 '사회적 목표'를 달성하기 위해 '새로운 아이디어를 개발하고 구현하는 활동'으로 '사회적 영역'에서 기존의 방식과 기술을 변화시키는 '혁신' 활동이다(The Young Foundation, 2006; Mulgan et al., 2007).

기존의 산업혁신활동이 새로운 아이디어를 바탕으로 신제품이나 공정, 비즈니스 모델을 개발해서 새로운 수익을 창출하는 경제

---

2 2007년 국가과학기술위원회는 "기술기반 삶의 질 향상 종합 대책"을 제시하여 삶의 질 향상을 위한 기술혁신정책을 본격적으로 다루었다. 이 대책은 추진력이 약화되었지만 2010년 교과부의 "공공복지·안전연구사업", 지식경제부의 "QoLT(Quality of Life Technology) 기술개발사업"으로 이어지고 있다.

적 활동이라고 한다면 사회적 혁신은 사회영역에서 새로운 제품·공정·서비스·비즈니스 모델을 개발해서 문제를 해결하는 활동이다. 의료보험제도, 예방접종 시스템, 위생관리 시스템, 미취학 아동을 대상으로 한 유치원 제도, 고등교육의 접근성을 높인 개방대학제도, 평생교육제도, 생활협동조합 등이 사회적 혁신의 사례라고 할 수 있다.

따라서 사회적 혁신은 산업혁신과는 다른 추진 동기, 추진 과정, 평가 기준을 갖게 된다. 산업혁신이 이윤획득이라는 물질적 동기에 따라 이루어진다면 사회적 혁신은 열정, 인정, 자기실현 등의 동기를 바탕으로 이루어진다. 또 사회적 혁신의 평가는 시장 규모나 점유율이 아니라 혁신이 산출하는 사회적 효과에 따라 이루어지게 된다.

사회적 혁신은 사회적 문제에 대한 기존 대응 방안이 효과적이지 않을 때, 새로운 대안을 발굴해 문제를 해결하는 활동이다. 때문에 사회적 혁신은 일상화되고 규격화된 복지 서비스, 사회 서비스를 혁신하는 '변화지향적 활동'이라고 할 수 있다. 기존의 공공재나 가치재를 공급하는 활동에 새로운 제품, 서비스, 조직운영 방식에 대한 아이디어를 제공함으로써, 사회 서비스의 효율성과 효과성을 높이는 것이 사회적 혁신이다.[3]

---

3 고령화 문제, 주거와 교통문제, 소외문제를 해결하기 위한 혁신활동, 산업화로 인해 심화되고 있는 만성질병과 우울증, 비만, 알콜 중독 등의 사회적 질병을 해결하기 위한 혁신활동, 증대하고 있는 청소년의 학습 중단과 일탈을 막기 위한 혁신활동, 범죄 발생률이 높아지고, 전과자의 사회복귀가 점점 어려워지는 문제를 해결하기 위한 혁신활동 등이 사회적 혁신활동이라고 할 수 있다.

사회적 혁신은 그것이 이루어지는 방식의 측면에서 조직·관리혁신과 기술혁신으로 나누어볼 수 있다. 물론 이들이 서로 분리되어 이루어지지는 않는다. 조직·관리혁신은 기술혁신을 필요로 하고 기술혁신은 조직·관리 혁신을 요구하기 때문이다. 그렇지만 새로운 혁신의 출발점이 조직·관리 분야에 있는 혁신과 기술 분야에 있는 혁신은 구분될 수 있다. 백신기술의 개발, 새로운 상하수도 처리 시스템의 도입, 건강진단 시스템의 도입, 인터넷 기반 교육 시스템의 도입, 재생에너지의 확산 등은 기술 분야에서 시작하는 사회적 혁신 사례라고 할 수 있다. 여기서는 기술기반 사회적 혁신에 초점을 맞추어서 논의를 전개하기로 한다.

〈표 1〉 혁신의 유형

구분	사회적 혁신	경제적 혁신
조직·관리 혁신	개방대학 전 국민 의료보험 제도	컨설팅 기업 결혼중매 서비스
기술혁신	백신기술의 도입 상하수도 시스템 도입	인터넷 기반 쇼핑 신약개발

II. 사회적 혁신의 사례와 특성

1. Vestergaard Frandsen의 LifeStraw

Vestergaard Frandsen(이하 VF라 함)은 1957년 덴마크에서 직물기업으로 창업했으며 현재는 스위스에 본부를 둔 다국적 사회적 기업이다. 덴마크, 케냐, 가나, 나이지리아, 남아프리카공화국, 인도, 인도네시아, 베트남, 미국, 아랍 에미리트에 지사를 두고 있으며, 베트남과 태국에 연구소와 생산시설을 갖고 있다. 전 세계적으로 약 160명 정도가 근무하고 있다.

VF의 제품은 그동안 방치되었던 개발도상국의 수인성 열대 질병과 매개 동물에 의한 열대 질병을 예방하는 것을 목적으로 한다. VF의 가장 유명한 제품은 LifeStraw이다. 휴대용 정수기인 Lifestraw는 세균과 이물질을 걸러주기 때문에 식수 문제가 심각한 저개발국의 수인성 질병 예방에 큰 역할을 하고 있다. 이 밖에도 VF는 살충제가 계속 방출되는 모기장(PermaNet)을 공급하고 있다. VF는 이 제품들의 파급 효과와 실효성을 높이기 위해 개도국 현지에서 통합예방시범사업을 2008년부터 실시하고 있다.

VF는 저개발국에서 질병에 노출되어 있는 사람들을 위해 혁신적 기술을 개발함으로써 자신의 기업이념을 실천하고 있다. 이 기업은 UN의 새천년개발목표(MDGs)인 개발도상국에서 유아사망률을 낮추고 HIV/AIDS와 말라리아를 퇴치하며 안전한 식수를 제공하는 것을 목표로 하고 있다. VF는 선진국을 위해 제품을 개발한 뒤 그것을 개발도상국 조건에 맞게 변형시키는 방식이 아니라 초기부터 개발도상국을 위한 혁신활동을 수행한다.

2. Street Swags

호주의 비영리단체인 Street Swags는 노숙자에게 방수가 되고 따뜻하며, 휴대가 쉬운 침구 세트인 Street Swags를 개발해 공급

〈그림 1〉 Street Swags

하고 있다. 현재까지 14,000여 개의 휴대용 침구 세트가 호주의 노
숙자들에게 제공되었다. 이 침구 세트는 초경량 방수포와 거품 매
트리스로 구성되어 있어 방수와 보온 효과, 내구성이 뛰어나다. 또
한 이것을 접으면 어깨에 메는 작은 가방이 되어 휴대하기 쉬우며
디자인도 수려하기 때문에 노숙자의 자존감을 높일 수 있다. 침구
세트의 제조는 교도소와 같은 교정기관의 재소자나 취약 계층 고
용기관에서 이루어진다. 노숙자가 필요로 하는 제품을 사회의 취
약계층이 제조해서 공급하고 있는 것이다. 현재 Street Swags는
기부금을 받아 운영되고 있다.

3. MinuteClinic

미국의 MinuteClinic은 보건의료 부문에서 이루어지는 사회적
혁신이라고 할 수 있다. MinuteClinc은 오랜 경험을 쌓은 간호사
가 사람들의 접근성이 높은 쇼핑몰과 같은 공간에서 건강 상태를
간단하게 진단할 수 있는 측정기기를 사용해 저가의 건강검진 서

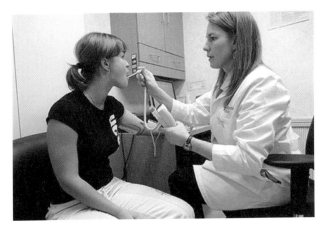
〈그림 2〉 MinuteClinic에서의 진단

비스를 제공한다.

MinuteClinic은 높은 가격으로 인해 일반인이 쉽게 접근하기 어려웠던 건강 진단 서비스 영역에서 새로운 서비스를 개발해 의료비를 낮추고 시민들의 접근성을 높여 삶의 질을 향상시키는 데 기여하고 있다. 여기서는 기존 기술을 새로운 형태로 재조합한 측정기술과 그동안 그 능력이 충분히 활용되지 않았던 고경력 간호사, 저가의 새로운 건강검진 서비스가 결합되어 시장을 창출하고 예방의료 활동을 확대하고 있다(Christensen et al., 2006).

4. 영국의 Eden Project

Eden Project는 영국 정부가 추진한 밀레니엄 프로젝트의 하나로서 초대형 식물원과 대규모 생태학습장을 구축·운영하는 과학문화 및 에듀테인먼트 사업이다. Eden Project는 폐광지역인 콘월에 씨앗은행을 설치해 노아의 방주 같은 식물원을 조성했다. 이를 통해 지역사회를 기반으로 관광 및 엔터테인먼트 서비스를 제공하고 청소년들에게 실효성 있는 환경교육을 시행해 영국의 기후변화 대응 능력을 강화하는 데 기여하고 있다. 또 지역사회의 고용도 창출해 지역사회 발전에도 일조하고 있다. 수익의 80%를 관광객 입장료로 충당해 사회적 기업으로서 자립기반을 구축하고 있다.

5. 사회적 혁신의 특성

사회적 혁신활동은 '파괴적 혁신(disruptive innovation)'으로 파악할 수 있다. 크리스텐센이 주장한 파괴적 혁신은 점진적 혁신, 급진적 혁신과는 다른 차원의 개념이다. Christensen et al.(2006)에 따르면 기존 시장과 소비자를 대상으로 분류 기준을 설정하는 점진적 혁신·급진적 혁신은 존속적 혁신(sustaining innovation) 또는 파괴적 혁신 내부에서의 차이이다. 파괴적 혁신은 기존 주력시장에서 요구하는 성능은 충족시키지 못하지만 가격·편리성·단순함 등을 바탕으로 새로운 시장(new market creation)이나 하위 시장(low-end disruption)의 요구를 충족시키는 혁신을 말한다.

파괴적 혁신은 굳이 최첨단의 기술을 활용할 필요가 없다. 오히려 기존 기술을 활용해서 제품과 서비스를 저가에 제공하는 접근을 취한다. 메인 프레임 컴퓨터와 미니 컴퓨터가 지배하던 컴퓨터 산업에서 PC 중심으로 산업이 재편된 것이 바로 전형적인 파괴적 혁신이라 할 수 있다. 필요한 기능만을 가진 저가의 제품을 토대로, 그동안 컴퓨터를 사용하지 않았던 일반인을 대상으로 한 대규모 시장이 창출되었기 때문이다. 파괴적 혁신을 통해 과거에는 관련 시장에 참여하지 않았던 새로운 소비자가 형성되고, 저가의 단순한 기능을 가진 쓰기 쉬운 제품과 서비스가 개발되며, 기존 비즈니스 모델과는 다른 새로운 유형의 비즈니스 모델이 만들어진다.

사회적 혁신의 경우도 이와 유사한 모습을 보인다. 1) 정부나 시장을 통해 사회 서비스가 제공되지 않았던 부문과 사용자를 대상으로 한다는 점, 2) 고가의 첨단기술보다는 간단하고 사용하기 쉬우며 사용자 친화성이 높은 기술지식을 활용한다는 점, 3) 수익 창출만이 아니라 사회적 목표를 동시에 추구하는 새로운 비즈니스 모델이 필요하다는 점에서 파괴적 혁신과 비슷한 성격을 지니고 있다(Willis et al., 2007).

이런 측면에서 파괴적 혁신의 관점에서 제시하는 혁신전략은 사회적 혁신에도 유용한 전략이 될 수 있다. 파괴적 혁신론에서 제시하는 방안은 다음과 같다.[4] 1) 기존의 기업들이 무시하거나 멀리하는 시장에 초점을 맞춰 낮은 가격, 낮은 마진의 단순 제품을 공급할 것, 2) 수익성이 높은 고객군이 아니라 오히려 소비를 전혀 하지 않는 잠재고객에 주목할 것, 3) 인구통계학적 타깃군에 집중하기보다는 고객이 실제로 해결하려는 문제와 환경에 주목할 것 등이다.

이런 논의를 원용하면 다음과 같은 혁신전략 방향을 제시할 수 있다. 첫째 사회적 혁신을 촉진하기 위해서는 공공 부문이나 민간

---

4 크리스텐센과 레이너(2005)의 CEO를 위한 브리핑에서는 전략 수립과 관련된 5가지 요소, 전략 집행과 관련된 5가지 요소를 제시하고 있다. 전략 수립과 관련해서는 본문에서 다루어진 3개의 내용과 함께 핵심역량에 연연하지 말고 미래의 가치창출 원천에 집중할 것, 범용화를 피하면서 지속적인 경쟁우위를 확보할 것을 이야기하고 있다.

기업이 간과해온 시장이나 고객군의 니즈를 만족시키는 중·저 기술제품의 개발이 필요하다. 둘째, 현행 사회 서비스에 덜 민감하거나 이를 구매하지 않는 고객을 대상으로 사업을 전개해야 한다. 셋째, 제품과 서비스가 고객이 수행하고자 하는 일을 얼마나 실질적으로 도와줄 수 있는가를 살펴봐야 한다는 것이다.[5]

III. 사회적 혁신의 주체와 사회혁신체제

1. 사회적 혁신의 주체

1) 시민사회조직

사회적 혁신에는 사회운동조직과 사회적 기업과 같은 시민사회조직, 공공 서비스를 제공하는 공공 부문과 공공연구조직, 그리고 일반 민간 기업이 참여한다(The Young Foundation, 2006).

협동조합과 사회적 기업은 제3섹터에 해당되는 조직이다. 이들은 사회적 목표의 달성을 위해 활동하는 조직으로서 민간 부문의 조직이라고 할 수 있다. 그러나 이들은 수익 추구를 조직의 목표로 삼지는 않는다. 다만 수행하고 있는 활동의 재생산을 위해 경제적 측면에 관심을 갖는다. 사회적 기업은 공공조직도 아니고, 또 사익

---

5 이런 측면에서는 실제로 제품이나 서비스를 사용하는 사용자가 기술개발이나 사업기획 과정에 참여해 의견을 개진하는 것이 매우 중요하다. 시민사회조직의 경우 사용자와의 접촉 경험이 많기 때문에 이를 효과적으로 활용하는 것이 가능하다.

을 추구하는 기업도 아니면서 사회문제 해결을 위해 활동하고 있는 조직이다.

사회운동조직은 여러 분야에서 사회적 혁신활동을 수행해왔다. 현재 세계를 선도하는 덴마크의 풍력발전 기술은 협동조합에 바탕을 둔 풍력발전 운영기관들이 그 기반을 형성했다. 지역사회에서 분권화되고 환경친화적인 전기를 공급하기 위해 풍력발전사업자, 장비공급업체, 인증 및 시험기관, 연구자들의 상호작용을 통해 현재와 같은 기술능력을 확보했던 것이다. 또한 유기농 농산물과 식품개발도 협동조합과 사회조직에 의해 수행되는 경우가 많다. 공개 소프트웨어를 개발하고 소스 코드를 공유해 그것을 바탕으로 새로운 소프트웨어를 개발하는 활동도 협동적 공동체에 의해 혁신활동이 이루어지는 사회적 혁신활동이라고 할 수 있다.

사회적 기업은 민간과 공공자원을 통합해서 혁신적인 사회 서비스를 제공해 사회문제를 해결하고 경제적 수익을 추구한다. 사회적 기업은 사회적 목표를 우선적으로 추구하는 기업으로서, 주주나 소유자를 위한 이윤 극대화를 추구하기보다는 창출된 수익을 사회적 목표 달성을 위해 기업체가 지역사회에 재투자하는 조직(DTI, 2002)이다. 기술기반 사회적 기업은 과학기술 지식을 활용해서 혁신적인 사회 서비스를 제공해 사회문제 해결활동을 수행하는 사회적 기업으로 정의할 수 있다. 일반적으로 사회적 기업은 비즈니스 모델 혁신을 통해 사회 서비스를 제공하고 사회적 혁신을 추진하는 경우가 많다. 그러나 기술기반 사회적 기업은 기술혁신 성과를 새로운 비즈니스 모델과 결합해 새로운 사회적 재화와 서비스를 제공한다. 앞서 살펴본 Vestergaard Frandsen이 좋은 예라고 할 수 있다.

2) 공공 부문

정부 및 공공 부문도 사회적 혁신활동에 참여한다. 정부는 다양한 사업을 통해 직접 사회적 혁신을 추진하거나 책임 운영기관에 그 활동을 위탁하기도 한다. 그리고 규제나 보조금 지급 등 인센티브 제도를 변화시켜 제3섹터에 있는 사회조직이나 기업의 사회적 혁신활동에 영향을 미친다. 자원 순환과 관련해서 새로운 수집·분류 시스템을 도입하여 자원의 재활용률을 높이거나 생활환경을 온라인으로 모니터링할 수 있는 시스템을 통해 독거노인에 대한 새로운 돌봄 서비스를 제공하는 활동들은 지자체 규모의 사회적 혁신 서비스이다. 사회취약계층의 에너지 복지를 향상시키기 위한 시스템을 개발·공급하는 것도 공공 부문이 제공할 수 있는 또 다른 혁신이라고 할 수 있다.

〈그림 3〉 Skysails사의 연을 활용한 항해 시스템

대학이나 출연연구소와 같은 연구기관도 사회적 혁신에 기여할 수 있다. 캐나다는 CURA(Community and University Research Alliance) 프로그램을 통해 대학과 지역사회가 연계된 기술개발 활동을 수행하고 있다. 지역사회에서 제기된 문제를 받아 그것을 해결하기 위한 연구활동을 수행해 지역사회의 삶의 질 향상을 지원하고 있다. 주로 인문사회 분야 프로젝트로 추진되지만 특정 분야에서는 과학기술적 지식을 필요로 하고 있다. 바이오 에너지 자립 마을로 널리 알려진 독일의 윤데(Juehnde) 마을도 공공연구조직과 민간 부문이 협력해 좋은 성과를 얻은 사회적 혁신 사례라고 할 수 있다. 근처에 있는 괴팅겐 대학이 제안한 바이오 에너지 마을 설립 방안을 받아들여, 마을 주민들이 협동조합을 구성해 바이오가스 플랜트를 성공적으로 건설·운영하고 있다. 괴팅겐 대학의 인문사회 분야 연구자, 과학기술 연구자들이 팀을 구성해 바이오 에너지 마을을 구상하고 그것을 마을 사업들과 함께 구현한 것이다.

3) 민간 기업

수익을 추구하는 민간 기업도 사회적 혁신을 추구하는 경우가 있다. 사회 서비스를 제공하는 활동이 일정 정도의 수익이 보장되면, 민간 기업은 그 서비스를 제공하게 된다. 또 어떤 경우에는 수익성이 없어도 기업의 명성과 이미지 향상을 위해 사회적 책임활동의 일환으로 사회적 혁신을 추구하기도 한다.

환경혁신과 관련해서 EU에서 주목받고 있는 사례인 Skysails사는 연을 이용한 항해 시스템을 개발해 배의 연료비를 15~30% 절감하고 탄소배출량을 감축시키는 사업을 전개하고 있다. 수익을 확보하면서도 온실가스 감축을 위한 사회적 목표를 달성하기 위한 활동이 이루어지고 있는 것이다.

2. 사회적 혁신체제의 구축

사회적 혁신이 활성화되기 위해서는 사회적 혁신 주체에 필요한 지식과 경영 능력을 제공해주는 조직과 활동, 자본을 투자하거나 융자해줄 수 있는 사회적 혁신 관련 금융 시스템, 사회적 혁신가를 훈련시킬 수 있는 교육·훈련 시스템, 사회적 혁신을 통해 제공되는 서비스를 구매해줄 수 있는 민간·공공 부문의 수요 촉진 시스템들이 체계적으로 갖추어져야 한다. 즉, 사회적 혁신 주체를 둘러싼 생태계 또는 사회적 혁신체제(societal innovation system)가 효과적으로 구축되었을 때, 사회적 혁신이 활성화되어 사회 서비스가 고도화될 수 있다. 개별 조직이나 혁신 주체 혼자의 힘만으로 사회적 혁신을 지속적으로 추진하는 것은 어려운 일이다.

벤처기업이 활성화되기 위해 벤처 생태계(혁신체제)가 효과적으로 구축되어야 하는 것처럼, 사회적 혁신이 활성화되고 발전하기 위해서는 사회적 혁신체제가 체계적으로 구축되어야 한다. 특히 벤처기업의 경우처럼 창업 후 나타나는 죽음의 계곡(death's valley)을 넘어 사회적 혁신이 지속적으로 이루어지기 위해서는 이 생태계의 역할이 매우 중요하다.

IV. 사회적 혁신의 의의

1. 기존 기술의 효과적 활용

사회적 혁신은 신기술의 창출보다는 개발된 기술의 효과적 활용에 초점을 맞추고 있다. 사용자 친화성, 저비용 등이 요구되기 때문이다. 사회적 혁신에서 중요한 것은 기존 기술들을 새로운 방식으로 결합하고 새로운 비즈니스 모델을 구성해 아직 드러나지 않은 사회 분야의 잠재적 공공·민간 수요를 충족시키는 것이다. 따라서 수요를 발굴하고 구체화하는 작업이 무엇보다 중요하다. 사회적 혁신에서 신지식 창출이 필요한 부분이 있다면 바로 이 영역이다. 이것이 구체화되면 수요 대응을 위한 기술 패키징이 필요하다. 이미 활용되고 있거나 개발 가능한 기술을 재조합(recombination)해 낮은 가격으로 사용자가 손쉽게 쓸 수 있는 기술개발이 필요한 것이다.

2. 상향식 접근

사회적 혁신은 위로부터의 하향식 접근보다는 아래로부터의 상향식 접근(bottom-up)이 적합하다. 과학기술전문가들이 모여 기술의 발전 추이를 전망하고 기술궤적을 도출해 기술기획을 전개하는 방식으로 사회적 혁신을 추진하는 데에는 한계가 있다. 또 기술개발만이 아니라 비즈니스 모델 개발도 상당히 중요하다. 따라서 사회 서비스 현장에서의 경험과 문제의식을 바탕으로 기술혁신을 수행해 새로운 비즈니스 모델과 기술을 동시에 구성할 수 있는 능력이 필요하다. 이를 위해서는 시민사회 조직이나 사회 서비스 공급 담당자가 기술기획이나 기술개발 과정에 참여하는 것이 중요하다. 사용자들의 직접적 참여가 사회적 혁신에 도움이 되기 때문이다.

상향식 혁신활동을 효과적으로 수행하기 위해서는 시민사회 조직이나 사회적 기업과 같은 혁신주체들의 혁신활동을 지원해주는 하부구조 구축이 필요하다. 사회적 혁신과정에 필요한 지식·정보와 인력을 공급하고, 실증사업을 통해 표준과 인증활동을 지원해주며, 현장과 기술개발활동을 연결해주는 중간 조직을 뒷받침하는 것이 정부의 중요한 역할이다.

3. 통합형 거버넌스

사회적 혁신을 촉진하기 위한 정책은 산업혁신을 촉진하기 위한 정책과는 다른 접근을 필요로 한다. 사업의 목표도 다르고 혁신이 창출되고 활용되는 시스템이 다르기 때문에 사회적 혁신정책을 위한 거버넌스에서도 다른 틀이 요구된다. 우선 전문가 중심, 첨단기술 중심, 기술 중심의 거버넌스보다는 시민사회의 참여, 중급 기술의 효과적 활용, 기술과 사회의 동시 고려 등이 이루어질 수 있는 거버넌스 구축이 필요하다. 따라서 사회적 혁신을 촉진하기 위한 위원회 등이 만들어진다면 과학기술 전문가와 사회서비스 관련 전문가, 현장의 시민조직과 사회서비스 제공기관 담당자 등이 참여하는 것이 필요하다. 또 기술개발만이 아니라 개발된 기술과 비즈니스 모델을 실험해볼 수 있는 실증사업에 상당한 관심을 두어야한다.

이와 함께 사회정책을 추진하는 보건복지, 환경, 안전 관련 부처와 기술개발을 담당하는 부처의 연계가 필요하다. 사회 관련 부처와 기술개발 부처가 의견을 조율하고 통합해나갈 수 있는 거버넌스가 필요한 것이다.

4. 지방자치단체 혁신정책으로서의 가능성

사회적 혁신정책은 중앙정부와 차별화된 혁신정책을 구상하는 지방자치단체의 혁신정책으로서 발전할 수 있는 가능성이 있다. 우선 사회적 혁신에 필요한 기술은 고도의 첨단기술이 아니고 기존 기술을 효과적으로 재조합하는 것이기 때문에 현재 지방이 보유하고 있는 역량으로도 충분히 혁신활동을 수행할 수 있다. 동시에 지자체는 사회서비스 제공과 관련된 직접적인 정책수단을 가지고 있기 때문에 현장에서 요구되는 수요를 정확하게 파악하고 사회적 혁신을 실행해 문제해결을 위한 활동을 수행하게 된다. 이는 사회적 혁신을 추진하는 데 장점으로 작용한다. 또 지자체는 실증사업을 구현하기 위한 장으로서도 규모가 적절하기 때문에 사회적 혁신은 지자체가 강점을 가질 수 있는 정책 영역이라고 할 수 있다.

5. 사회기층시장을 위한 혁신으로의 발전 가능성

사회적 혁신은 사회문제를 해결하는 과정에서 나타나는 새로운 수요를 바탕으로 한 혁신이다. 이런 사회적 혁신의 특성을 바탕으로 개발도상국의 '사회기층시장(Bottom of Pyramid)'에 진출할 수 있는 계기가 마련될 수 있다. 저가격의 사용자 친화형 서비스는 개발도상국 기층의 점증하는 수요에 적합한 측면이 있기 때문이다. 이를 통해 수익을 올림과 동시에 개발도상국의 경제·사회환경을 개선하는 데 도움을 줄 수 있다.

성균관대
융복합
특강

이종관 교수

성균관대학교 철학과 교수
정보통신정책연구원, 과학기술정책연구원,
기초과학연구원 등의 기획위원 및 자문위원
독일 트리어대학 철학박사

주요 저역서:『과학에서 에로스까지』,
『공간의 현상학, 풍경, 그리고 건축』

포스트휴먼의 도래와 인간의 미래

현대인, 그들은 불안하다. 컬트 무비에서 엽기적 광경을 훔쳐보며 축구장에서 광란의 폭력성을 분출한다. 또 어디론가 쉴 사이 없이 전화를 걸고 받는다. 뿐만 아니라 웃음에 과도하게 집착하며 모든 것을 희화화하고, 비아그라를 복용하며 오르가슴을 끝없이 지속시키려 한다. 혼자 있으면, 웃지 않으면, 희열의 신음소리가 없으면 불안이 엄습해올 것 같은 두려움 때문일까? 현대인들이 즐기는 음악 또한 잡음과 소음이 혼합된 파열음이다. 그 파열음만큼이나 균열이 간 듯 안정감을 상실한 영혼의 뒤틀림? 어쩌면 현대인의 영혼은 프란시스 베이컨(Fracis Bacon)의 일그러진 인물화만큼 잠식되어 있을지 모른다. 천재감독 파스빈더(Fasswinder)는 영화를 통해서 말했다. 불안은 영혼을 잠식한다고. 그런데 대체 이 불안은 어디서 오는가. 세기말의 혼돈, 그 상투적 이유 때문일까?

불안은 하이데거(Heidegger) 식으로 말하면 인간 존재의 깊은 심연에 드리워져 있는 근본적 분위기이다. 인간 자신의 존재가 어느 순간 한줌 존재의 무게도 지니지 못한 채 흩어져버릴 것이라는 사실. 그리고 그 허무한 하데스의 땅으로 추락할 순간이 예고 없이 닥쳐오며 그 순간을 어느 누구도 대신 떠맡을 수 없다는 사실. 더구나 이러한 사실들을 모를 수 없다는 앎의 불행. 바로 이것이 원초적 불안이라는 존재의 멜란콜리가 인간 내면에 숙명으로 스며든 이유일 것이다. 때문에 불안은 자르면 어느새 머리를 쳐드는 메두사의 머리처럼 인간을 끈질기게 두려움 속으로 몰아넣는다.

불안과의 대결, 그것은 인류의 역사에서 사건으로 기록되지 않은 가장 처절한 싸움이었다. 인간은 늘 불안을 제압하기 위한 수단을 마련하지 않을 수 없었으며 역사가 발전함에 따라 그 수단도 다양화되었다. 프로이트(Freud) 식으로 표현하면, 문명은 삶에 달라붙는 불안에 대항하기 위한 체계들의 총체이다. 예컨대, 고대 그리스인들은 불안에 대항하기 위해 용기를 과장했고, 그리스의 영웅전은 불안에 떠는 삶의 비겁한 모습을 죽음과 결연히 싸우는 비장미로 장식해 불안을 떨쳐내려 한 신화이기도 하다. 또한 중세는 불안에 빠진 인간을 전능한 하느님이 동정해주기를 영혼 바쳐 갈구함으로써 불안으로부터 도피하려 했다. 그리고 오늘날 인간은 삶의 불안 요인들을 장악하고 삶에 희열을 제공하는 과학기술을 통해 그것을 추방하려 한다.

두 번째 밀레니엄으로 떠나온 현대인. 이제 역사는 그들에게 멀티미디어 정보통신 기술을 선사했다. 섬세한 상황 제어 능력을 과시하며 세상을 매혹적인 시각적 이미지와 가상현실로 채색하는 이 현란한 테크놀로지는 실로 그 존재의 우울을 마비시킬 수 있는 구원의 기술인 것처럼 보인다. 더구나 그것은 폭력적이고 위험투성이인 실재 현실로부터 환상과 희열로 가득 찬 가상현실을 향해 우리의 삶을 탈출시키는 단계로 발전하고 있는 중이다. 이 과정이 완숙되면 아마도 죽음에 대한 불안으로 상처받은 우리 영혼은 애무를 받으며 환각 속에서 불안한 현실을 망각하게 될 것이다.

그런데 왜 현대인은 그토록 불안해하는가. 그들의 영혼이 잠식될 수밖에 없었던 불안의 원천은 무엇인가. 매우 역설적이게도, 불안을 장악하고 마비시키는 그 최첨단 기술에 오히려 그 불안을 증폭시키는 원인이 잠복하고 있다. 거기에는 적어도 다음 세 가지 이유가 있다.

우선 정보화 기술은 그 특유의 불투명성을 조장한다. 정보화 시대에는 천문학적 양의 정보가 생산되고 저장된다. 더구나 그 천문학적 양의 정보가 순환되는 속도는 광속을 향해 가속화되고 있으며 정보 확산의 범위도 급격히 팽창하고 있다. 정보가 담고 있는 파장 효과는 이제 그 양과 속도 그리고 범위에 있어서 우리 삶의 대응 속도와 예측 능력을 엄청난 격차로 추월해버렸다. 현실은 이제 급격한 변동 속에 그 위험을 제어할 수 없는 상황에 빠져들면서 불안감을 증폭시키고 있는 것이다.

또한 정보화 시대는 우리의 삶을 허무주의 속으로 방치하고 있다. 정보를 광속으로 유통시키는 정보통신 기술의 시장 침입으로 인해 시장은 상상할 수 없을 정도로 빠르게 변하고 있다. 이 변화의 물결은 전 삶의 영역이 구석구석 전 지구적 규모로 시장화되는 과정으로 나타나고 있다. 그 결과 존재하는 모든 것은 상품으로서만 가치를 지니며, 그 가치는 팔릴 때만 결정된다. 이러한 환경에서 존재자의 지속적 가치, 존재와 삶의 본질은 불필요하며 또 부재하여야만 한다. 전 지구적으로 급변하는 시장 환경에 처한 삶에서 삶이 근거할 수 있는 진리를 찾는 것은 허망하고 비효율적 행위이다. 그리고 무모한 짓이다. 그것은 변화에 순발력 있게 대응해야만 존재할 수 있는 현실의 구조를 외면하는 도태과정일 뿐이다. 이제 가치는 없고 가격만이 있을 뿐이다. 또 오랜 동안 성찰되는 진리는 없고 순간적으로 검색 가능한 정보만 있을 뿐이다. 현대는 삶으로부터 깊이, 가치 그리고 진리를 거세해 내는 허무주의로 접어들고 있는 것이다.

이제 사색하는 자들의 시간은 지나갔다. 지식이나 예술을 순발력 있게 정보화하고 상품화하는 자들. 그리고 그것을 시장에 신속하게 유통시켜 시장 확대에 기여하는 정보 유통 기술을 개발하는 자들. 또 원초적 본능을 충혈시킬 수 있는 자들. 바로 그들에게 역사는 운명을 걸었다. 이처럼 오늘날 삶의 의미와 방향이 사회적 담론의 주제로서 가치를 상실했다면, 그리하여 결국 삶이 어떠한 진리와 근원에 대해서도 사색하지 않는 허무주의로 방치되고 있다면, 삶의 심연에 드리워진 원초적 허무의 불안은 방향 상실의 좌절 속에서 더욱 더 짙어지고 그 고통의 비명은 한층 더 증폭될 수밖에 없을 것이다.

마지막으로 정보통신 기술이 만들어내는 가상공간 속에서 자아는 해체의 위험에 직면하게 된다는 사실이 다가올 시대를 더욱 불안하게 한다. 실재 현실에서 지금 여기에 있는 나의 유일한 육체는, 가상현실에서는 루브르 박물관에 또는 어떤 가상현실 게임의 상황 속에 있을 수 있다. 이와 같이 가상현실에 의해 나의 신체가 존재하는 현실은 하나가 아니라 다수로 파편화되면, 나의 신체와 지속적인 상응관계에 놓여 있는 나의 자아 역시 파편화될 수밖에 없다. 이처럼 자아가 해체될 때 우리의 육체는 그것에 제한을 가했던 중심적 통제력의 몰락을 경험하며 무절제한 방임 속으로 빠져든다. 이제 정보화 시대가 도래함에 따라 현대인은 점차 사이버스페이스로 이주할 수밖에 없다. 그 과정에서 현대인은 자아의 파편화란 상처를 감수해야만 한다. 이렇게 자아의 다스림을 받는 것이 불가능한 상황에서 원초적 불안은 더욱 증폭될 수밖에 없으며 결국 현대인은 디오니소스적 흥분과 동요 속으로 휘말려 들어가고 마는 것이다.

인간의 도태와 포스트휴먼의 도래

그런데 이러한 예측과는 비교가 되지 않는 경악할 만한 예고가 불길한 풍문처럼 최근 떠돌기 시작했다. 그것은 바로 사이버스페이스를 향한 이주과정이 현재처럼 거침없이 인류 역사의 궁극적 목적인 양 전면적으로 추진될 때, 사이버스페이스는 인간의 종말이란 암운으로 짙어질 것이라는 우려이다. 미래의 인간 거주 공간으로 개척되고 있는 사이버스페이스가 인간의 삶을 파고들고 가로지르는 동안, 역으로 인간은 그곳에서 추방될지도 모른다. 새로운 천년의 사이버스페이스에는 인간 이후의 존재자, 즉 포스트휴먼 (Posthuman)이 출현할지도 모르기 때문이다. 컴퓨터 공학, 인지과학, 인공생명, 인공지능에 관한 연구 결과들이 성공적으로 수렴될 때, 포스트휴먼이 사이버스페이스에 등장할 수도 있을 것이다.

이 포스트휴먼은 인간보다 훨씬 업그레이드된 지적 능력을 자연인의 몸과는 다른 물리적 기반을 통해 실행하는 인공적 존재자를 말한다. 따라서 마빈 민스키(Marvin Minsky)같이 잘 나가는 MIT의 인공지능학자들은 슬픈 예고를 하지 않을 수 없었다. 포스트휴먼이 출현하면 근대 휴머니즘이 세계의 중심으로 자부했던 인간은 종말을 맞이할 것이라고. 마치 유인원이 인간을 진화시킨 후 생의 역사에서 탈락했듯이⋯⋯ 트랜스휴머니즘의 대변자 호세는 트랜스휴머니즘이 예견하는 미래를 다음과 같이 표현한다. "호모사피엔스는 지구상 최초로 진화와 한계의 의식을 가진 종이며, 인간은 종국적으로 이들 제한을 넘어서 진화된 인간, 즉 트랜스휴먼과 포스트휴먼으로 발전할 것이다. 이 과정은 영장류에서 인간으로 진화한 과정과는 달리 애벌레에서 나비가 되듯 빠른 과정이 될 것이다. 미래의 지능을 가진 생명체는 인간을 전혀 닮지 않을 것이며, 탄소기반 유기체는 기타 과잉 유기체와 혼합될 것이다. 이러한 포스트휴먼은 탄소기반 시스템뿐만 아니라 우주여행과 같은 상이한 환경에 보다 유리한 실리콘 및 기타 플랫폼에 의존할 것이다."[1]

어떻게 보면 할리우드 SF 영화 소재로나 적합할 포스트휴먼이라는 문제가 철학적으로 진지하게 논의되어야 할 이유가 있을까? 하지만 하이테크 철학자 장 보드리야르(Jean Baudrillard)의 말처럼 우리는 SF 소설을 쓸 필요가 없을 정도로 이미 SF를 살아가고 있지 않는가. 사실 우리가 사는 현실은 19세기 인간들에게조차 그들의

---

1 호세 코르데이로, 「인간의 경계: 휴머니즘에서 포스트휴머니즘까지」, 제1회 세계인문학 포럼 발표자료집, 325-334, 333쪽.

SF보다 훨씬 공상적이다. 그리고 현재 진행 중인 정보화와 그에 따른 컴퓨터의 발전을 조금만 성찰해보면, 포스트휴먼의 도래는 충분히 거론될 근거가 있다. 인간 삶을 급속히 사이버스페이스로 이주시키는 정보화과정은 컴퓨터가 자율지능을 갖추고 언제 어디서든지 인간과 함께 하며 사용되기를 요구하고 있다. 이에 따라 컴퓨터는 인간보다 뛰어난 지능을 갖고 인간의 신체와 통합됨으로써 항시 도처에서 사용되는 편재성을 실현시킬 목적으로 개발되고 있다.

이미 컴퓨터는 모든 곳에 존재하며 급기야 플라스틱통을 탈출하여 인간의 몸으로 침투하고 있는 중이다. 최근에는 손쉽게 착용하는 컴퓨터가 등장했으며, 가까운 미래에는 아예 신체에 이식되는 컴퓨터가 등장할 전망이다. 브리티시 텔레콤의 첨단 기술 책임자인 피터 코치레인(Peter Cochrane) 교수는 앞으로 30년 내에 마이크로칩이 안구 밑에 이식되어 한 사람의 생에서 수행되는 모든 시각적 지각과, 감각, 사고를 저장할 수 있게 될 것이라고 자신 있게 예측하고 있다.[2] 첨단 공학으로 예찬되는 생명공학, 인지과학, 나노테크놀로지는 이를 실현시키기 위해 엄청난 투자를 흡입하며 추진되는 과학이다. 앞으로 생명공학과 칩생산 기술이 성공적으로 결합해 컴퓨터가 인공신경과 생체칩의 형태로 실용화된다면, 그리고 그것이 인간의 육체 안에 이식된다면, 컴퓨터는 더 이상 인간과 인터페이스 관계있는 인간의 타자가 아니다. 미래의 컴퓨터는 이식이란 과정을 통해 인간의 몸과 하나가 되면서 인간 내부에 침투할

---

2 Charles Jonscher, The Evolution of wired Life, John Wiley & Sons Inc. 1999, 19쪽 참조.

것이다. 그리고 이것은 인간보다 지능적인 컴퓨터가 오히려 인간을 그 컴퓨터의 일부로 흡수하고, 결국 그 인간을 포스트휴먼으로 변신시키는 결과가 될 것이다.

그러면 이러한 포스트휴먼이 사는 방식은 어떠한 모습일까? 이 포스트휴먼은 더 이상 인간이 몸으로 사는 실재 현실에서 살지 않고, 멀티미디어의 현란한 이미지가 넘쳐 흐르며 여러 가지 프로그램에 의해 다양하게 만들어지는 사이버스페이스의 가상현실과 직접 연결된다. 인간은 선택의 여지 없이 이미 현실에 숙명적으로 몸과 함께 처해 있지만, 포스트휴먼은 사이버스페이스상에서 자기가 처할 여러 가상현실들을 자유롭게 선택할 수 있다. 이렇게 복수의 가상현실 속에 사는 포스트휴먼은 마치 현재의 개인용 소프트웨어가 하드웨어를 바꾸어도 기능할 수 있는 것처럼 인간과 같은 생체적 몸에만 의존하지 않는다. 포스트휴먼은 여러 가지 물리적 기반을 바꾸어가며 삶을 지속할 수 있다. 그저 황당하기만 할 뿐 전혀 철학적이지 못한 망상? 하지만 이미 첨단을 자랑하는 심리철학에서는 이미 이 황당한 잡담이 은연중 정당화되고 있다. 심리철학에서 비환원주의적 입장을 취하는 기능주의는 지능의 물리적 복수실현 가능성을 주장함으로써 포스트휴먼의 등장을 정당화하는 철학적 논거를 제공한다.

이러한 논변에 따르면 결국 지능은 반드시 자연인과 같이 살을 지닌 생체적 몸을 기반으로 할 필요도 없으며 또 초기의 컴퓨터처럼 진공관일 필요도 없고 또 현재처럼 반드시 실리콘을 기반으로 할 필요도 없다. 지능은 물리적으로 다양하게 실현 가능한 것이다. 따라서 인공지능의 최절정인 포스트휴먼은 자신의 지적 능력을 여러 가지 상이한 물리적 기반을 바꾸어가며 다운로드시켜 지속시킬수 있다. 그리고 더 중요한 것은 그러한 한 포스트휴먼에게는 신체 이외에는 대체 가능성이 없기에 자연인이 맞이하는 죽음이 없을 것이라는 사실이다.[3] 따라서 포스트휴먼에게 몸은 실존의 근거가 아니라 장식물에 불과할 것으로 추정된다. 지능은 잠시 인간의 몸을 빌렸을 뿐이다. 이미 지능이 실리콘을 기반으로 실행되기 시작한 그 초기에, 미국의 인공지능 학자들은 인간의 자존심을 접고 다음과 같이 고백했다. "인간은 이 세계에서 다만 일시적으로 지능을 이끌어간 존재에 불과하다. 우리는 진화의 지평에서 우리의 후계자를 이미 보고 있다. 그것은 바로 실리콘 지능 바로 컴퓨터이다."[4]

물론 이렇게 인간과는 다른 물리적 기반으로 실행되는 지능이 과연 지능이라 할 수 있는가에 대한 논란이 있다. 인공지능에 대한 대표적인 비판가로는 드레이퓌스와 서얼을 들 수 있다. 그들은 생체적 몸에 기반한 인간의 지능이 나름대로의 고유한 활동 양상을 갖고 또 그것이 내적으로 수반하는 상태도 그 나름대로 독특하다는 사실을 입증하기 위해 노력한다. 그러나 그 입증 여부와 관계없이 중요한 것은, 인공지능이 지능의 기능을 수행하기 위해 반드시 인간의 지능과 똑같은 내적 상태를 구현해야만 지능일 수 있는 것은 아니며 또 보다 지능적이기 위해서는 인간 지능의 내적 상태를 그대로 구현해야 할 필요도 없다는 사실이다. 진공관에 기반한 인

---

3 Marvin Minsky, "Why Computer Science is the most important thing that has happened to the humanities in 5,000 Years" (Lecture Nara, Japan, May 15, 1999)
4 J. Weizenbaum, "Denken ohne Seele", In: Joffe, J(Hg): Zeit-Dossier 2. Muenchen 1981. 136-140

공지능과 실리콘에 기반한 인공지능을 비교해보면, 지능의 기능을 수행하는 데 어떤 내적 상태가 구현되어야 하는 가는 본질적인 문제가 아님을 알 수 있다. 즉, 진공관을 통해서 실행되는 인공지능 프로그램과 실리콘을 기반으로 해서 실행되는 인공지능 프로그램의 경우, 진공관 내에서 일어나는 어떤 내적 상태와 실리콘에서 일어나는 내적 상태는 다를 수밖에 없을 것이다.

그러나 실리콘으로 실행되는 인공지능이 진공관으로 실행되는 인공지능에서 일어나는 진공관의 내적 물리적 상태를 구현하지 못한다고 해서 실리콘 기반 인공지능은 지능이 아니라는 판정을 받아야 할 이유가 없다. 같은 이유에서 지능이 반드시 단백질로 구성된 생체적 몸에 기반해서 인간의 마음과 같은 내적 상태를 구현해야만 하는 것은 아니다. 오히려 인공지능은 인간의 지능을 모방하지 않음으로써 자연인의 지능을 능가할 수도 있다. 그것은 마치 빨리 달림이라는 기능이 타조의 뜀을 모방하는 것이 아니라 전혀 다른 방식으로, 즉 내연기관의 발명으로 실현되면서 오히려 타조의 뜀을 능가하게 되는 것과 같다.

사실 지능의 효율적 정보처리 능력에서만 보면 생체적 몸을 통해 실현되는 인간의 지성은 무의식과 욕망 그리고 감성으로 오염되어 혼미하고, 유혹에 잘 빠지며 환상을 갈구한다. 하지만 이러한 것은 적확한 계산, 논리적 추론 등과 같은 알고리즘적 지능 활동에 끊임없이 장애를 일으키는 버그에 지나지 않는다. 20조 개의 뉴런으로 이루어진, 그래서 인공지능학적으로 보면 최첨단 슈퍼 신경망 컴퓨터라고 할 수 있는 인간의 지능은 이러한 자연 생체와 그 생체적 욕망과 감성의 장애 때문에 형편없는 논리적 처리 능력을 보여주고 있다. 대다수의 자연인은 수요일에서 월요일 사이에 몇 일이 있느냐라는 단순한 질문에도 손가락으로 세어보는 한심한 추태를 보인다. 이는 생체적 몸을 기반으로 하지 않는 인공지능이 도저히 용납할 수 없는 저능아의 모습이다.

이러한 상황을 고려한다면, 자연으로부터 태어나 지능적 존재로 진화했던 인간은 20세기를 끝으로 도태의 길을 가야 할지도 모른다는 예측은 그저 허무맹랑한 망상만은 아니라고 해야 할 것이다. 이미 20세기 말 인간들은 일자리에서 퇴출되기 시작했다. 또 X-29 같은 최첨단 전투기의 경우 인간은 더 이상 그 비행기의 조정자(키버네티스)가 아니다. 이 전투기는 장착된 3대의 인공지능 중 2대가 공통적으로 내린 결정을 따른다. 앞으로 거의 모든 영역에서 인간은 결정의 주체가 아니라 결정의 객체로 주변화될 것이다. 심지어 고도 전문직업도 전문가 시스템(Expertsystem)이라는 인공지능에 의해 대체될 상황이 조금씩 그러나 어느새 급속화될지 모르게 다가오고 있다. 심리상담전문가 시스템인 디프레션 2.0은 그 한 예가 될 수도 있을 것이다. 이미 튜링 테스트를 통과하는 여러 프로그램이 인간을 대신하는 보트로서 인테넷 사이버스페이스상에서 활동 중이다. 아니 더 드라마틱한 예는 Siggraph라는 컴퓨터 전시회에 출품되었던 '카톨릭 튜링 테스트'라는 컴퓨터이다. 이것은 고해성사를 들어주는 신부의 역할을 수행하도록 프로그램화되어 있는데 신자는 그것이 컴퓨터인지 모르고 자신의 죄를 고백하고 그에 따라 컴퓨터가 내리는 보속을 따른다.

이 프로그램이 상징하는 바는 놀랄 만하다. 이것은 종교에 대한 과학의 승리를 뜻함과 동시에 인공지능이 자연인을 영적으로 지배

할 수 있는 차원에 도달했음을 암시하는 것이기 때문이다. 뿐만 아니라 자연인들은 실제로 인공지능과의 싸움에서 패했다. 자연인으로서 최고의 지능을 구사하는 러시아 출신 프로 장기선수 카스파로프(Garry Kasparov)가 IBM 출신 인공지능 딥블루에게 완패한 사건은 자연인의 도태를 예고하는 묵시론적 사건이 아닐까. 지난 세기말 포스트휴먼의 도래를 앞둔 인간은 사실 다음과 같은 실존적 고뇌에 빠졌어야 했다. 과연 인간들은 그들의 과학으로부터 출생한 이 죽음의 불안이 없는 포스트휴먼에게 역사를 넘겨주고 사라져야 할 것인가?

하지만 이러한 고뇌는 철학자들이 학문적 자폐증에서 헤어나지 못하고 허구적 논증에 매달려 있는 동안 20세기 말 철학이 아니라 철학이 저질 오락물로 취급하는 SF 영화에서 일어났다. 「매트릭스」란 영화는 어처구니없는 상태에 빠져 있는 인간 존재의 미래상을 묘사하고 있다. 2197년 역사의 주체로서의 역할은 AI(Artificial Intelligence)에 이양되고 인간은 인공자궁에 사로잡혀 인간 신체에서 자연 발생하는 전기와 열을 그 AI를 가동시키기 위해 공급하는 자원으로 집단 배양된다. 마치 닭이 어느 순간부터 그 자신의 존재 의미를 상실하고 꼭 그것의 몸 크기만한 닭장에 감금되어 인간을 위한 영양 자원으로 대량 사육되는 것과 마찬가지로. 다만 차이는 닭에게 사료가 주어지지만, 욕망과 무의식으로 충만된 인간에게는 그들이 좋는 환상이 매트릭스란 프로그램에 의해 가상현실의 형태로 광케이블을 통해 주입되고 있다.

물론 황당하기 짝이 없는 영화이지만 그러나 이 황당함이 바로 정보화가 역사를 전면적으로 또 현재처럼 거침없이 가속적으로 독점해갈 때, 그리하여 소위 정보화 마인드가 절대정신의 위치에 오르며 역사의 주인이 될 때, 인간이 사로잡힐 역사의 운명이 아니라고 누가 장담하겠는가.

이미 인공생명(Artificial Life)을 만드는 단계에 들어선 컴퓨터 시뮬레이션 전문가들은 실재세계의 심층구조 자체를 우주적 컴퓨터상에서 작동하는 프로그램으로 이해하려는 연구를 시작했다.[5]

이러한 연구가 지향하는 바는 결국 우주가 디지털 연산에 의해 일어나는 이진 코드들의 자발적 진화과정임을 주장하는 것이며 따라서 우주는 그 자체 이미 컴퓨터 모니터에서 시뮬레이션되는 가상현실과 사실 다를 바 없다는 것이다. 실재는 가상현실의 기반이 아니라 실재의 배후에 가상현실이 있는 것이며 실재는 가상현실이 특정 물리적 매체를 기반으로 현실화되는 한 양상에 불과하다. 매트릭스의 가상현실은 이미 그 자체 현실의 배후이다.

휴머니즘: 탈출구 혹은 포스트휴먼을 배태한 매트릭스(자궁)

포스트휴먼의 도래, 이 경이로운 혹은 경악할 만한 사이버스페이스에서의 인간의 운명은 인간에게 인간을 주체로 발견했던 근대 휴머니즘으로 돌아갈 것을 권유하는가. 인간은 휴머니즘을 통해 도태의 위기로부터 탈출할 수 있는가.

---

5 Edward Fredkin, "Digital Mechanics: An Information Process Based on Reversible Cellular Automata", Physica D 45(1990):245-70

이 지점에서 근대와의 끝없는 불화 속에 살았던 하이데거의 철학에 귀 기울이며 시대를 거스르는 고찰을 감행해보자.

하이데거는 휴머니즘의 중핵을 이루는 근대 주체성 철학을 다음과 같이 비판한다. 근대 주체성 철학은 사유하는 인간을 모든 것의 근거로 즉위시켜 존재를 앞에 세워진 것(vor-gestelltes), 즉 대상화된 것으로 이해함으로써 인식하는 인간을 모든 것의 기저(Subjektum)로 절대화시키는 형이상학을 등장시켰다. 그리하여 인간은 존재의 중심으로 권력을 부여받아 인간의 대 존재관계를 지배의 관계로 전환시켰다. 동시에 인간은 그에게 존재가 스스로를 내보이며 말 걸어오는 것(Ansprechen) 자체를 허용하지 않는 자폐증에 빠진다. 이러한 자아는 자기 이외는 아무 것도 인정하지 않는 자기관철의 권력의지로 충만되어 있다. 주체는 모든 것을 자기에 집중시키며 따라서 모든 것을 자신으로부터 진리를 부여받는 것으로 이해하는 자기중심적 존재이다.

이렇게 사물이 단지 인간 주체에 대해서 있는 대상으로 이해됨으로써 그리하여 사물이 연장실체로만 규정됨으로써 사물은 그 자신 안에 있는(In-sich-stehen) 스스로의 내적 능력과 의미를 결여한 반복적 법칙의 존재자, 즉 기계적 존재자로 전락한다. 사물은 그야말로 균일한 법칙의 역학적 존재자로 파악되고 그리하여 그 역학에 의한 조작을 허용하는 기술적 지배가 시작되는 것이다. 인간자아를 주체로 설정해 세계를 대상화하는 휴머니즘과 세계를 기술적으로 지배하는 과학기술은 사실상 필연적으로 연관되어 있으며 서로 떼어 생각할 수 없다. 그리고 이러한 과학기술은 존재자의 내적 의미와 내적 원리를 인정하지 않음으로써 모든 존재자들을 외적으로 강압되는 인과관계로 체계화시키게 된다. 이것은 결국 존재자들을 그 자신 아닌 다른 것으로 가공하는 것으로서 존재는 과학 기술에서 스스로를 탈취하는 방식으로 실현되는 것이다.[6]

그런데 중요한 것은 바로 세계를 대상화시키며 주체로서의 지위를 구가하는 인간 자신 또한 이러한 상황 속에 사로잡힌다는 사실이다. 인간의 존재 역시 더 이상 주체가 아니라 자기를 탈취하는 방식으로 실현되는 그 존재 사건의 한 가운데로 휘말려 들고 있는 것이다. 역사가 진행되면 될수록 선명해지는 이 역설을 하이데거는 목격했다. 그는 인간을 이해하는 데 있어서 자연과학에 근거한 접근, 예컨대 유전공학적 인간 이해에서 그리고 그것의 실용화에서 인간이 사물에 대해 맺는 관계와 동일한 방식으로 실현되는 인간 주체의 전복된 모습을 폭로한다. 그리고 예고한다. "언젠가는 인간자원을 인공적으로 생산하는 공장이 설립될 것이다."[7] 하이데거는 그의 사색의 빛이 저물어 갈 즈음 인간자원의 가공이 사이버스페이스에서 인공지능공학에 의한 포스트휴먼의 출현으로 완성될 것임을 예감하였던 것 같다. 1968년 그리스 아카데미에서 한 강연에서 그는 인공지능학에 대해 장황할 정도로 길게 언급하고 있다.[8]

결국, 하이데거를 따라보면, 과학 기술은 근대 휴머니즘과 분리될 수 없으며 이러한 과학기술에서 다음과 같은 존재론적 사건이

---

6 존재의 자기탈취 상황으로 극단화되는 과학기술에 대한 보다 상세한 논의는 필자의 논문 「최고위험과 위기. 현상학에서 바라본 과학의 모습」, 『철학연구』 31(1992), 209-215쪽 참조.

7 M. Heidegger, Vortraege und Aufsaetze. Pfullingen 1978, 91쪽.

8 M. Heidegger, Denkerfahrungen, Frankfurt am Main 1983, 141쪽.

일어나는 것이다. 스스로를 빼앗기고 그 아닌 다른 상위의 거대체계의 주문에 부속되어 끊임없는 이주 속에 실현되는 존재의 드러남은(Gestell) 결국 인간마저 사로잡는 존재의 총체적 자기 탈취 상황에서 정보기술의 형태로 극단화된다. 실로 사이버스페이스를 지탱하는 정보화 기술은 현실을 완전히 인공적으로 생산해내려는 목적에 의해 추진되고 있다. 정보화는 현실 자체를 컴퓨터에 위치시키는 것이다. 인간조차도 기술적으로 생산되는 대상으로 존재한다. 정보 기술에 있어서 현실은 모든 것을 디지털화하는 데이터 처리 과정에 의해 생산되며 따라서 모든 것은 이같이 원래 그 자기성을 인정받지 못하기 때문에 조작될 수 있다. 더구나 이렇게 전면적 체계화로 실현되는 존재의 역운에서는 다른 방식의 존재 실현 혹은 드러남에 대한 전면적 추방 또한 체계적으로 일어난다.[9] 스스로를 탈취당하는 방식으로 존재가 실현되며 또 동시에 다른 어떠한 방식의 존재의 드러남도 틈입할 수 없게 되는 곳에서 존재의 긴장은 클라이맥스에 달할 수밖에 없다. 때문에 하이데거는 현대를 '최고의 위험(hoechste Gefahr)'으로 진단하게 된다. 결국 포스트휴먼을 탄생시키는 자궁, 그 매트릭스는 이와 같이 이미 근대 휴머니즘과 그에 연루되어 있는 과학기술에 최고위험이란 형태로 배태되어 있었던 것이다.

인본주의와 필연적 유착관계 속에서 인간을 부품화하며 사이버스페이스에서 영생의 포스트휴먼을 출현시킴과 아울러 죽음을 선

---

9 M. Heidegger, 전집 7, 31쪽 참조.

구(先求)하는 자연인을 추방시키는 이 역사적 사건, 그것은 결코 인간에 의해서 일어나는 사건일 수 없다. 인간이 정녕 주체라면 자기가 일으킨 사건에 스스로 말려드는 비운에 빠지지 않을 것이다. 때문에 인간을 주체로 등장시키고 자기관철로 몰고 가며 과학기술을 동원해 그 속에서 모든 존재하는 것을 자기 탈취 상황 속으로 강압하는 사건은 인간이 일으키는 사건이 아니다. 그것은 인간을 능가하며 그리하여 인간마저 그러한 사건 속으로 휘말려 들어가는 거대한 존재론적 사건인 것이다. 그러한 한 인간은 이 사건을 장악할 수 없다. 때문에 그는 그에게 강압되는 이 비운을 제압할 수 없다. 이미 그 아득한 시절 오이디푸스가 그랬던 것처럼…….

과연 인간에게 이제 아무런 희망도 없는가. 과연 어디에서 구원의 빛은 어디로 새어들어 올 것인가. 이를 발견하기 위해서는 여기에 허락된 지면으로는 감당할 수 없는 깊고 방대한 철학적 성찰이 요구된다. 그러나 이 글에서 다음과 같은 사실은 확인하고자 한다. 인간 실존의 위기로부터 탈출하는 길은 첨단과학기술을 급진적으로 발전시키는 길도 또 근대 인본주의로 되돌아가는 길도 아닌 길에서 열릴 것이다. 근대 인본주의도 아니고 기술도 아닌 구원의 길, 이 아포리아는 어디에서 드러나는가? 하이데거에 따르면 그 길은 스스로를 죽을 운명의 존재자로 받아들이는 인간의 탈존적 존재방식에서 발견된다. 그리고 이러한 하이데거를 연상시키듯 디지털 기술의 선구자 스티브 잡스는 다음과 같이 말을 남기고 죽었다.

"인생의 중요한 순간마다 '곧 죽을지도 모른다'는 사실을 명심하는 것이 저에게는 가장 중요한 도구가 됩니다. (……) '죽음'을 직면해서는 모두 떨어져 나가고, 오직 진실로 중요한 것들만이 남기 때문입니다."

예술은 동일성을 기반으로 하는 기술, 논리, 지시적 언어게임과는 다른 차원의 놀이이다. 동일성이 근대 인본주의 이성, 즉 논리적 사유의 극단이며 이것은 존재자의 자기성을 탈취해 모든 것을 전면적 계열화시키는 기술로 첨단화되지만, 차이의 놀이는 비논리적 사유, 즉 은유적 사유의 생명력이다. 즉, 은유는 차이성의 품안에서 같은 것을 바라보는 것이다. 따라서 은유적 동일성은 논리적 동일성과 같이 항상 선명하게 하나로 추상되어 있는 것이 아니라 차이성에 의해 끝없이 방해받으며 모호해지고 애매해진다. 즉 서로 은유의 관계 속에 있는 두 사물은 동일하게 보이는 순간 다르게 나타나고 다르게 보이는 순간 다시 동일하게 나타난다. 은유적 동일성은 논리적 동일성과 같이 다채로운 차이성이 표백되고 소독된 창백한 이념적 동일성이 아니라 차이성이 인정되는 한 그 차이와 긴장 속에서 드러나는 동일성이다. 결국 은유는 차이성을 바탕으로 드러나는 동일성이 그 차이성과 이루는 긴장의 틈새에서 흘러나온다.

결론: Converging Philosophy, Neo mysticism?

그런데 매우 흥미로운 것은 포스트휴먼의 도래로 치닫는 첨단과학 기술 안에 기묘한 딜레마가 잠복하고 있고 이는 새로운 신비주의로 전개될 수 있다는 것이다. 우선 포스트휴먼의 도래가 동반할 딜레마에 대해 언급해보자.

1) 포스트휴먼의 이론적 기반은 합리주의 형이상학이다. 즉 존재는 인지 주관에 대상으로 서 있고, 주관은 그 세계를 2진 기호 연산처리를 통해 정확하게 파악할 수 있다는 전제가 포스트휴먼을 출현시키는 인지공학의 전제이다. 따라서 포스트휴먼의 등장이 불가능하다면, 존재는 합리적으로 파악될 수 있는 질서가 아니다. 존재는 궁극적으로 미스테리이며 따라서 존재의 진리는 인간에 의해 장악될 수 있는 것이 아니라 인간도 하나의 존재자로 품고 있는 존재 자체가 일으키는 것이다. 존재는 결코 인간에 의해 장악될 수 있는 대상이 아니다.

2) 반대로 존재가 합리적이고 즉 알고리즘적 법칙이 지배하고 더군다나 정보론적 구조를 가지고 있다면, 이 존재는 컴퓨터상에 시뮬레이션될 수 있고 이 존재를 파악하는 인지적 수행자를 제작할 수 있다. 그리하여 포스트휴먼의 출현은 가능하며 포스트휴먼이 출현한다면 인간은 자연인으로서 도태의 길을 가야 할 것이다.

3) 그런데 포스트휴먼의 출현이 가능하다면, 그것은 인간보다 더 제어가 불가능하다. 인공생명 기술이 보여주듯 셀룰러오토마타에서 일어나는 다른 층위로의 창발은 그 창발이 일어나기 이전의 층위에서는 예측될 수 없는 현상이기 때문이다. CA에서 절정에 이르는 인공생명기술에서 목적론은 창발에 의해 대치된다. 또 중심 인지기관의 총제적 인식과 전체를 조절하는 자율적 의지는 분산적, 국지적 인지와 그들의 상호작용이 대신한다. 즉 셀룰러오토마타에서는 진행과정을 이끌어가는 어떤 중심도 목적도, 의지도 부재하는 것이다. 결국 셀룰러오토마타에서 진행되는 생명의 진화는 연속적 발전과정이 아니라 비약적으로 일어나는 대역적 창발이며,

이 창발은 어디로 방향을 취할지 미리 예측되고 기획될 수 없는 것이다. 따라서 디지털 생명의 차원에서 진화가 일어나는 세계는 보편적 규칙으로부터 이탈하는 세계이다. 그리하여 포스트휴먼이 탄생한다면, 그들의 세계는 인간의 세계보다 훨씬 합리성이 위협당하며 불안정하고 파편화되어 있을 것이다. 따라서 다음과 같은 예상이 가능하다. 기술의 발전으로 포스트휴먼이 인간보다 더 지능적이고 또 그 생명적 특성이 더욱더 발휘되는 단계로 접어들면 들수록, 포스트휴먼의 세계는 더욱더 처리될 수 없는 비밀스런 존재가 될 것이다. 결국 포스트휴먼이 출현하든 하지 않든 세계의 존재는 능가할 수 없는 미스테리로 남을 것이다.

이렇게 세계의 비밀을 인정하는 태도는 새로운 형태의 신비주의, 즉 Neo-Mysticism을 동반할 것이다. 그런데 과연 비밀은 무엇인가.

하이데거는 비밀에 대해 다음과 같이 말한다.

"비밀은 우리를 다른 존재자를 향해 비로소 열어주는 고유한 가능성이다. 완전히 인식되고, 장악하고 계산될 수 있는 세계는 사실상 사물을 향한 통로를 차단한다. 이는 인간 상호간의 관계에서 잘 나타난다. 스스로 우리를 놀라게 할 수 없는 채로 우리가 그 속을 들여다볼 수 있고 완전히 조작 가능한 타자는 그 스스로 자유롭게 우리에게 다가오지 않는다."

우리는 이렇게 비밀을 갖지 않은 것이 우리에게 어떤 의미를 던져줄 것으로 기대하지 않는다. 따라서 우리는 그것들에 대해 어떠한 사색을 위한 관심도 갖지 않을 것이다. 결국 철학자는 IT, BT, NT, CT 융합으로 새롭게 다가오는 미래 앞에서 다음과 같은 물음에 직면할 것이다.

"세계를 의미 있는 영역으로 성찰하기 위해 우리는 세계의 비밀을 인정해야 할 것인가."

인간의 본질에 관해서만, 인간의 있음의 방식에 관련해서만 탈존이 언급될 수 있다. 왜냐하면 우리가 경험하고 있는 한 오직 인간만이 탈존(脫存)의 역사적 운명에 관여하기 때문이다. 따라서 탈존은 결코 다른 종류의 생물들 사이에서 하나의 독특한 종으로서 사유될 수 없다. 자신의 속성 및 활동을 자연과 역사의 차원에서 기술하여 보고하는 것뿐만 아니라 자신의 존재의 본질까지도 사유하는 것이 인간의 운명임을 감안해야 한다. 그러므로 우리가 동물과의 비교에 입각해서 동물성으로서의 인간에 귀속시키는 것조차 그 자체 탈존의 본질에 근거한다.

성균관대 융복합 특강

– 소통을 넘어 공감의 시대로

초판 1쇄 인쇄 2014년 12월 26일
초판 1쇄 발행 2014년 12월 31일

지은이 공성훈 외
펴낸이 김준영
펴낸곳 성균관대학교 출판부
출판부장 박광민
편 집 신철호·현상철·구남희
외주디자인 아베끄
마케팅 박인봉·박정수
관 리 박종상·김지현

등록 1975년 5월 21일 제1975-9호
주소 110-745 서울특별시 종로구 성균관로 25-2
대표전화 02)760-1252~4
팩시밀리 02)762-7452
홈페이지 press.skku.edu

ISBN 979-11-5550-093-4 03040

잘못된 책은 구입한 곳에서 교환해 드립니다.